MINERVA
はじめて学ぶ教職

20

吉田武男

監修

幼 児 教 育

小玉亮子

編著

ミネルヴァ書房

監修者のことば

　本書を手に取られた多くのみなさんは，おそらく教師になることを考えて，教職課程をこれから履修しよう，あるいは履修している方ではないでしょうか。それ以外にも，教師になるか迷っている，あるいは教師の免許状だけを取っておく，さらには教養として本書を読む方も，おられるかもしれません。

　どのようなきっかけであれ，教育の営みについて，はじめて学問として学ぼうとする方に対して，本シリーズ「MINERVA はじめて学ぶ教職」は，教育学の初歩的で基礎的・基本的な内容を学びつつも，教育学の広くて深い内容の一端を感じ取ってもらおうとして編まれた，教職課程向けのテキスト選集です。

　したがって，本シリーズのすべての巻によって，教職に必要な教育に関する知識内容はもちろんのこと，それに関連する教育学の専門領域の内容もほとんど網羅されています。その意味では，少し大げさな物言いを許していただけるならば，本シリーズは，「教職の視点から教育学全体を体系的にわかりやすく整理した選集」であり，また，このシリーズの各巻は，「教職の視点からさまざまな教育学の専門分野を系統的・体系的にわかりやすく整理したテキスト」です。もちろん，各巻は，教育学の専門分野固有の特徴と編者・執筆者の意図によって，それぞれ個性的で特徴的なものになっています。しかし，各巻に共通する本シリーズの特徴は，文部科学省において検討された「教職課程コアカリキュラム」の内容を踏まえ，多面的・多角的な視点から教職に必要な知識について，従来のテキストより大きい版で見やすく，かつ「用語解説」「法令」「人物」「出典」などの豊富な側注によってわかりやすさを重視しながら解説されていることです。また教職を「はじめて学ぶ」方が，「見方・考え方」の資質・能力を養えるように，さらには知識をよりいっそう深め，そして資質・能力もよりいっそう高められるように，各章の最後に「Exercise」と「次への一冊」を設けています。なお，別巻は別の視点，すなわち教育行政官の視点から現代の教育を解説しています。

　この難しい時代にあって，もっと楽な他の職業も選択できたであろうに，それぞれ何らかのミッションを感じ，「自主的に学び続ける力」と「高度な専門的知識・技術」と「総合的な人間力」の備わった教師を志すみなさんにとって，本シリーズのテキストが教職および教育学の道標になることを，先輩の教育関係者のわれわれは心から願っています。

2018年

吉　田　武　男

はじめに

　学校教育は幼児教育からはじまる。第二次世界大戦後制定された学校教育法の第三章に他の学校種より先に幼稚園があるように，幼児教育は，学校教育体系のなかで最も基礎となる段階として位置づけられてきた。2018年以降，幼稚園，幼保連携型認定こども園，保育所について足並みをそろえた教育に関するカリキュラムが作られ，現在では3歳児以上の子どもの90%以上が就学前教育・保育を受けている。本シリーズ（MINERVAはじめて学ぶ教職）のなかに本書，幼児教育があるのは，学校段階の最も基礎としての幼児教育の重要性が増してきているためである。

　幼児教育が重要であると広く認識されるようになった背景には社会的な変化がある。そこには，家族と女性のライフスタイルの変化を肯定する社会認識の広がりが考えられる。日本では1950年代後半から1960年代にかけての高度成長期に，子どもが小さいうちは家族で母親がしっかり面倒をみるべきだ，という考え方が広く定着してきたが，そういった考え方は今や多くの人たちにとって現実的なものではなくなってきている。専業主婦というライフスタイルは次第に減少し，1990年代を境に，共働き世帯が専業主婦世帯数を上回り，その差は開く一方である。

　女性たちが「就労したい」という背景の一つに，かつて女性の社会進出という言葉でいわれたような，男女共生社会の進展があった。1980年代以降のフェミニズムの拡大は，仕事は男性，家庭は女性という性別役割分業論をいかに乗り越えることができるのか，社会に変容を迫るものであった。しかし，他方で，女性たちが「就労しなければ」ならないと考えるようになった背景には，経済構造の変化が大きい。1970年代のオイルショックを経て右肩上がりの経済成長を望めなくなった日本では，1990年代のバルブ期後の経済破綻を機に長引く慢性的な不況下で，家族を養える所得をすべての勤労者に分配することが困難になった。現在においては，生涯賃金，年功序列といった日本型雇用システムは崩壊し，大量のパート・アルバイトや派遣社員が生み出されている。もともと女性たちの多くは，こういった不安定労働に従事していたのであるが，労働市場の規制緩和は，経済不振を背景に女性のみならず男性も含めて不安定労働者の拡大を招いた。そういう社会変化を受けて，経済的保証のある階層と経済的貧困層ともいえる階層の格差を拡大することとなった。夫が不安定雇用である場合，妻も同様に家庭を支える役割をもつことになる。「就労したい」のみならず，「就労しなければならない」女性たちに就学前の子どもがいる場合，親が就労している日中，子どもたちの行き場が必要である。保育所をつくってもつくっても終わらない保育所の待機児童問題の背景には，こういった社会的・経済的変化がある。

　当然のことながら，こうして求められるようになった子どもたちの受け皿のためには経済的投資が必要になるのだが，そこに単なる受け皿以上の意味が求められなければ，積極的な投資は難しい。それに応えたのが2000年以降に登場した，幼児教育の質にかかわる公的なメリットに関する議論である。よりよい幼児教育がよりよい人材を輩出し，それが，社会に大きなリターンをもたらすという議論である。もちろん，よりよい幼児教育とは何かについての議論は，幼児教育の古典が登場する当初よりさまざ

に議論され，たくさんの実践が積み重ねられてきた長い歴史をもっている。しかし，多くの人々がより
よい幼児教育を求めるようになり，それがより多くの公的投資の対象として認識されるようになったの
は，近年のことであるといってよい。

　このような背景から幼児教育が議論されてきたことを考慮するなら，幼児教育は社会的な変動のなか
で議論され，それに左右されてきたということができる。幼児教育の思想も制度も実践も社会的変動と
無関係ではない。だとするなら，それを見据えたうえで，今，私たちにとって何が重要なのか，常に問
い直すことが求められているのではないだろうか。

　目の前にいる一人ひとりの子どもたちの背後は，家族がいて，地域がある。それは，グローバルな変
化とは決して無関係ではない。そして同時に，子どもとともにある大人たち，すなわち私たち自身も社
会の変動のなかにある。目の前にある問題に迫られたとき，それが急務の問題であるからこそ，立ち止
まって，広い視野から考えていくことが必要なのではないだろうか。

　本書は各章それぞれ，幼児教育の現在を考えるうえで不可欠なテーマを扱うものとなっている。た
だ，通常の幼児教育のテキストに比べて独自性があるとしたら，それは，幼児教育を社会の視点から考
えることを試みた点にある。4名の執筆者は幼児教育・保育の専門家である同時に，社会学的な分析方
法を学んできた研究者でもある。本書が幼児教育を社会の視点からみる一助となることを願っている。

2020年3月

編著者　小玉亮子

目 次

監修者のことば

はじめに

第1章　幼児教育とは何か ……………………………………………………… 1
1　ミラクル・ワーカー ……………………………………………………… 1
2　幼児とは誰か …………………………………………………………… 5
3　教師と教育を取り巻く諸関係 ………………………………………… 9

第2章　幼児教育の変遷 ………………………………………………………… 15
1　幼児教育はどのようにはじまったのか ……………………………… 15
2　幼児のための教育施設の誕生 ………………………………………… 18
3　女性たちによる幼児教育 ……………………………………………… 21
4　幼児教育はいくつもの海を越えて …………………………………… 23

第3章　日本における幼児教育の展開 ………………………………………… 29
1　幼児教育制度の現況 …………………………………………………… 29
2　日本における幼児教育のはじまり …………………………………… 32
3　戦後制度設計期から少子化のはじまりまで ………………………… 33
4　幼児教育の義務化・無償化をめぐる議論——小学校，家庭教育との関係 ……… 37
5　幼児教育制度の多様化の動向 ………………………………………… 38
コラム①　折り紙 ………………………………………………………… 42

第4章　諸外国における幼児教育の展開 ……………………………………… 43
1　諸外国における幼児教育の類型 ……………………………………… 43
2　幼児教育の階層性・多様性 …………………………………………… 46
3　ケアと教育の統合，義務教育学校との接続 ………………………… 46
4　幼児教育における先進国主導型グローバリゼーションのゆくえ ………… 48

第5章　幼児教育の施設と経営 ………………………………………………… 55
1　幼児教育を提供するのは誰か ………………………………………… 55
2　幼児教育における施設整備の基準 …………………………………… 58
3　幼児教育の施設と経営をめぐる新しい動向 ………………………… 59
4　幼児教育施設における安全と危機管理 ……………………………… 62

第6章　幼児の発達と教育 ………………………………………………………… 67

1　子どもと成長 ……………………………………………………………… 67

2　発達と生物学的理解 ……………………………………………………… 69

3　発達に関する論争 ………………………………………………………… 72

4　発達と多様性 ……………………………………………………………… 76

第7章　幼児教育の目的と内容 …………………………………………………… 81

1　幼児教育に関する基準書 ………………………………………………… 81

2　教育・保育の内容 ………………………………………………………… 87

3　環境を通した保育 ………………………………………………………… 89

4　多様な保育内容 …………………………………………………………… 91

第8章　幼児教育の内容の実際 …………………………………………………… 95

1　乳幼児の生活 ……………………………………………………………… 95

2　乳幼児の遊び ……………………………………………………………… 98

3　保育展開の実際 …………………………………………………………… 102

4　現代的保育の実際 ………………………………………………………… 105

コラム②　児童文化財と視聴覚教材 ……………………………………………… 109

第9章　幼児教育の計画と評価 …………………………………………………… 111

1　保育におけるカリキュラム ……………………………………………… 111

2　計画と実践 ………………………………………………………………… 114

3　保育のさまざまな記録 …………………………………………………… 117

4　保育における評価 ………………………………………………………… 119

第10章　幼児教育の専門性と研修 ……………………………………………… 125

1　幼児教育の専門性への注目 ……………………………………………… 125

2　幼児教育の専門性とは何か ……………………………………………… 128

3　幼児教育の専門性をどう育てるか ……………………………………… 132

4　社会のなかでの幼児教育 ………………………………………………… 135

第11章　子育て支援と幼児教育 ………………………………………………… 139

1　政策課題・研究課題としての子育て支援 ……………………………… 139

2　子育て支援とは何か——子育て支援の理論 …………………………… 141

3　地域子育て支援の具体的な取り組み …………………………………… 146

4　子育て支援の課題 ………………………………………………………… 148

第12章　連携と交流 ··· 153

  1　幼児教育と連携 ··· 153

  2　幼小連携の実態と課題 ··· 155

  3　課題をもつ子どもの支援にかかわる連携 ······························· 158

  4　家庭・地域との連携 ··· 160

  5　連携のこれから ··· 165

第13章　グローバル化時代の幼児教育 ··· 169

  1　途上国の子どもを取り巻く状況 ··· 169

  2　国際教育協力 ··· 173

  3　途上国の乳幼児発達支援 ··· 175

  4　日本における多文化共生 ··· 179

  コラム③　砂　　場 ··· 183

第14章　幼児教育の課題と展望 ··· 185

  1　社会のなかの子ども ··· 185

  2　グローバリゼーションと子ども ··· 186

  3　広がる格差と子どもの困難 ··· 190

  4　情報，メディア，そして AI ··· 192

  5　みんなと一人ひとり ··· 195

  コラム④　子育てアプリ ··· 198

索　　引

第1章
幼児教育とは何か

〈この章のポイント〉

　幼児教育とは何かについて解説する。その際に，幼児と教育という言葉に関してさまざまな固定観念があることに目を向け，それらを再検討することの重要性について気づき，現代社会において教師に求められる位置づけや役割を，教師と子どもの関係，また，国家や社会，家族との関係から学ぶ。

1　ミラクル・ワーカー

1　ヘレン・ケラーとサリヴァン先生

　幼児教育を考えるにあたり，まずは，ヘレン・ケラー[1]の物語を手がかりとしてみよう。私たちの知っているヘレンの物語は，幼い頃の病気のために目が見えず，耳が聞こえなくなったが，家庭教師のサリヴァン先生[2]のサポートのもと，猛勉強をして大学を卒業し，世界的なスケールで社会貢献活動・政治活動を精力的に行った人である，というものだ。現在でもこの物語は，本や演劇や映画というメディアで途切れることなく取り上げられてきている。例えば，学校の図書室や地域の図書館の子ども向けのコーナーでは，いわゆる偉人伝と呼ばれるシリーズにおいて，ヘレン・ケラーは欠くことのできない重要な人物の一人となっている。また，劇作家ウィリアム・ギブソン作の「奇跡の人」という戯曲は，サリヴァン先生と幼いヘレンの2人の関係を描いた演劇作品として，日本の劇場で繰り返し上演されてきた。さらに，この演劇作品は同名の映画[3]としても公開された。この映画はアメリカでアカデミー賞を受賞したこともあって世界中で大ヒットし，ヘレン・ケラーの名を世界的に一躍有名にした。映画のタイトルの影響もあって，今ではヘレン・ケラーの物語は「奇跡の人」を代名詞として知られるようになっている。

　とはいえ，すでにしばしば言及されてきているところではあるが，「奇跡の人」という邦題と英語の原題にはずれがある。映画『奇跡の人』の英語の原題は，"The Miracle Worker" である。直訳するとしたら「奇跡の労働者」あるいは「奇跡の仕事人」となる。つまり，この映画の邦題『奇跡の人』が指し示すものは，ヘレンではなくサリヴァン先生なのである。もちろん，この映画

▷1　ヘレン・ケラー
(Helen Adams Keller, 1880 ～1968)
社会福祉活動，政治的活動，著述活動を行う。1877年3月より家庭教師サリヴァン先生のもと勉学をはじめ，1904年ラドクリフ・カレッジ（現ハーバード大学）卒業。1937, 1948, 1955年来日。主著は *The Story of My Life*（1903年）。

▷2　アン・サリヴァン
(Anne Sullivan, Annie Sullivan Macy, または Johanna Mansfield Sullivan Macy, 1866～1936)
ヘレン・ケラーの家庭教師。幼少期に目の病気のため視力を失うが，手術によってある程度回復したが，ただ光に弱くサングラスをかけていたという。一度結婚するが，生涯ヘレン・ケラーを支え続けた。

▷3　映画『奇跡の人』
（原　題　"The Miracle

Worker") は，劇作家ウィリアム・ギブソン（William Gibson, 1914〜2008）による戯曲で，1959年にアン・バンクロフト（Anne Bancroft, 1931〜2005）がサリヴァン先生を，パティ・デューク（Patty Duke, 1946〜2016）がヘレン・ケラーを演じて初演された。同キャストで1961年に映画化・公開され，翌1962年にバンクロフトがアカデミー主演女優賞を，デュークが助演女優賞を受賞。日本公開は1963年。

▷4 マーク・トウェイン（Mark Twain, 1835〜1910）アメリカの作家，小説家。少年を主人公とした『トム・ソーヤーの冒険』，『ハックルベリー・フィンの冒険』の著者として知られ，数多くの小説やエッセーを発表。

は，2人の関係を描いたものであるから，「奇跡」という言葉が意味するものは，2人両者にかかわる事柄なのかもしれない。しかし，この言葉がもともと，マーク・トウェイン[4]がサリヴァン先生を評したことに由来することを踏まえれば，ここで，奇跡の仕事をした人は一義的にはサリヴァン先生であるということができる。この映画の原題は，教師という仕事が奇跡を生み出す仕事である，あるいは，奇跡のような仕事であるということを意味している。

では，「仕事人」がサリヴァン先生であるとして，何が「奇跡」だったのか。これについては，以下のサリヴァン先生の記録が参考になる。

> 井戸小屋に行って，私が水を汲みあげている間，ヘレンには水の出口の下にコップをもたせておきました。冷たい水がほとばしって，湯のみを満したとき，ヘレンの自由な方の手に「w-a-t-e-r」と綴りました。その単語が，たまたま彼女の手に勢いよくかかる冷たい水の感覚にとてもぴったりしたことが，彼女をびっくりさせたようでした。彼女はコップを落とし，くぎづけされた人のように立ちすくみました。
>
> ある新しい明るい表情が顔に浮かびました。彼女は何度も「water」と綴りました。それから，地面にしゃがみこみその名前をたずね，ポンプやぶどう棚を指さし，そして突然ふり返って私の名前をたずねたのです。私は「Teacher」と綴りました。ちょうどそのとき，乳母がヘレンの妹を井戸小屋に連れてきたので，ヘレンは「baby」と綴り，乳母を指さしました。家にもどる道すがら彼女はひどく興奮していて，手にふれる物の名前をみな覚えてしまい，数時間で今までの語彙に三十もの新しい単語をつけ加えることになりました（サリバン，2007，32ページ）。

このエピソードは，映画ではクライマックスシーンとして描かれている。映画では，幼いヘレン・ケラーが，手で触れた水と water という言葉のつながりを初めて認識したことが描かれ，観客に強い印象を与える場面となっている。それまでサリヴァン先生は繰り返し指文字で，幼いヘレンに言葉を伝えようとするのであるが，ヘレンは先生の指の動きを真似するだけで，それが言葉であることを理解できない。しかし，水に触れた瞬間，ヘレンは水という物質と水という言葉のつながりを理解する。そして，この瞬間に，水という事物以外にも，事物にはそれを指し示す言葉があるということを理解する。

このシーンは単にヘレンが言葉を獲得したということを意味するだけではない。実は，「言葉」がここで起こった「奇跡」と関連している。

2 言葉と言葉が示すもの

私たちが使っている言葉と事物との間に必然的な関係はない。猫と聞けば，誰もが猫という動物をイメージする。しかし，その動物を「ねこ」と呼ばなけ

ればいけない必然性はどこにもない。もし，猫という動物に「ねこ」と呼ばなければいけない必然性があるとしたら，世界中で人々が必ず猫のことを「ねこ」と呼ぶことになるはずだ。ところが，猫は英語では「きゃっと」と呼ばれるし，また，中国語では「まぁぉ」と呼ばれる。これらの呼び名には必然性もなければ，相互になんの脈絡もない。つまり，ひょっとしたら猫のことを「いぬ」と呼んでもまったく構わないということになる。

　ここでいう言葉と事物の間には何ら必然性がないということは，ソシュール[5]以降の言語学ですでに明らかにされている。言葉とそれが意味するものの間には何ら必然性がなく，言葉とそれが意味するものの間には，飛躍があるという理解である。ソシュールの研究者として多くの著作を出している丸山は，言語学の立場からヘレンの体験について，以下のように述べている。

　　あの有名なヘレン・ケラーの体験もそうなのです。感覚＝運動的な知能から，ある飛躍を可能にしたのが記号でした。water という語は手のひらに書かれた触覚イメージですが，このイメージがそれまで存在しなかった意味を担い，現実が分節され，彼女の意識も同時に分節されました。それまで感覚＝運動的に知覚していた水が，突然別の網の目に区切られて，記号の指向対象としての水となりました（丸山，2012，59ページ）。

　サリヴァン先生は指で文字を型取って文字を教えたので，丸山が述べたように手のひらに文字を書いたわけではない。それはともかく，ここで丸山が「飛躍」という表現を使ったことに注目しておきたい。「飛躍」とは，ヘレンにとって手で感じる触覚イメージとして把握されていたことが，「意味」を担うものであることが理解されるようになったということをさしている。言葉＝記号とそれが示すものとの間には「飛躍」がある。なぜならそこには何ら必然性がないからだ。しかし，この飛躍がなければ人は意味を理解することができない。この「飛躍」はいわば「奇跡」といっていいものなのではないだろうか。

　さらに，意味の理解とはどういうことなのか，再び丸山の以下の指摘が参考になる。

　　最初の一語を覚えてからヘレン・ケラーの場合は一挙にコトバの世界が開けたと言われていますが，実は，最初の一語と言われている water は，実体的な一語の習得ではなく，water と non-water という対立構造把握の出発点であったのです（丸山，2012，59〜60ページ）。

　このことは，ヘレンの水のエピソードにはその前段階があることからも説明することができる。サリヴァン先生は，この水のエピソードの前に，すでにヘレンにたくさんの指文字を教えていた。しかしこの過程で，サリヴァン先生は，ヘレンがミルク（milk）とミルクが入ったコップ（mug-milk）の違いを理解できないことに気がついていた。何度教えても，この 2 つの「違い」がヘレン

▷5　フェルディナン・ド・ソシュール（Ferdinand de Saussure, 1857〜1913）スイスの言語学者で「近代言語学の父」といわれている。ラングとパロール，シニフィエとシニフィアン，通時的と共時的といった言語学における基本概念を提唱した。ソシュールの言語の構造を捉える方法論は現代の思想史を決定づける構造主義を生み出すこととなった。

には了解できない。サリヴァン先生はこのことを一つの壁と考えていた。

　この問題が解決したのが，井戸で起こった水のエピソードだったのである。ヘレンの水のエピソードで重要な点は，この瞬間に，ヘレンが水それ自体と，水の入ったコップは違うということを理解した瞬間であった点である。つまり，記号が事物に張り付いているのではなく，記号が事物の「違い」を示すものであることをヘレンはこのとき理解したのである。ある言葉＝記号は，それが示すものと示さないものがある，ある言葉が示さない別のものにもある言葉＝記号がある。そしてまた，その言葉＝記号は別のものを示すものではない。「ねこ」は猫をさすが，犬はささない。「いぬ」は犬をさすが，机をささない。この連鎖が次々にさまざまな記号の習得を可能にしていくことになる。

③ 　言葉と社会的事実

　このような言葉＝記号は，言語学的にいうと，何かを認識して，それから何かに名前をつけると思いがちであるが，実は，そうではなくて，それが名前をもったときに初めて認識されると考えられている。

　つまり，ヘレンにとって，ミルクとミルクの入ったコップの違いを理解したときに，そのミルクとミルクの入ったコップを「知る」ことができた。ある記号がさすものとほかの記号のさすものとの間に差異があるということこそが，記号がほかの記号との差異＝関係のなかで位置づけられることを理解することを可能にする。ある記号＝言語はさまざまな関係の網の目のなかにあるということである。言語の特質について，言語学者の田中はソシュールの言葉を使って次のようにいう。

　　　それは言語活動(ランガージュ)の社会的部分であり，個人の外にある部分である；個人は独力でこれを作りだすことも変更することもできない；それは共同生活の成員のあいだに取りかわされた一種の契約の力によってはじめて存在する（田中，2009，123〜124ページ）。

　ここからわかることは，言語が社会的なものであるということである。つまり，言語活動ができるということは，すでに社会の成員の間で取り交わされた一種の契約を習得するということであり，言葉を使うということは，人が社会に参入するということなのである。田中は「言語は社会的事実の外には存在しない」といい，言語学者ソシュールの議論を社会学者デュルケームのいう「社会的事実」に関する議論と重ねる。デュルケームのいう「社会的事実」とは，個人の外にあって個人の行動や考え方を拘束する，ある集団あるいは社会に共有された行為様式，あるいは規範のことをさす。つまり，子どもは，自分より先にあって，こうすべきとして定められた事柄を強制される。つまり猫のことを「いぬ」ではなく，「ねこ」といわなければならないことを知り，それを習

▷6　エミール・デュルケーム（Émile Durkheim, 1858〜1917）フランスの社会学者。

得する。このことこそが，この社会の新参者である子どもがこの社会に参入することを可能とする。

　社会に参入するということがヘレンに何をもたらしたのか。サリヴァン先生は水のエピソードについて述べる際に，ヘレンがその瞬間に「ある新しい明るい表情」となったと表現したことは重要である。このヘレンが，言葉を理解した瞬間は，彼女にとってそれまで経験したことのない幸福な瞬間だったのだ。

　ヘレンが水を理解したことが，言葉を一つ覚えたというだけのことなら，ヘレンにとってこれほど幸福なことであったといえるだろうか。つまりこの瞬間に，言葉という記号がほかの記号との差異から成り立っていること，そして，その差異は限りなくほかのさまざまな関係の網の目から構成されていること，すなわち，ヘレンは自分が社会的事実のなかに生きていることを理解した。ヘレンはこの瞬間，この社会に参入することができた。このことがヘレンにとって幸福な瞬間をもたらしたといえるのではないだろうか。

　こういったプロセスはヘレンの体験に限られることではない。言語を使う人間の社会において，すべての子どもが経験するプロセスであるといえるのではないか。まったく結びつく必然性のない言葉と意味の間を「飛躍」すること，その言葉＝記号が，ほかの記号との差異から構成されていること，すなわち，関係の網の目＝社会的事実であることを認識すること，このことによって，社会に参入すること。これこそが「奇跡」と呼んでいいのではないだろうか。

　だとするなら，「奇跡の仕事人」であるサリヴァン先生の仕事が，「奇跡」と呼べるのは，目が見えず耳が聞こえないにもかかわらずヘレンがコミュニケーションをとれるようになるように教育したこと，ではもはやない。たしかに，サリヴァン先生は「奇跡の仕事人」であるが，同様に，あらゆる教師や親たちもまた，「奇跡の仕事人」ではないだろうか。教師は，子どもたちが何ら必然性のない言葉と意味の間の「飛躍」を理解すること，そしてこのことで，子どもたちが社会に参入することをサポートする。

　ヘレン・ケラーとサリヴァン先生の物語は，私たちに，教師という仕事は「奇跡」を起こす仕事であり，そして，言葉＝記号は新しくこの世界にやってくる子どもに，この社会に入るという「奇跡」をもたらすものであることを示しているともいえる。

2　幼児とは誰か

1　年齢と幼児

　ヘレン・ケラーがサリヴァン先生に出会ったのは 6 歳のときである。現在の

日本でいうと，年長と小学校１年生にまたがる年齢である。この６歳という年齢が，ヘレンが言葉を習得するためにちょうどよかったのか，ギリギリだったのか，あるいはヘレンの学習には年齢は関係なかったのか，現在においては推測するほかはない。少なくともサリヴァン先生の仕事が６歳の子どもの教育であったことは，日本では，幼児期の最後が６歳であることを考慮すると，本書にとって注目すべきことであることは間違いない。

しかし，６歳という年齢が特別な意味をもつのは，世界中どこでも，あるいは日本においてさえ，共有される事柄ではない。このことを考えるうえで，実は日本の法律において，子どもについての定義が多様であることを確認しておく必要がある。

現在使われている幼児という言葉に近い言葉に，乳児，児童，少年といった表現がある。これらはすべて子どもと言い換えてもいいような言葉であるが，それらが具体的にはどの年齢段階を意味するのかについて，私たちは共通する定義をもっているわけではない。

まず手始めに，幼児という言葉について，児童福祉法▷7の定義をみてみよう。児童福祉法は，すべての児童の生活を保障するために，国家・地方公共団体および子どもの保護者の責務を定めた法律である。この総則で関連用語の定義がなされているが，その第４条に，児童とは「満十八歳に満たない者」とある。さらに，この児童は三段階に区分され，乳児は「満一歳に満たない者」，幼児は「満一歳から，小学校就学の始期に達するまでの者」，少年は「小学校就学の始期から，満十八歳に達するまでの者」と定められている。このように児童福祉法では18歳未満について年齢段階を三区分して言葉を使い分けているが，ほかの法令では，異なる区分もなされている。

例えば，道路交通法▷8では，６歳未満をすべて幼児と呼称し，児童は６歳以上，13歳未満の者をさす。道路交通法では，児童福祉法のような幼児と乳児の区別は論じられておらず，児童についても学校段階との対応はそれほど厳密ではない。

また，児童についても多様な定義がある。児童手当法▷9は18歳を過ぎても最初の３月31日までは児童に該当することとされている。学校教育法▷10では，小学生を学齢児童と，中学生を学齢生徒と呼んでいる。児童という概念は，最も広くは，誕生から20歳未満までを含めている定義がある一方で，小学生のみをさすものもあるといえる。

私たちの社会には，このように年齢を定義してその対応を定めるような法令がたくさんある。ところが，それらの法令をみてみると，法令ごとに子どもを意味するさまざまな言葉のさす年齢段階はまちまちで，厳密に共通の定義がなされているとはいえないのが現状であるということができる。

▷7　児童福祉法
昭和22（1947）年法律第164号。総則の冒頭には，「すべての国民に対して，児童が心身ともに健やかに生まれ育成されるように努めるべきである」と記述され，国，地方公共団体，児童の保護者に対して，児童を育成する責任があることが定められている。

▷8　道路交通法
昭和35（1960）年法律第105号。「道路における危険を防止し，その他交通の安全と円滑を図り，及び道路の交通に起因する障害の防止に資することを目的とする」（第１条より）。

▷9　児童手当法
昭和46（1971）年法律第73号。「子ども・子育て支援の適切な実施を図るため，父母その他の保護者が子育てについての第一義的責任を有するという基本的認識の下に，児童を養育している者に児童手当を支給することにより，家庭等における生活の安定に寄与するとともに，次代の社会を担う児童の健やかな成長に資することを目的とする」（第１条より）。

▷10　学校教育法
昭和22（1947）年法律第26号。日本の学校制度を定めた法律。

2　小学校入学年齢の多様性

みてきたように，現状では幼児について法的な共通の定義がなされていない。とはいえ，教育制度との対応関係でいうと，現代において幼児は，小学校以前の段階の子どもに対して用いられる言葉というニュアンスが強いようにも思われる。

しかし，何歳から小学校段階とみなすかについて，世界に目を向けてみると驚くほどまちまちであることに気づく。日本では，学校教育法の定めるところに従い「6歳に達した日の翌日以後」で7歳になる前の子どもが小学校に入学する。しかし海外に目を向けてみると，例えば，イギリスでは5歳から小学校に入学するし，ドイツでも一部5歳から入学できる仕組みが作られている。このように日本よりも年齢が幼い子どもたちが就学する国がある。

また，アメリカでは，日本と同様に1年生は6歳で，7歳になる前に入学するのであるが，多くの地域でその1年前から小学校のなかにある GK（Grade Kinder）といわれるキンダークラスに通う。キンダーというのは，ドイツ語で幼稚園を意味するキンダーガルテン（Kindergarten）の英語化に由来する言葉である。キンダーガルテンがドイツ語の幼稚園という意味であるから，幼稚園の年長クラスが小学校のなかにあるといってもいいかもしれない。しかし，そこでは，簡単な文字や数字の学習をするところをみると，小学校1年生の初歩的な学習が行われているともいえる。アメリカだけでなく，同様に，スウェーデンなどでも小学校1年生以前の子どもたちが小学校に通う姿をみると，小学校は満6歳以上の子どもがくるところという私たちの感覚は，必ずしもグローバルスタンダートではないことがわかる。こう考えるともはや，小学校入学を一つの目安とする就学前と就学後という区分さえも，一定の年齢を定めることができるユニバーサルな区分となっているとはいえない。

3　ゼロ歳から

では，幼児と乳幼児の違いはどうだろうか。先にみたように，児童福祉法では，1歳未満を乳児と呼び，それ以上を幼児と区別している。ここでは，1歳の時点での線引きがある。たしかに，赤ちゃんの発達をみると1年間での成長は目覚ましく，誕生直後の赤ちゃんと1歳児では大きな違いがある。2017年に公示された「保育所保育指針」では改定前のような1歳ごとの発達についての記述は削除されているが，「ねらい及び内容」に関する記述において，乳児，1歳から3歳未満児，3歳以上就学までの三区分がなされている。児童福祉法と同様に乳児とそれ以上の年齢が区分されている。また，3歳で区分があることは，幼稚園の入学が3歳であることと対応している。しかし，区分がなされ

ているといっても,「ねらい及び内容」で書かれていることは,三区分を超えて連動している。幼稚園教育のカリキュラムとして示されている5領域(健康・言葉・環境・人間関係・表現)の区分が3歳以上のみならず,1歳から3歳未満児の保育の「ねらい及び内容」にまとめられている。項目立てはないものの,1歳未満の部分もこれに対応するようになっている。

　幼稚園は文部科学省の管轄下にある教育機関であると考えられてきたのに対して,保育所は厚生労働省の管轄下の保育・養護の機関として区別するような理解がある。しかし,これまでも保育所において幼稚園と同様に子どもの教育を担ってきたし,「保育所保育指針」で保育所は「養護及び教育を一体的に行うことを特性としている」とされ,「幼児教育を行う施設」と明記されている。現在では,幼稚園のみが幼児教育を行う施設であるとはいえず,「保育所保育指針」だけでなく,幼稚園と保育所が一体になった認定こども園に関する「幼保連携型認定こども園教育・保育要領」もまた幼児教育を行う施設として明確に位置づけられている。

　そもそも,ヘレンが6歳で初めて学びはじめた言葉の教育は,子どもたちが生まれるやいなやはじまる。大人たちは言葉を理解できない赤ちゃんに声をかけ,子どもへの応答を行う。子どもたちの学びはゼロ歳からはじまっている。

　このような状況を考慮するなら,幼児教育は,もはや3歳から就学前の幼稚園児の教育だけをさすわけではないことは自明のことといえよう。では幼児教育の対象として一番上の年齢はどのぐらいの年齢段階の子どもを考えればいいのだろうか。本書では,さしあたり,誕生から8歳程度までの子どもを含めるような幅をもたせておきたいと思う。これは,年齢の下限についてはゼロ歳児からの学びを考慮してのものであり,上限については海外での小学校入学の年齢が多様であることを念頭に置いてのことである。これについて最も参考になるのは,アメリカで最も大きく歴史のある幼児教育の教員団体の一つである全米乳幼児教育協会(NAEYC)の定義である。全米乳幼児教育協会は,幼児教育(early childhood education)の対象を誕生から8歳までとしている。

　8歳までというと,日本では,小学校2,3年生の児童までが含まれることになる。しかし,ここまでを一括りにすることは,あながち現代の日本でも違和感がない年齢層ではないだろうか。近年日本では,保幼小の接続ということが論点となっているが,就学前から就学後への移行(transition)は,世界でも重要な論点となっている。この幼児教育と小学校教育の接続については,ある程度緩やかな移行期の設定が望ましいと考えられるようになってきている。現在では,小学校に入学するやいなや,いきなり就学体制に入るのではなく,幼児教育を踏まえた教育が望ましいという議論も積み重ねられている。

　以上のことから,誕生からおおむね8歳程度という年齢層に緩やかな幅をも

▷11　全米乳幼児教育協会
(National Association for the Education of Young Children)
全米乳幼児教育協会は,アメリカにおける幼稚園運動の流れを汲み,20世紀初頭から大規模な団体としての歴史をもつ。https://www.naeyc.org(2018年12月31日閲覧)

たせつつ，この年齢に相当する子どもたちにどのような教育が必要なのか，幼児教育をテーマとする本書で考えていくこととしたい。

3　教師と教育を取り巻く諸関係

1　教育のイメージ

　幼児教育という言葉は，幼児と教育という 2 つの言葉の合成語である。幼児についての多義性はすでに論じたところだが，教育という言葉もまた複雑な背景のある言葉である。しかし，一般に教育と聞くと，まず学校がイメージされ，何かを「教える」ということが思い浮かぶ。教育という言葉を聞くと，まず，教える＝教えられる場面を想像するのである。しかも，単に教えるという言葉を超えて，何かを「教え込む」ということまで連想することも珍しくない。その背景には，ひょっとしたら，私たちの多くが学校でいろいろな事柄を覚えることを強制された，という記憶をもっているからかもしれない。私たちには，英語の単語，歴史の年号，化学の元素記号，数学の公式等々，覚えるという行為を繰り返してきたという記憶もある。そして，その記憶は人によっては，苦手意識と結びついて想起される。こう考えると教育＝学校＝教え込む，といったイメージはかなり根強いものなのかもしれない。

　しかし，それだけだろうか。再び，サリヴァン先生の教育に立ち戻ってみると，次の言葉は示唆的である。

　　私は余りに「形式的な」会話をさせて言葉を教える方法には賛成できません。それはばかげたやり方で，生徒も教師をも無感覚にします。会話の目的は，ごく自然であって，お互いの考えを交わすことにあるはずです。もし，会話をする心の準備ができていない子どもに，「ねこ」「とり」「犬」などについて短い無味乾燥な文章を黒板に書かせようとしたり，指で綴らせようとしても，それは，ほとんど無意味なことと思います。

　　はじめから，私は自然にヘレンに話しかけるようにしました。彼女が興味を感じるものごとについて私に話しかけるように教え，私が質問するのは，彼女が知りたがっていることが何であるか知ろうとするときだけでした。彼女が私に何かとても話したがっているのですが，それを表現する言葉を知らないためにできないでいるときには，私は単語やさらに熟語を教えます（サリバン，2007，75〜76ページ）。

　ここでサリヴァン先生はヘレンに繰り返し言葉を教え，覚えさせている。しかし，ここでなされている教育は，強制的に教え込むといった教育とは異なる。では，このようなサリヴァン先生の教育方法はどこから学んだのだろうか。

私は近頃ヘレンの小さないとこを観察しています。生後十五ヶ月位の女の子ですが，すでにたくさんのことを理解します。尋ねられたことに答えて，鼻，口，目，顎，頬，耳などをかわいらしく指さします。……（引用者中略）……しかし，彼女がそれらの言葉を何百回もくり返されたとしても，どれひとつとして自分でしゃべるのを私は聞いたことがありません。でも彼女にそれらの言葉がわかっていることは明らかです。

　この経験はヘレンに言葉を教える一つの手がかりを与えてくれました。私は赤ちゃんの耳に話しかけるようにヘレンの手に話しかけることにします。彼女も普通の子どものようにまねをする能力があると思います。彼女に正しい文で話かけ，必要なときには，身振りや彼女特有の合図で意味を補うことにします。でも私は，何かひとつのことに彼女の心を留めておこうとするつもりはありません。彼女の心を刺激して，興味を起こさせるために全力を尽くし，結果を待つことにします（サリバン，2007，34ページ）。

　赤ちゃんに言葉を教えるようにヘレンに教えるというのが，サリヴァン先生の教育方法である。ここで注目したいことは，赤ちゃんは言葉の教育を受けていることをサリヴァン先生が観察しているという点である。「心を刺激して，興味を起こさせるために全力を尽くし，結果を待つ」という，赤ちゃんに言葉を教えていく教育方法が優れた教育方法であると，サリヴァン先生が発見しているのである。つまり，このことは，赤ちゃんにはすでに教育が施されていることを表現したものであるともいえる。

　こう考えると，教育とは，当然，学校で行われるものに限られるわけではないことは明らかである。むしろ，ゼロ歳から教育がなされていると考える必要がある。

［2］　教師と生徒の非対称的関係と教師の倫理

　サリヴァン先生とヘレンの関係は教師＝生徒関係である。この二者関係において圧倒的な力関係があることは，2人のエピソードからも知ることができる。映画や戯曲ではこの点がかなり誇張されているようにも思われるのだが，サリヴァン先生の手記をみると，ヘレンとの関係を構築するためには，当初は暴君のように振舞っていたヘレンに，文字どおり「力づくで」，「服従と愛」を学ばせることが必要であると述べられている。この「服従と愛」が必要であるというサリヴァン先生の考えは，実行に移され，そして成功を収めるのであるが，実際，ここで示されているのは，教師と生徒という二者関係には圧倒的な非対称的関係，すなわち，相互性のない関係があることを示すものといってもいいだろう。

　この圧倒的な非対称的関係は，子どもが誕生した時点からはじまっている。

▷12　非対称的関係
相互性のない関係，すなわちポジションの交換が不可能な関係のことをさす。つまり，AとBの関係において，AとBの役割を入れ替えたときに成り立たない関係を意味する。

赤ちゃんはすべてを親または養育者に依存している。この依存性は，赤ちゃんを世話する大人が赤ちゃんの生存を握るということを意味する。

　もちろん，この非対称的関係は不動のものではなく，子どもが成長するにつれて親への依存性は小さくなっていくことになる。しかし，幼児教育における教師と子ども，親と子の関係は，やはり大人の側が圧倒的力をもつような非対称的関係であることは指摘しておかなければならない。

　このことが要求するのは，子どもに接する大人に求められる倫理である。そして，幼児教育に関与する教師には，単に個人に求められる倫理ではなく，専門家としての倫理が不可欠になる。専門職には，仕事の内容・行為や態度の独自性，その職固有の規範，理想とするものが共有される必要がある。これを体現するのは職能団体のもつ「倫理綱領」である。専門職といえるための条件には共有される倫理があり，それが綱領として示されることである。幼児教育にかかる教師の倫理については，全米乳幼児教育協会の倫理綱領が参考になる（NAEYC, 2011）。

- ・子ども時代を人生のライフサイクルにおいて特別な価値あるステージだと認識すること。
- ・子どもとかかわる私たちの仕事は，子どもの発達に関する知識に基づくものであること。
- ・子どもと家族の緊密な絆を理解し，支えること。
- ・子どもは，家族，文化，社会という文脈のなかで理解されること。
- ・（子ども・家族構成員・同僚）それぞれのもつ尊厳・価値・かけがえのなさが尊重されること。
- ・子ども，家族と同僚の多様性（Diversity）を尊重すること。
- ・信頼され，尊敬され，肯定される諸関係のなかで，子どもも大人も自らの能力を発揮できるように支援すること。

ここには，幼児教育に携わる教師が，子ども時代を価値あるものと認め，子どもをリスペクトし，尊重する必要のあることが明記されている。これは，非対称的な関係である大人と子どもの関係において，いかに子どもを尊重することが重要であるのかの宣言であるといえよう。と同時に，この倫理綱領のなかに，子どもに加えて，子どもの家族や職場の同僚についても繰り返し言及されていることに注目しておきたい。

３　教師を取り巻く諸関係──同僚性と家族とのパートナーシップ

　幼児教育にかかわる教師は，一人で教育を実施するわけではない。サリヴァン先生もまた，ヘレンの親との関係や，その他家族との関係のみならず，友人や先生自身の先生にあたる人，あるいは，助力してくれる家族の使用人など多

くの人との関係のなかでヘレンの教育を行った。教育関係は教師生徒関係という二者関係にとどまらない広がりをもつ。

　ましてや，学校や保育所・幼稚園等では，複数の教師がおり，教師たちは職場の同僚と相互に協力しながら教育活動を行っていくことになる。このように相互に協力する教師たちの関係を論じる際に，「同僚性」という言葉が用いられている。これについて，佐藤は，教師の「同僚性」とは「相互に実践を高め合い専門家としての成長を達成する目的で連帯する同志的関係」（佐藤，1997）を意味するという。教師同士は，孤立して教育を行うのではなく，また，単なる仲良しの仲間集団でもなく，専門家として交流することが求められている。全米乳幼児教育協会の倫理綱領で同僚をリスペクトすべき対象としてあげられていることは，同僚性というキーワードを考えるうえで重要になる点であろう。

　また，倫理綱領上で，子どもたちの親や家族もまたリスペクトされるべきことが明記されている点も注目しておきたい。ここで重要なことは，同僚についても，家族についても，教師からみたときに，指導する対象として位置づけられているわけではないという点であろう。むしろ，幼児教育に携わる教師にとって，家族が「信頼」し「尊敬」し「肯定」する対象として位置づけられている点を強調するべきであろう。いいかえれば，家族は教師にとって，教育を進めるためのパートナーともいえる存在であることが求められているのではないか。

　サリヴァン先生の教育を支えていったものは，彼女を取り巻く諸関係において，信頼や尊敬があってこそのものといっていいのではないだろうか。

Exercise

①　子どもに関するさまざまな言葉（例えば，乳児，幼児，児童，少年，少女，青年，未成年等）がどのように使われているのかを調べ，それらの違いの意味を比較してみよう。

②　世界の小学校の入学年齢について各国の違いを調べ，幼児教育がどのように制度化されているのかを比較してみよう。

📖次への一冊

泉千勢・一見真理子・汐見稔幸編『世界の幼児教育・保育改革と学力』明石書店，2008年。
　　世界の幼児教育の動向をわかりやすく解説したもので，日本の幼児教育が世界のなかでどのような特色をもっているのか，本書から知ることができる。

サリバン，A.，遠山啓序・槇恭子訳『ヘレン・ケラーはどう教育されたのか——サリバン先生の記録（改訂版）』明治図書，2007年。
　　まだ若いサリバン先生の試みがわかりやすく書かれてある。できれば映画も合わせて見ることをお勧めしたい。

引用・参考文献

泉千勢・一見真理子・汐見稔幸編『世界の幼児教育・保育改革と学力』明石書店，2008年。

佐藤学『教師というアポリア——反省的実践へ』世織書房，1997年。

サリバン，A.，遠山啓序・槇恭子訳『ヘレン・ケラーはどう教育されたのか——サリバン先生の記録（改訂版）』明治図書，2007年。

田中克彦『ことばとは何か　言語学という冒険』講談社学術文庫，2009年。

丸山圭三郎『ソシュールを読む』講談社学術文庫，2012年。

NAEYC. Code of Ethical Conduct and Statement of Commitment, 2011. https://www.naeyc.org/resources/position-statements/ethical-conduct （2018年12月31日閲覧）

第2章
幼児教育の変遷

〈この章のポイント〉

　幼児教育の思想が，社会文化的コンテクストのなかから，どのように生まれてきたのか。本章では幼児教育が自然や国家との関係で構想されてきたことや，実践のレベルでは社会階層の問題と密接に関係してきたこと，そして，なぜ女性たちが幼児教育の担い手になったのかについて学ぶ。海を渡って幼児教育が日本に入ってきてどのように展開したのかを解説する。

1　幼児教育はどのようにはじまったのか

☐1　ゼロ歳からの教育──ルソー

　幼児教育の起源を探るために，これまでの多くの研究が注目してきたルソー[1]からはじめることとしたい。というのも，ルソーは，著書『エミール』（1762年）において，「くりかえして言おう。人間の教育は誕生とともに始まる」と，教育はゼロ歳児からはじまることを明言しているからだ。ルソーが「生まれた時に私たちが持っていなかったもので，大人になって必要となるものは，すべて教育によってあたえられる」，そして「初期の教育は純粋に消極的でなければならない」といった点も重要なポイントになる。ここでいう消極的という言葉は，「真理を教える」教育ではなく，心を守ってあげることを意味する。

　そして「この教育は自然か人間か事物によってあたえられる」と論じられており，とくに幼児期の教育は「自然の教育」と「事物の教育」が行われる時期とみなされている。「自然の教育」とは，人間がもっている自然の欲求によって，人間に与えられている力を十分に発達させることであり，「事物の教育」とは，物それ自体が（大人による説明を経由しなくても）子どもたちに必然を教えることをさしている。

　このように，ルソーは現在の教育論に通じるような議論を提示したのであるが，そのなかで最も画期的であるとして注目されてきたのは，いわゆる「子どもの発見」ともいわれる次のようなルソーの言葉である。

　　人は子どもというものを知らない。子どもについてまちがった観念をもっているので，議論を進めれば進めるほど迷路にはいりこむ。このうえなく

▷1　ジャン＝ジャック・ルソー（Jean-Jacques Rousseau, 1712～78）スイスのフランス語圏ジュネーヴ生まれ，哲学者，政治哲学者。

賢明な人でさえ，大人が知らなければならないことに熱中して，子どもには何が学べるかを考えない。かれらは子どものうちに大人を求め，大人になる前に子どもがどういうものであるかを考えない（ルソー，1962，18ページ）。

　この文章によって，ルソーは大人とは異なる子どもの固有性を歴史上初めて明確に論じた人物として知られることとなった。大人とは異なる子どもの特質に基づく教育の重視，いわゆる「子どもの発見」である。このルソーの教育論は，当時の社会批判を強烈に意識して執筆された。フランス革命が起こる前，ルソーの目に映っていたのは，封建的な旧体制の社会であり，子どもに無理を強制する学校であった。そのような現状に対して，ルソーは，次のようにいう。

人間をつくるか，市民をつくるか，どちらかにきめなければならない。同時にこの両者をつくることはできないからだ（ルソー，1962，27ページ）。

　これはどういうことかというと，まず，社会において固定した地位に向けて教育された人（市民）は地位を失うと何の役にも立たない人間になってしまう。しかし，人として生活するように教育された人（人間）は，そうではない。特定の社会的地位に向けた教育と，人間としての教育は両立するものではない，というのがルソーの考え方である。

　この2つの教育の担い手は，ルソーによれば，それぞれ異なっている。市民の教育が国家の下にある公共的な教育が担うものであるとしたら，人間の教育のためには社会の悪から隔離された家庭教育がふさわしい。現状の教育を批判するルソーは，主人公エミールの教育を学校における教育ではなく，都会から離れた田舎の家庭における教育とするのである。こうして，エミールは一人の家庭教師の下で個別的な教育を受けて大人になっていく。

　ルソーはゼロ歳からの教育を宣言し，子どもと大人は異なることを主張し，何よりも人間として生きるための教育を主張したという意味において，現代の幼児教育に重要な影響を与えるものといえよう。

2　戦火のなかの困難——ペスタロッチ

　ルソーの『エミール』は，当時の教育に批判を抱いていた上層の市民たちの支持を得てベストセラーとなり，その後の社会に大きな影響を与えた。この著書に影響を受けて，教育改革を試みた人物の一人に，ペスタロッチ[42]がいる。

　ペスタロッチの思想の根本には，ルソーと同様に当時行われていた知識を一方的に教え込むような教育を批判し，子どもが自らもっている内的な自然の力を教育の基礎に置くべきだという考えがあった。

　しかし，現実の学校における教育実践を重ねてきたペスタロッチは，ルソー

▷2　ヨハン・ハインリッヒ・ペスタロッチ（Johann Heinrich Pestalozzi, 1746〜1827）
スイス・チューリッヒ生まれ，教育実践家，教育思想家。

から学ぶと同時に，ルソーが自由と従順を分離したうえで，従順を強いることの問題を強調するあまり自由の限界というものを議論していなかったとルソーを批判する。ルソーが邂逅することのなかったフランス革命の時代にあって，ペスタロッチは革命の余波で生じた混乱や戦火のなかの多くの子どもたちに手を差し伸べようとしたのであるが，このことは，ペスタロッチの苦悩ともなった。ペスタロッチの教育実践の一つにシュタンツの孤児院があるが，そこでの様子について次のように語っている。

　　個々の子どもたちの粗暴さと施設全体の混乱とは，いくら期待を寄せ，いくら熱意をもってしてもまだ除去されませんでした。私は施設全体を全面的に秩序づけるために，さらにいっそう高次な基礎を求め，しかもそれをいわば生みださねばなりませんでした（ペスタロッチ，1987，43ページ）。

　このシュタンツの孤児院を経営していくために，ペスタロッチは，自由と従属といういわば相反する２つの要素に同時に答えようとしたものの，この孤児院はわずか６か月で幕を閉じることになる。その後，ペスタロッチの教育実践の名声は高まり，国外からも多くの来訪者を迎えるほどに有名になっていったのだが，しかし，彼はたびたび学校の設立と廃止を繰り返し，最終的に失意のなかで生涯を終えたといわれている。

　このように，ルソーは家庭で，ペスタロッチは学校／施設で，と異なる場所で教育を構想したのであるが，実は教育の基盤を家庭的なるものに置くという点で共通していた。ただし，家庭教師が教育を行うルソーとは異なり，ペスタロッチがその教育論において家庭の意義を語る際に，その議論の中心に母を位置づけたことに注目しておきたい。

　　すぐれた人間教育はすべて，居間にいる母親の眼が，四六時中，わが子の心的状態のどのような変化でも子どもの眼と口もとと額とに確実に読み取ることを期待します（ペスタロッチ，1987，34ページ）。

　人間の教育にとって，母親は子どものすぐそばにあって，子どもを注視することが期待されている。そして，ペスタロッチは，この母の愛こそが，先にみた，自由と服従という２つの難問を解くものと位置づける（真壁編，2016，280ページ）。このペスタロッチの教育における母の強調は，この後，幼児教育に影響力をもっていくことに留意しておきたい。

　ペスタロッチの教育実践の名声が高まるなか，その教育を一目見ようとたくさんの人が訪れてきたのだが，そのなかに，イギリスのオウエンとドイツのフレーベルがいた。２人とも，幼児教育を論じるうえでその実践家として欠かせない人物であるが，ペスタロッチに対する２人のコメントには若干の差異があった。

2　幼児のための教育施設の誕生

1　労働者のための幼児教育──オウエン

▷3　ロバート・オウエン
(Robert Owen, 1771〜1858)
イギリス北ウェールズの
ニュータウン出身で，企業
家であり，社会改革家。

　イギリスの実業家であったロバート・オウエン[3]は，はるばるイギリスからスイスのペスタロッチを訪問したのだが，そのコメントは「われわれはこの老人の誠実素朴な単純さに多く満足して彼と別れた」（オウエン，1961，310ページ）といういささか冷淡なものであった。対照的なのが同じく当時名声を博していたジョゼフ・ランカスターに対する対応である。たった1人の教師によって1000人の子どもの教育が可能になるという教育方法を開発したジョゼフ・ランカスターに，オウエンは大量の私財を投じ，スコットランドにまで招いたのであった。この背景には，起業家であるオウエンが大量の労働者の教育に対応しようとする問題意識があったのではないだろうか。

　企業家であったオウエンが教育に携わろうとしたのは，彼が引き継いだ工場地域の人々，とくに子どもたちの生活をなんとか改善しようと試みていたことによる。彼の工場のあったニューラナーク村にはおよそ2500人が住んでいたというが，その多くは救貧院の出身者だった。当時，イギリスにあった救貧院というのは，仕事に就くことができない困窮者のいわば収容所であって，孤児たちもまた暮らしていた場所である。オウエンの時代の救貧院の状況については，たびたび映画化されているチャールズ・ディケンズの小説『オリバー・ツイスト』（1838年）から知ることができる。

　オウエンは，労働者たちとその子どもたちの荒廃した生活は，もって生まれた特質に基づくものではなく，彼らの環境によって形成された性格によるものであると考えた。劣悪な環境が性格を歪め，荒廃した生活をもたらすのだとしたら，優良な環境なら，よりよい性格を形成することができる。そう考えたオウエンは，労働者のためによりよい性格を形成するための「性格形成学院」を設立した。この学院は，1〜5歳までの幼児学校，6〜10歳までの初等教育施設，それ以降の大人向けの教育施設という，三種類の学校から構成されていた。このうちの1〜5歳まで教育施設は，イギリスで初の幼児学校（infant school）として，幼児教育において注目されてきた。

　とくに，オウエンが1歳の子どもから教育しようとした点は重要であろう。性格は2歳にならないうちに形成されるものであって，幼少期に与えられた印象は一生を通じてそれに拘束されるようになると考えたオウエンは，社会から悪い影響を与えられる前に，優秀な教師によって教育がなされるべきであると考えた。その教育で強調されるのは，書物を子どもに強要したり，脅したり体

罰で子どもをしつけたりすることではなく，子どもが興味をもつようになったら，身の回りにある物の使い方や性質を教えるように，という「実物」を使った教育であった。

> 全力をあげてしょっちゅう遊び仲間を幸福にするようにしなくてはならぬ。——年かさの 4 歳から 6 歳までの者は年下の者を特別に世話し，また力を合わせてお互いが幸福になるように教えよ（オウエン，1961，250ページ）。

オウエンの教育は集団を重視する教育である。家庭教育ではなく，集団で教育することの意義がここで主張される。人間の教育をフィクションのなかで設定したのがルソーであるとしたら，混乱する時代に人間の教育と民衆／市民の教育の両方を目指して現実と戦ったのがペスタロッチである。彼らの議論にオウエンは，労働者と産業資本家という立場を超えて，社会全体の改革を目的としつつ，労働者の状況をよりよいものにするために教育のあり方を模索したと，さしあたり位置づけておくことができよう。

[2]　幼稚園の始まり——フレーベル

オウエンと同様にペスタロッチの学校を訪問した人物にフレーベル[4]がいる。フレーベルはオウエンとは異なり，ペスタロッチの学校に 2 度訪れている。フレーベルは，ペスタロッチの学校経営の課題を見抜きながらも，ペスタロッチの理念から多くのことを学び，とくに，2 回目には，2 年にわたる長期の滞在を実行している。

ペスタロッチへの訪問は，フレーベルが教育者という職業に就く前の青年期のことであったが，この放浪の時代に，彼に決定的な影響を与えたのが1813年にはじまるフランスとプロイセン戦争であり，フレーベルは当時の学生とともにドイツの一領邦であるプロイセン軍の一員となった。

> なるほど熱狂してではないが，併し巌のように堅い決意で，私をドイツ兵の部隊に召集したのはある他の事情だった。私がある気高いもの・神聖なものとして私の心の中で尊敬しており，また，それが到るところに障碍なく且つ自由に人々に知れわたることを望んでたものは，ただ，純粋にドイツ人であるという感情と意識だった（フレーベル，1949，26ページ）。

当時，ドイツは小国に分裂しており，ドイツ人の国としてのドイツは存在していなかった。このドイツへの強い希求が，彼がのちに教育者として教育活動をはじめた学校に，「一般ドイツ学園」という名称を与えることになる。そして，この学校では，7 ～18歳の子どもたちの教育が行われた。フレーベルが幼児教育に本格的に取り組む四半世紀ほど前のことである。現在，幼稚園の創立者として名高いフレーベルは，まず，初等教育以上のレベルの教育から着手し

▷ 4　フリードリヒ・フレーベル（Friedrich Wilhelm August Fröbel, 1782～1852）ドイツの中部，オーベルヴァイスバッハ生まれ，教育実践・教育思想家。

たことにも注目しておく必要があるだろう。

　フレーベルの最初の学校は，混乱の時代にあって成功したとはいえないものであったのだが，この時期に，フレーベルが構想した教育の考え方の基本が自然にあることが，彼の主著『人間の教育』に示されている。

　　人間を取りまいている自然に内在し，自然の本質を形成し，自然のなか
　　につねに変わることなく現れている神的なもの，精神的なもの，永遠なも
　　のを，教育や教授は，人々の直感にもたらし，人々に認識させるべきであ
　　り，またそうでなければならない。教育や教授はまた，教訓と互いに活発
　　に作用しあったり，結合したりして，自然と人間との間に統一の法則が支
　　配していることを明らかにし，表現すべきであり，またとうぜんそうでな
　　ければならない（フレーベル，1964，15ページ）。

　ここでいわれている自然とは，子どもの内なる自然，また，人間を取り巻く自然である。ここからフレーベルがルソーやペスタロッチの「自然」の議論を受け継いでいるということができる。そして，フレーベルは，子どもの教育は，子どものうちにある善なるものを開花させていくものであるから，「受動的，追随的であって，命令的，要求的であってはならない」と考えた。

　また，この同じ本のなかでは，フレーベルの教育論が，子どもそのものを中心に据えた教育論であることが記されている。

　　子どもたちから，学ぼうではないか。かれらの生命のかすかな警告にも，
　　かれらの心情のひそかな要請にも，耳を傾けようではないか。子どもに生
　　きようではないか。そうすれば，子どもたちの生命は，われわれに平和と
　　悦びをもたらすであろう。そうすれば，われわれは，賢明になり始めるで
　　あろう。いや，賢明であり始めるだろう（フレーベル，1964，119ページ）。

　ここで展開されている「子どもから学ぶ」という議論は，いわゆる「児童神性論」ともいうべき議論であり，ここでなされた子ども中心主義の明確な宣言が，のちにフレーベルが幼稚園をつくるときのスローガンにもなっていくのである。しかし，この思想が発表されてから幼稚園ができる前に，まだ，いくつかのステップがあった。

▷ 5　恩　物
ドイツ語で Gabe，英語では Gift。幼稚園の創始者 F.フレーベルの創案になる幼児用の教育的遊具。球，円筒，立方体その他の積木などにより系統的に組み合わせてつくったもので，第1～20恩物がある。

　その一つが，「遊び」への注目であり，「恩物」[5]の開発である。フレーベルは初等教育以上の教育から，次第に幼児教育への関心を移行させ，子どもの観察のなかから子どもの生活における「遊び」の重要性に注目していった。そのなかから生まれたのが，「恩物」という教育的遊具である。フレーベルは恩物の体系だった活用方法を構想したのだが，これを十分活用するためには専門家の助力が必要であると考えた。ここに，フレーベルが幼稚園をつくった理由がある。

　フレーベルは，1840年に幼稚園の設立計画を発表する。この計画は，「一般ドイツ幼稚園」と命名された幼児教育施設だけでなく，幼児教育を行う保育者

の養成施設，遊具製造工場，出版部を含めた大規模な構想に基づくものであった。この計画のすべてが実現されたわけではなかったが，1842年に保育者養成コースが作られ，翌年に幼稚園が設立された。

　フレーベルが幼児教育施設に「ドイツ」という名称を与えたのは，彼が青年期に経験した戦争体験にその源をもち，彼が最初につくった学校に「一般ドイツ学園」という名称を与えたことの延長線上にある。フレーベルは一貫して，彼が生きている時代には達成されなかった統一ドイツを担うドイツ人の育成を目指そうとした。

　しかしながら，19世紀半ばには「幼稚園禁止令」が出されてしまう。ドイツで起こった1848年の3月革命が鎮圧され，自由で民主主義的なドイツという理想は頓挫した政治的反動の時代に，幼稚園は弾圧されることになる。学校経営に行き詰まり，その後亡くなったペスタロッチや，社会改革のために全財産を投じ無一文になったオウエンらと同様に，フレーベルもまた幼稚園への弾圧下で，失意のうちに生涯を閉じることとなった。

　フレーベルの幼稚園は弾圧を受けたものの，フレーベルの死後，着実に普及していくことになる。その拡大を支えたのは女性たちであった。歴史のなかで女性たちが表舞台に立つことはそれまでごくまれであり，教育の世界でも同様に男たちがその議論を牽引してきた。しかし，19世紀後半には教育の世界に女性の論客たちが登場する。この女性たちの活躍の場となったのが，幼児教育であった。

3　女性たちによる幼児教育

1　近代家族と子育て

　女性たちの活躍の背景には，家族のあり方がある。彼らが理想として想定しているのは，「近代家族」といわれる私たちにとって馴染みのある，父親が働き，母親が家庭を守るという家族である。この家庭のなかで，夫婦の愛の結晶である子どもたちが成長する。しかし，このような家族のあり方は，歴史上いつでもどこでも可能だったわけではない。

　ルソーたちの時代に，近代家族が可能となったのは，産業革命とともにヨーロッパで生産力が向上し，妻が働かなくてもいいだけの収入がある階層が出現したためである。ペスタロッチは，居間にいる母親たちの子育てにおける意義を強調したが，そもそも居間にいてずっと子どもをみていることができるのは，工場や農作業といった労働に携わらなくてもいい母親たち，あるいは，サロンで社交に日々を費やすような貴族ではない母親たちに限定される。

▷6　**近代家族**（modern family）
母性愛あふれる母，母をしたう子，母子を統率する父という私たちの想定するような家族像が，たかだか200年ほどの歴史しかもたないひとつの類型であることを示す社会学における概念（落合，1989）。

近代家族とは，夫のみが働き，妻が子育てに専念できる，教育に強い関心を
もつようになった上層の市民たちの家族のあり方である。とりわけ，代々受け
継がれてきた財産に基づいて生計を立てたり，肉体労働によって生計を立てた
りするのではなく，教養と才覚によって財産と地位を獲得していくような階層
にとっては，子どもの教育は高い関心の対象となる。子どもの教育において母
の愛が重要であるという議論は，上層の市民たちの子育てに専念しようとする
母親たちのあり方に高い意義を与えることとなった。当時，こういった家族が
少しずつ増加してきたことを背景に，ルソーやペスタロッチたちの議論は社会
的に広く支持され，彼らの教育論は名声を博すことになったということができ
よう。

　フレーベルの幼稚園構想もまた近代家族のあり方を支持する人たちによっ
て，支持を獲得することになる。彼の幼稚園構想では，それに賛同する家族の
出資金を集めることがその実現の前提となったのだが，出資金を出せるという
ことそれ自体が，貧困家族には不可能なことである。つまり，教育にお金を払
うことを厭わない教育意識と，お金を払うことのできる経済力をもった上層市
民層の家族，すなわち近代家族がフレーベルのターゲットになった。

　また，フレーベルは，『母の歌と愛撫の歌』と翻訳されている歌集を1844年
に刊行しているが，そこで，母の愛と母と子どもが一体になることの意義を強
調した（フレーベル，1981）。フレーベルの主著『人間の教育』は，必ずしも母
親を特権化した教育論ではなかったが，その後，幼児教育に彼の関心が集中し
ていくなかで，母というものに特別に高い意義を与えられることとなる。

［2］　女子教育と幼児教育

　そもそも，幼児教育と母なるものとの関係は，実は当初から密接であったわ
けではない。それは，フレーベルが，幼児教育の担い手をどのように育成して
きたのかについてみていくとよくわかる。

　フレーベルが1839年に幼児教育の指導者の養成を行おうとしたときに，その
講座を受講して指導者となったのは，男性4名であったという。それが，1846
年の幼稚園教育者の養成講座では，男性が2名，女性が6名となった。しか
し，1847年のフレーベルの養成所案のなかでは，受講生を「女性のみとする」
とされている。このような変遷をみると，まず，幼児教育という領域が男性た
ちが希望していたことに改めて驚かざるをえない。そして，次第に女性たちに
担われていった，といえるのかもしれない。しかし，最後に，フレーベルの幼
児教育の担い手の養成所案において「女性に限定した」というところをみる
と，幼児教育の世界に女性が進出したというより，明らかにフレーベルが意図
的に女性に限定したといえる。裏を返せば，男性たちが排除されていく過程で

あるということもできるのではないか（小玉，2002）。

　母の愛を高らかに歌いあげる「母の歌」を編纂したとき，フレーベルにおいて，幼児教育の担い手たちは女性であるという意図があったといえよう。その後の幼児教育は，19世紀末の女子教育の展開と連動しつつ，女性たちの領域としてさらなる普及拡大をみせていく。

　近代社会において，次第に市民階層が力をもつようになり，そういった階層の娘たちが必ずしも結婚できるとは限らないような状況が生まれてくるなかで，出自のプライドを保ちつつ，かつ，収入を得ることのできる職業が娘たちに提供される必要があるという社会状況が生まれてくる。そういった時代に登場したのが，フレーベルの考えた幼稚園とそこで働く専門職としての幼稚園教師である。つまり，幼稚園で子どもの教育を行うのは女性がふさわしいと考えていたフレーベルの意図と，女性のための職業を求める社会的要請が一致したということができる。

　こういった時代にあって，幼児教育における女性の意義を理論化したのが，シュラーダー＝ブライマン[7]である。シュラーダー＝ブライマンは，フレーベルの死後1878年に，ペスタロッチ・フレーベル・ハウスという名称の女子教育施設の設立に関与する。彼女は，この教育施設において，「精神的母性」を理念として幼児教育の担い手たちを育てるという女子教育を実践する。この「精神的母性」とは，母親であるとないとにかかわらず，女性ならば誰でもがもちうる献身的で崇高な精神であって，このような精神をもちうる女性たちこそが子どもの教育に適しているとされる。このような理念は，子育てをする女性たちを支えるものであり，幼児教育における女性の位置づけを確固たるものとしたといえる。

▷7　ヘンリエッタ・シュラーダー＝ブライマン（Henriette Schrader-Breymann, 1827〜99）
ペスタロッチ・フレーベル・ハウスという名称の女子教育施設の設立者の一人。この施設は，現在でも社会的教育にかかわる総合教育施設として運営されている。

4　幼児教育はいくつもの海を越えて

1　大西洋を渡る幼児教育

　禁止された幼稚園が，なぜ，そのまま消滅しなかったのかというと，もちろん，フレーベルの幼稚園が優れた特徴をもっていたことは間違いない。また，みてきたようにそれが，当時の中・上流階級という文化的・社会的なリーダー階層の心を捉えていたこともその一因となったといえよう。何より，フレーベルの思想を支持する教師たちや，女性たちが，それを引き継いでいくために幼稚園運動とも呼びうるような活発な活動を行っていったことが大きかった。

　そして，この幼稚園運動が世界に広がっていったのは，幼稚園禁止令それ自体が，幼稚園運動が海を越える一つの契機ともなったともいえるのではない

か。例えば，ドイツが幼稚園禁止令下にあるとき，イギリスでは，フレーベルから直接指導を受けたロンゲ夫人による幼稚園が開設された。これを皮切りに，幼稚園についての英語圏で紹介がなされていくことになる（岩崎，1979）。

　フレーベルの幼稚園運動が拡大していったのは，それが単なる教育理論のみならず，パッケージ化されて広めることができる一つの「教育システム」であったことが大きい。子どもを中心にした普遍的な人間の教育という教育理念，恩物や遊び歌を使った教育方法，女性にターゲットを絞った教員養成（および資格システム），幼稚園を支える人々のネットワーク形成，この一連のシステムがフレーベルの幼稚園を世界に広めることを可能にした。

　これが拡大していくプロセスにおいて，当時の大々的に開催されていた「博覧会」が普及のルートとなった。イギリスやアメリカの博覧会における幼稚園の「実際」を目にすることができる展示は，子どもという「愛らしい存在」を，大人たちの世界に文字どおりビジュアルに登場させることによって，成功を収めた。例えば，1876年のフィラデルフィア万国博覧会[8]では，子どもたちの歌う姿に感動した大人たちによって，幼稚園の展示は連日盛況となったという。博覧会は，最新の科学技術や産業の成果を国が競って展示する場である。最新の教育システムとしてフレーベルの幼稚園は展示され広められたのである。

　幼稚園というシステムは，恩物や遊び歌と行った「モノ」を媒介として，産業システムの拡大ルートに乗りつつ世界に広がっていったともいえる。さらに，その拡大の担い手は，社会に登場しようとしていた女性たちでもあった（小玉，2011）。

［2］　太平洋を渡る幼児教育

　イギリスやアメリカへと海を越えて世界に広がっていった幼稚園システムは，地球の最大の海である太平洋もまた越えて，日本にも普及することになる。万国博覧会が欧米に幼稚園が普及するための一つのルートとなったように，日本にもまた万国博覧会が幼稚園を日本に伝える一つのルートともなった。日本人の博覧会への参加は，明治政府が欧米列強の制度から学び，新しい国家体制の構築のための視察の一環ともいえるが，さまざまな視察の機会からイギリス・アメリカで普及していた幼稚園が日本人たちによって紹介され，制度化されていくこととなった（湯川，2001）。

　その後の日本の幼稚園の普及において最も影響を与えることになるのは，1876年に東京湯島にあった東京女子師範学校に開設された付属幼稚園である。女子教育施設に附設された形で幼稚園が設立されたのは，幼稚園が女子の職業教育施設と連動しながら拡大していったドイツの動向に一致するものであるといえる。しかし，幼稚園運動の世界への拡大のルートが，その思想に共鳴する

▷8　フィラデルフィア万国博覧会（Centennial Exposition, Expo, 1876）アメリカ合衆国のフィラデルフィアで開催された国際博覧会。

人たちのネットワークと産業博覧会という商業ベースのルートであるのに対して，日本においては，政府の手による官製幼稚園である東京女子師範学校附属幼稚園[9]の設置が大きな意味をもつことになったことは，欧米の動きとは異なる点であるといえる。ただし，公設のものといっても，この幼稚園に通うのは，女中に付き添われて，馬車や人力車で通園するような上流階級の子女であった。

　幼稚園の設立の主旨は，東京女子師範学校附属幼稚園規則の第一条において次のように記されていた。

　　　第一条　幼稚園開設ノ主旨ハ学齢未満ノ小児ヲシテ，天賦ノ知覚ヲ開達シ，固有ノ心思ヲ啓発シ身体ノ健全ヲ滋補シ交際ノ情誼ヲ暁知シ，善良の言行ヲ慣熟セシムルニ在リ

　ここには，知的，情緒的，身体的成長のほか，社会性を育て，良い行いが何であるかを教えることを目的としていることが明記されている。「知」が最初に登場していることは，明治政府が知育を最も重要視していたことの表現であるともいえる。そして，この初期の幼児教育で注目された教育方法は，フレーベルの「遊び」を中心にしたものであった。西欧から輸入された幼稚園は，遊びのなかの教育的意味を同時に輸入した幼児教育の施設であった（宍戸，2014）。

　その後，公立幼稚園と私立幼稚園が次第に拡大していったのであるが，他方で，上流・中流階級の子どもたちだけでなく，貧困層の子どもたちへの対応が課題として浮上してくることになる。義務就学の徹底を図ろうとする政府にとって，貧困児童の就学問題は課題となっていた。それへの対応の一つとして，貧困児童たちがその小さい弟や妹とともに就学できるようにと，子守学校が設立された。また，産業革命の進行や戦争によって女性労働力がますます求められていくなか，母親の労働を助け，子どもを保護するための託児施設も作られていった。これらの施設は，幼児のためであるとはいえ，年長の兄弟が就学するために，あるいは，母親が就労するために設置されたものであって，教育施設ではないと政府によって位置づけられた。こうして，幼保二元的な制度と認識が次第につくられていくことになるのであるが，この頃よりすでに一元化を求める議論もなされていた（汐見・松本・髙田・矢治・森川，2017）。

　保育内容や方法に関しては，輸入したフレーベルの恩物が形骸化したという批判がなされ，日本でも教育学者たちによる自由主義的教育思想がみられるようになっていった。そういった議論のなかにあって，倉橋は子どもの生活そのものを教育内容とする思想を展開した。彼は，幼児教育を「幼児生活の自己充実」から「誘導」，さらに「教導」へと定式化した。そして戦時体制下になると「東亜の全児童の生活の福祉を充実し，その心身の発達を完全ならしめる為

▷9　東京女子師範学校附属幼稚園
1876年創設，現在は，お茶の水女子大学附属幼稚園。政府から海外に視察で派遣された者たちが，フレーベルの幼稚園構想に大きな影響を受けたものである。ただし，これが開設されるより早く，横浜の女性宣教師たちによって，幼児を対象とした活動が行われていた。

▷10　倉橋惣三（1882～1955）
東京女子高等師範学校教授，東京女高師付属幼稚園の主事を長く勤めた。戦後，日本保育学会を創設。

の，周到懇篤なる保育のみを挙ぐることに於いて，東亜に生きるのよろこび
と，東亜建設の心意とをその純真なる幼心に萌さしめるのである」と述べた
（岩崎編，1979）。

　ルソーからペスタロッチに引き継がれた子どもの自然に注目する眼差しや，
さらにフレーベルによって強調された子どもの遊びを中心にした幼児教育の思
想は，海を越えて，日本にも着実に根づいていくこととなった。そして，さら
にアジアにも拡大していくこととなる。しかし，ルソーが考えた隔離された人
間の教育は，ペスタロッチが批判したように，現実には不可能な教育であっ
た。幼児教育もまた，自由を重視しながらも社会の変動や国家のあり方の下
で，展開してきたともいえよう。

Exercise

① 　フレーベルとオウエンはともに草創期の幼児教育の理論・実践家である
　　が，彼らの違いはどこにあるのかを整理してみよう。
② 　日本の幼児教育の歴史について，東京や大阪というように，地域を絞っ
　　て，どのような幼稚園や保育所があったのか，その流れをまとめてみよう。

📖次への一冊

ルソー, J.-J., 今野一雄訳『エミール（上）』岩波書店，1962年。
　　近代の子ども中心の教育の原点ともいえる著作。一度は読んでおくことをおすすめ
　　したい。
汐見稔幸・松本園子・髙田文子・矢治夕起・森川敬子『日本の保育の歴史——子ども観
　　と保育の歴史150年』萌文書林，2017年。
　　日本の幼児教育と保育は密接に重なってきている。両者を視野に入れて考えるうえ
　　でおすすめの著作である。

引用・参考文献

岩崎次男編『近代幼児教育史』明治図書，1979年。
オウエン, R., 五島茂訳『オウエン自叙伝』岩波書店，1961年。
落合恵美子『近代家族とフェミニズム』勁草書房，1989年。
小玉亮子「教育とジェンダー」宮澤康人編『教育文化論——発達の環境と教育関係』財
　　団法人放送大学教育振興会，2002年，197〜207ページ。
小玉亮子「幼児教育をめぐるポリティクス——国民国家・階層・ジェンダー」日本教育
　　社会学会編『教育社会学研究』第88集，2011年，7〜25ページ。

汐見稔幸・松本園子・髙田文子・矢治夕起・森川敬子『日本の保育の歴史——子ども観
　　と保育の歴史150年』萌文書林，2017年。

宍戸健夫『日本における保育園の誕生』新読書社，2014年。

フレーベル，F.，荒井武訳『人間の教育（上）』岩波書店，1964年。

フレーベル，F.，長田新訳『フレーベル自伝』岩波書店，1949年。

フレーベル，F.，庄司雅子訳『母の歌と愛撫の歌』（フレーベル全集第5巻）1981年。

ペスタロッチ，H.，前原寿・石橋哲成訳『ゲルトルート教育法・シュタンツ便り』玉川
　　大学出版部，1987年。

真壁宏幹編『西洋教育思想史』2016年。

湯川嘉津美『日本幼稚園成立史の研究』風間書房，2001年。

ルソー，J-.J.，今野一雄訳『エミール（上）』岩波書店，1962年。

第3章
日本における幼児教育の展開

〈この章のポイント〉

　日本の公的な幼児教育制度は，保育所と幼稚園を軸としつつも，認可外施設や家庭的小規模保育も含めて多様に展開してきた。本章ではその背景にある家族政策，とりわけ1990年代以降の少子化対策の展開などの社会的動向について解説する。また制度としての幼児教育の変容について，幼児教育と小学校以上の義務教育や家庭での養育との境界区分の変容から理解する。

1　幼児教育制度の現況

1　保育所と幼稚園の概要

　小学校に入る前の子どもは，日本にどのくらいいるのだろうか。

　2015（平成27）年度国勢調査▷1によれば，0〜5歳までの子どもは約600万人いる。この年代を対象とした公的および組織的な教育は，小学校以上と異なり，義務ではない。

　しかし，5歳児の43.4％が保育所に，55.1％が幼稚園に在籍しており（2013年時点）（文部科学省，2015），合わせてほぼ100％近い子どもが，小学校入学前に保育所か幼稚園での集団生活を経験している。保育所と幼稚園の主な特徴は以下のとおりである（表3-1）。設置主体としては，義務教育ではないがゆえに，保育所・幼稚園ともに私営・私立が多い。

2　保育所・幼稚園の在籍者数の推移

　保育所と幼稚園の在籍者数は，時代によって大きく変化してきた。図3-1は，学校教育法および児童福祉法が成立した翌年の1948年から，子ども・子育て支援新制度（本書の第5章参照）がはじまる2015年の前年の2014年までの，日本における年間出生数・保育所入所児童数・幼稚園在園者数の推移である。

　第二次世界大戦後に発足した新制度における幼稚園と保育所に通う子どもは，1980年代まではほぼ同じペースで増減するが，1990年代以降は，異なる傾向を示している。年間出生数は，第二次世界大戦後のいわゆる第一次ベビーブーム▷2の後減少し，1970年代初頭に第二次ベビーブームを迎え，1973年209万

▷1　国勢調査
国内の人口・世帯の実態を把握し，各種行政施策その他の基礎資料を得ることを目的に，総務省が統計法に基づき国内のすべての人と世帯を対象に5年ごとに行う調査である。2015（平成27）年の調査結果では，0歳児が95万7190人，5歳児が104万3969人，0〜5歳まで合わせて603万1675人である。

▷2　ベビーブーム
出生率が極めて高い時期をさし，日本では1947〜49年頃の第一次ベビーブームと1971〜74年頃の第二次ベビーブームがあったとされる。

表3-1　保育所と幼稚園の主な特徴

	保育所	幼稚園
根拠法	児童福祉法第39条	学校教育法第22条
教育内容の基準	保育所保育指針	幼稚園教育要領
施設・設備の基準	児童福祉施設の設備及び運営に関する基準	幼稚園設置基準
所　管	厚生労働省	文部科学省
対　象	保育を必要とする 乳児（1歳未満） 幼児（1歳から小学校就学の始期まで） 少年（小学校就学の始期から18歳未満）	満3歳から小学校就学の始期に達するまでの幼児
1日の保育時間（標準）	8時間	4時間
教職員と子どもの割合	0歳児　3：1 1・2歳児　6：1 3歳児　20：1 4歳以上　30：1	1学級あたり幼児35人以下
設置数	26,265か所（幼保連携型認定こども園，保育所型認定こども園を含む）	10,878園（分園を含む）
在籍者数	2,332,766人	1,271,918人
私営・私立の設置主体と在籍する子どもの数	私営17,408施設（66.3％） 1584,624人（67.9％）	私立6,877園（63.2％） 1,061,835人（83.5％）

出所：厚生労働省「平成28年度社会福祉施設等調査」，文部科学省「平成29年度学校基本調査」ほかより筆者作成。

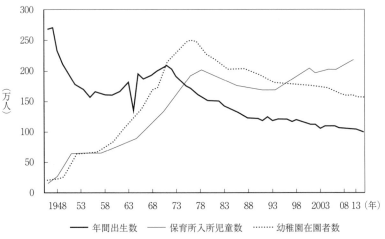

図3-1　日本における年間出生数・保育所入所児童数・幼稚園在園者数の推移（1948
　　　　〜2014年）
　　出所：総務省「国勢調査」，文部科学省「学校基本調査」，厚生労働省「保育所等関連状
　　　　況取りまとめ」各年より筆者作成。

1983人をピークに減少をはじめる。それと歩調を合わせる形で，幼稚園の在園児も，1978年の249万7895人をピークに減少の一途をたどっている。これに対し，保育所の入所児童数は，1980年の199万6082人を境に一度減少をはじめるが，1994年の167万5877人で底を打ち，再び上昇に転じている。

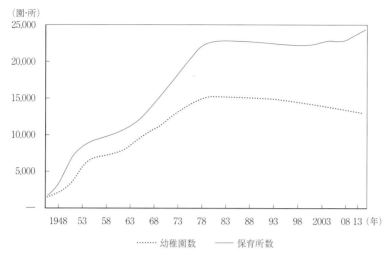

図3-2　日本における幼稚園数・保育所数の推移（1948〜2014年）
出所：文部科学省「学校基本調査」，厚生労働省「保育所等関連状況取りまとめ」各年
より筆者作成。

　保育所と幼稚園の在籍者数の推移の背景には，保育所と幼稚園自体の設置数
の増減がある。図3-2は，日本における幼稚園数と保育所数の推移である。
第二次世界大戦後当初は，義務教育学校と異なり，保育所も幼稚園も設置数が
極めて少なかったが，両者を求める声の高まりを背景に，その数は増えていっ
た。保育所については，『わたくしたちの保育所づくり——ポストの数ほど保
育所を』（1963年）で知られる新日本婦人の会による保育所づくり運動に代表さ
れるように，家庭外で勤労する父母を中心とした保育所設置を求める運動が展
開され，1967年には保育所整備緊急5か年計画が示された。また幼稚園につい
ても，就学前の子どもに集団生活経験を求める父母からの設置の要望の高まり
を背景に，1964年には幼稚園教育振興計画が示された。1980年代半ばには，幼
稚園も保育所も設置数が減少した。幼稚園数が最も多かったのは，1985年の1
万5220園であり，その後現在まで減少を続けているが，これに対し保育所は，
2000年代以降，再び増加に転じている。

　なお保育所や幼稚園への就園率は，地域ごとに大きく異なるものであること
にも留意したい。例えば都道府県別にみた幼稚園就園率は，全国では46.5％だ
が，最も低い鳥取県の15.5％から最も高い沖縄県の68.7％まで，極めて幅広い
（文部科学省「平成29年度学校基本調査」）。

　幼児教育が行われる主な場は，時代によって，地域によって，大きく異なる
のである。

▷3　幼稚園就園率
小学校および義務教育学校
第1学年児童数に対する幼
稚園修了者数の比率。

2　日本における幼児教育のはじまり

1 「保育」のはじまり

　日本で「保育」の語が用いられたのは，1876（明治9）年に開設された，東京女子師範学校附属幼稚園において，「保育規則」「保育料」「保育時間」の語が示されたことが最初といわれている。その後1899（明治32）年には，文部省令として「幼稚園保育及設備規程」が定められ，「保育」の語が公的に用いられはじめた。これは，日本で初めて示された就学前の教育内容の基準であり，「幼稚園ハ満三年ヨリ小學校ニ就學スルマテノ幼児ヲ保育スル所トス」と，現在に続く幼稚園の定義が示された。同省令は，翌年公布された小学校令に吸収される形で廃止されたが，内容には大きな変更はみられない。

　1926（大正15）年，幼稚園令[4]が制定された。第1条には，「幼稚園ハ幼児ヲ保育シテ其ノ心身ヲ健全二発達セシメ善良ナル性情ヲ涵養シ家庭教育ヲ補フヲ以テ目的トス」とある。

　第二次世界大戦後の1947年に定められた学校教育法は，「幼稚園は，義務教育及びその後の教育の基礎をつちかうものとして，幼児を保育し，幼児の健やかな成長のために適当な環境を与えて，その心身の発達を助長することを目的とする」（傍点引用者）と定めている。

　ただし，「保育」の語の意味するところは，法律によって異なる。2015年から施行された子ども・子育て支援新制度における認定こども園制度の改訂にともない，「就学前の子どもに関する教育，保育等の総合的な提供の推進に関する法律[5]」も改正されたが，ここでは，「保育」の語を，保育所をはじめとする児童福祉施設が行うことに限定している。

2 託児所から保育所へ

　保育所が制度化されたのは第二次世界大戦後のことである。戦前は各種慈善団体等による子どもを対象とした施設が，託児所として内務省より補助金を得て運営されていた。託児所は，貧困家庭など困難を抱えた子どもを保護するねらいをもって各地で開設された。幼稚園は主に中・上流層，託児所は困難を抱えた層を対象として展開し，戦後の二元制度の基盤を形成した。

▷4　幼稚園令
1926（大正15）年に発せられた，幼稚園についての初めての独立した勅令。

▷5　就学前の子どもに関する教育，保育等の総合的な提供の推進に関する法律
2006年に成立し，その後改正された。第2条には，この法律において「教育」とは，教育基本法に規定する法律に定める学校（すなわち就学前では幼稚園のこと）において行われる教育を，「保育」とは，児童福祉法に規定する保育をいう，と記されている。

3　戦後制度設計期から少子化のはじまりまで

1　保育所と幼稚園の二元制度の確立と幼保一元化に関する議論の展開

　第二次世界大戦後の1947年，保育所は児童福祉法により児童福祉施設として，幼稚園は学校教育法により学校として位置づけられた。両制度の制定当初は，両者を統合しようとする動きもあったが，これら二法の成立により，保育所と幼稚園とは異なる制度として位置づけられ，現在に至る。当時，保育所と幼稚園双方の関係者からなる全国保育連合会が結成されたが，1952年には解散し，業界団体としても別々の道を歩むことになる。

　表3-2は，保幼の二元制度が成立してから1970年代までの，保育所と幼稚園との関係についての政府の見解である。

　幼稚園と保育所への需要の増大と設置数の急増を背景に，1960年代以降課題となったのが，そこで行われる幼児教育の中身である。保護者が就労などによ

表3-2　保育所と幼稚園との関係についての政府の見解（1960〜70年代）

1963（昭和38）年	○文部省初等中等教育局長厚生省児童局長通知「幼稚園と保育所との関係について」
	・幼・保は機能を異にするもので，それぞれの充実整備及び両施設の適正配置の必要がある。
	・保育所の持つ機能のうち，3〜5歳児の教育に関するものは，幼稚園教育要領に準ずることが望ましい。
1965（昭和40）年	○初めての「保育所保育指針」発刊
	・幼稚園と保育所の3歳以上の児童の保育内容の共通化
1971（昭和46）年	○中央教育審議会答申　「今後における学校教育の総合的な拡充整備のための基本的施策について」
	・保育所との関係については，経過的には"保育に欠ける幼児"は保育所において幼稚園に準ずる教育が受けられるようにすることを当面の目標とすべきである。しかしながら，"保育に欠ける幼児"にもその教育は幼稚園として平等に行うのが原則であるから，将来は，幼稚園として必要な条件を具備した保育所に対しては，幼稚園としての地位をあわせて付与する方法を検討すべきである。
1971（昭和46）年	○中央児童福祉審議会意見具申「保育所における幼児教育のあり方について」
	・保育所においては，長時間にわたる養教一体の保育が望ましく，幼・保双方の地位を併せ持つような形態は児童福祉の上で望ましくない。
1975（昭和50）年	○行政管理庁「幼児の保育及び教育に関する行政監察結果に基づく勧告」
	・都道府県間，市町村間の幼・保の著しい偏在及び両施設の混同的運用がみられる。
	・文部・厚生両省は問題解決に有効な措置を講じておらず，協議の場を設けて問題の検討を行うべきである。
	（12月10日の衆議院決算委員会では，上記勧告について，幼保一元化を目指すということではなく，幼稚園と保育所は機能を異にすることを前提に整備するという意図であると説明）
1977（昭和52）年	○「幼稚園および保育所に関する懇談会」設置
	→1981（昭和56）年報告書
	・幼・保はそれぞれ異なる目的，機能の下に必要な役割を果してきており，簡単に一元化できる状況ではない。
	・幼稚園の預り保育，保育所の私的契約などの両施設の弾力的運用について検討する必要がある。

出所：文部科学省「幼稚園と保育所の連携についての提言等」（2004年）。http://www.mext.go.jp/b_menu/shingi/chukyo/chukyo 3 /008/siryo/04020401/002.htm（2019年10月8日最終閲覧）より筆者作成。

り子どもの世話ができない場合の子どもの保護というねらいのみならず，子どもの育ちにおける集団生活の重要性が認識されるなかで，保育所あるいは幼稚園といった設置形態にかかわらず，幼児にとって望ましい教育内容が議論されるようになった。また，両者を「一元化」すべきという議論も起きた。しかし，1963（昭和38）年の文部省・厚生省の両局長通知に示されたように，幼稚園と保育所は統合されることなく，1965（昭和40）年に初めて発刊された「保育所保育指針」において，3歳以上の教育内容を幼稚園と共通とすることで，関係の調整が図られた。

2 少子化のはじまりと園児数の減少

　1980年代半ばになると，第二次ベビーブーム後の少子化のはじまりとともに，幼稚園も保育所もともに，初めての在籍者数の減少を迎えた。ただし1980年代においては，幼児教育に関する政策課題としては，「家庭の教育力の欠如」が指摘されており，子育て責任を社会全体で担う，「子育て支援」を進める方向で幼児教育制度が展開するのは，1990年代を待つことになる。

　表3-3は，1980年代後半から2006年の「就学前の子どもに関する教育，保育等の総合的な提供の推進に関する法律」成立までの，保育所と幼稚園との関係についての公的見解である。

表3-3　保育所と幼稚園との関係についての政府の見解（1980年代後半～2006年）

1987（昭和62）年	○臨時教育審議会第三次・第四次答申
1990（平成2）年	○健やかに子どもを産み育てる環境づくりに関する関係省庁連絡会議
1993（平成5）年	○厚生省これからの保育所懇談会「今後の保育所のあり方について」
1994（平成6）年	○文部省・厚生省・労働省・建設省「今後の子育て支援のための施策の基本的方向について」（エンゼルプラン）
1996（平成8）年	○地方分権推進委員会第一次勧告
	・少子化時代の到来の中で，子どもや家庭の多様なニーズに的確に答えるため，地域の実情に応じ，幼稚園・保育所の連携強化及びこれらに係る施設の総合化を図る方向で，幼稚園・保育所の施設の共用化等，弾力的な運用を確立する。
1997（平成9）年	○時代の変化に対応した今後の幼稚園教育の在り方に関する調査研究協力者会議最終報告
	・幼稚園と保育所の合築等による一体的な運用を地域の実情に応じて進めるとともに，教員と保母の合同の研修や教育内容と保育内容の共通化の拡大などを今後推進することが必要である。
1998（平成10）年	○厚生白書　「3歳児神話」否定
	○児童福祉等に関する行政監察結果に基づく勧告
	・文部省と厚生省は，3歳以上就学前児童に係る保育サービスの充実及び総合化の観点から，相互に連携して，3歳以上就学前児童に係る保育の総合性の確保を図るための教育の在り方並びに整合ある公的助成及び費用負担の在り方についての検討に着手すること。
	○文部省・厚生省「幼稚園と保育所の施設の共有化等に関する指針」
2000（平成12）年	○中央教育審議会報告
	・幼児教育の専門施設である幼稚園を中核に，家庭，地域社会における幼児の教育をも視野に入れて，幼児教育全体についての施策を総合的に展開することが，少子化への対応の観点からも効果的であると考えられる。この場合，施策の展開に当たっては，幼稚園と小学校との連携・接続の充実を図るとともに，幼稚園と

2002（平成14）年	3歳から5歳までの幼児の約3割が入所している保育所とは，子育て支援の観点から類似した機能を求められることを踏まえ，両施設の連携を一層図ることが重要である。
	○総合規制改革会議「規制改革の推進に関する第二次答申——経済活性化のために重点的に推進すべき規制改革——」
	・幼稚園と保育所の一体的運営を推進するに当たっては，施設の共用だけではなく，子どもの処遇についても，各地域のニーズに応じ，柔軟な運営が可能となるような措置を講ずるべきである。
	・幼稚園と保育所の連携を一層促進する観点から，幼稚園教諭免許所有者と保育士資格所有者が相互にそれぞれの資格（免許）を取得することを促進すべきである。
	○『「地方団体の中間論点整理受け止め等』調査について」地方六団体地方分権推進本部
	・幼保の連携に関しては，施設の共用化等お互いの歩みよりは徐々に進みつつあるものの，類似施設でありながら現行法制度の下ではなお多くの制約がある。抜本的・具体的な制度の見直しを早急に進める必要がある。
	○地方分権改革推進会議「事務・事業の在り方に関する意見」
	・必要な児童福祉施策は引き続き実施するとしても，施設としての幼稚園と保育所，制度としての幼稚園教育と保育は，それぞれの地域の判断で一元化できるような方向で今後見直していくべきである。
2003（平成15）年	○「経済財政運営と構造改革に関する基本方針」（骨太の方針2003）
	・近年の社会構造・就業構造の著しい変化等を踏まえ，地域において児童を総合的に育み，児童の視点に立って新しい児童育成のための体制を整備する観点から，地域のニーズに応じ，就学前の教育・保育を一体として捉えた一貫した総合施設の設置を可能とする（平成18年度までに検討）。
	・総合施設の議論と並行して，職員資格の併有や施設設備の共用を更に進める。
	・国庫補助負担金等整理合理化方針
	○総合規制改革会議「規制改革に関する第3次答申」
	・総合施設の実現に向けて，平成16年度中に基本的な考えをとりまとめた上で，平成17年度に試行事業を先行実施するなど，必要な法整備を行うことも含め様々な準備を行い，平成18年度から本格実施を行う（平成17年度中に措置）。
2004（平成16）年	○中央教育審議会初等教育分科会幼児教育部会・社会保障審議会児童部会の合同検討会議「就学前の教育・保育を一体として捉えた一貫した総合施設について（審議のまとめ）」
2005（平成17）年	○中央教育審議会答申「子どもを取り巻く環境の変化を踏まえた今後の幼児教育の在り方について」
2006（平成18）年	○就学前の子どもに関する教育，保育等の総合的な提供の推進に関する法律

出所：文部科学省「幼稚園と保育所の連携についての提言等」（2004年）。http://www.mext.go.jp/b_menu/shingi/chukyo/chukyo3/008/siryo/04020401/002.htm（2019年10月8日最終閲覧）より筆者作成。

　幼保一元化を検討する議論の解決が期待された臨時教育審議会は，第三次答申（1987年）で次のように述べる。「乳児期の子どもの豊かな心や母親の母性を育むため，乳児の保育は可能な限り，家庭において行なわれることが望ましく，父親の積極的な育児参加と円滑な母子相互作用などを通じて乳幼児とそれを取り巻く人との間に基本的な信頼関係を確立することが重要である」。「いわゆる幼保一元化の問題については，（ア）幼児は，その成長につれ，家庭における生活とならんで徐々に集団生活の機会の拡充を図ることが望ましいが，この場合であっても，幼児の発達段階や教育上の観点からは幼児教育の時間は基本的には4時間程度を目途にすることが適切であると考えられていること，（イ）保護者の就労など何らかの理由により保育に欠ける乳幼児については，児童福祉の観点から必要な措置が講じられる必要のあること，など異なる二つの社会的要請があるので，基本的には幼稚園・保育所それぞれの制度的充実を図る必要がある」。

こうして1980年代までは，少子化による園児数の減少が課題とされつつも，保育所と幼稚園との二元制度が，抜本的に見直されるまでには至らなかった。

③ 少子化対策としての幼児教育のはじまり

「1.57ショック」（1990年）で幕を開けた1990年代は，少子化対策としての子育て支援政策が強力に推し進められ（本書の第10章参照），2000年以降，幼児教育について大きな制度改革が次々と実現する。

2003年，中央教育審議会に初めて幼児教育部会が発足し，2005年には答申「子どもを取り巻く環境の変化を踏まえた今後の幼児教育の在り方について」を提出する。同答申は，「幼児教育を教育改革の優先課題としてとらえ」，①幼稚園等施設の教育機能の強化・拡大，②家庭・地域社会の教育力の再生・向上，③幼児教育を支える基盤等の強化，という３つの課題を掲げている。

2006年に初めて改正された教育基本法では，第11条（幼児期の教育）で，「幼児期の教育は，生涯にわたる人格形成の基礎を培う重要なものであることにかんがみ，国及び地方公共団体は，幼児の健やかな成長に資する良好な環境の整備その他適当な方法によって，その振興に努めなければならない」との条文が新設された。これを受けた2007年学校教育法改正では，第１条で学校種の規定順が変更となり，幼稚園が義務教育に先立ち学校群の先頭に位置づけられることになった。また第24条では，幼稚園の，家庭および地域における幼児期の教育支援役割が明記された。

なお1990年代の幼児教育重点化の背景にあったのは，少子化対策だけではない。1990年代半ばには，小学校１年生において授業が成立しない状態をいう「学級崩壊」や，小学校に入学した児童が小学校に適応できない「小１プロブレム」の語がマスコミを賑わせた。こうした動きは，必然的に就学前の子どもの生活に世間の目を向けさせることになった。さらに，バブル経済崩壊後の雇用環境の変化は，流動的なグローバル社会に対応できる柔軟な労働者の育成を希求し，そのための人材育成の基盤として，改めて「幼児教育」が位置づけられた。加えて2001年からの総合規制改革会議における議論や2002年の構造改革特別区域法の成立にみられるように，国全体の規制緩和の流れのなかで，幼児教育に関する制度の弾力化が進んでいた。

加えて1990年代以降は，世界レベルでも幼児教育への関心が高まっていた（第４章参照）。そうした世界的動向も，日本の幼児教育のあり方に大いに影響を及ぼした。

▷ 6　総合規制改革会議
2001（平成13）年４月１日，内閣府設置法に基づき，内閣府に政令で設置された組織。2004（平成16）年度末をもって廃止。

▷ 7　構造改革特別区域法
2002（平成14）年成立。自治体など地域を限定して規制緩和を認める法律。これにより，特区において，教育や福祉の分野への株式会社やNPO法人等の参入が可能となった。

4　幼児教育の義務化・無償化をめぐる議論
——小学校，家庭教育との関係

1　義務教育と幼児教育

　幼児教育については，小学校以上の義務教育および家庭教育との区分をめぐり，繰り返し議論がなされてきた。

　小学校教育との関係で幼児教育改革を考える際，幼児教育を義務とする（就学年齢の引き下げ）のか，あるいは義務とはせずこれを無償とするのかという，2つの方向がある。現在の幼児教育制度の原型が確立した第二次世界大戦後の当初，1946年10月25日の教育刷新委員会第二特別委員会（第7回）では，倉橋惣三が，満5歳児の保育を義務制とすることを提案している。また戦後日本の教育政策を方向づけたとされる，1946年のアメリカ教育使節団においては，保育所と幼稚園の増設と，小学校への組み入れを進めることが勧告されている（村井，1979，65ページ）。

　1971年のOECD教育調査団による日本の教育政策調査報告書では，「5歳から義務教育をはじめることは，幼稚園教育についての国の基準をいっそうきちんと整えることになるし，またこの最初の一年間の教育を，それにつづく学校教育へと無理なくむすびつける方法として，大いに役立つだろう」と，就学年齢を5歳に引き下げることを提言している。同1971年の中央教育審議会答申（いわゆる四六答申）「今後における学校教育の総合的な拡充整備のための基本的施策について」では，「幼児学校」構想（4歳～小学校低学年対象の学校の創設，5歳児の完全就学，市町村の幼稚園設置義務）が展開されている。

　近年では，2013年の「教育再生実行会議」第五次提言において，5歳児の義務教育化があげられ，義務化ではなく幼児教育無償化を求める幼稚園団体からの反対の声も上がった。2019（令和元）年10月より，消費税を原資とし，3～5歳児は無償化，0～2歳児の住民税非課税世帯の無償化が決定した。ただし，それが「少子化対策」になっているのか，深刻な保育者不足の解消に役立っているのか，疑問も示されている。

2　家庭教育と幼児教育

　家庭教育とは，学校教育の成立普及にともない，これと対比される形で形成された概念とされる（小山，2002）。幼児教育は，小学校以降の学校教育と比較してもより一層，家庭教育のあり方とそれを支える家族政策と深いかかわりがある。

▷8　**教育刷新委員会**
1946（昭和21）年設置された，第二次世界大戦後の日本の教育改革を方向づけた委員会。もともとは，アメリカ教育使節団に協力するため設けられた日本側の教育関係者の委員会であった。

第二次世界大戦後の日本は，戦前の「家」に代わる家族制度を導入したが，そこで描き出された家族規範は，性別役割分業に基づき専業で子育てする母親を擁する，「家族の戦後体制」（落合，2004）であった。1970年代半ばから1980年代，第二次ベビーブームの終了にともない，子ども数の減少ははじまっていたが，当時家族問題として注目されていたのは高齢者対策であり，「日本型福祉社会」を形成し，家族の自助努力で介護や子育てを乗り越えることが良しとされた。1979年に自由民主党が発表した，「乳幼児教育基本法（仮）」案は，母親の「育児放棄」を憂い，これを戒める立場から乳幼児教育の重点化を提案している。こうした母親役割の焦点化は，1986年の臨時教育審議会第二次答申における「家庭の教育力の回復」にもみられる。

1990年代に入り，「子育て支援」のための家族政策が登場し，保護者の保育所利用を円滑化する施策が展開する一方で，それと並行して，家族による乳幼児の教育責任はますます強調されていった。1996（平成8）年中央教育審議会答申および2000（平成12）年教育改革国民会議[9]では，「家庭の教育力の低下」を前提とした議論が展開している。2006年の改正教育基本法は，「家庭教育」の条項が新設され，「父母その他の保護者」の子どもの教育についての第一義的責任が明記された。2016年には，家庭教育支援法の素案が示され，その後修正を重ねつつ議論が続いている（木村，2017）。こうした見解は，時として家庭外での長時間の幼児教育を抑制する際の理由づけ（「家庭が担うべき育児を肩代わりすべきではない」）ともなっており，例えば「預かり保育」に関する議論では，それが顕著である。2008年，2017年改訂の「幼稚園教育要領」および「保育所保育指針」では，家庭および小学校との接続が強調されており，幼児教育において家庭教育との連携あるいは役割分担をどのように捉えるかは，制度設計上の課題でもある（本書の第8章参照）。

▷9　教育改革国民会議
2000（平成12）年発足。内閣総理大臣に「教育を変える17の提案」を報告した。「教育という川の流れの，最初の水源の清冽な一滴となり得るのは，家庭教育である。子どものしつけは親の責任と楽しみであり，小学校入学までの幼児期に，必要な生活の基礎訓練を終えて社会に出すのが家庭の任務である。家庭は厳しいしつけの場であり，同時に，会話と笑いのある『心の庭』である」と，情緒的な家庭教育観が示されたことが議論を呼んだ。

5　幼児教育制度の多様化の動向

1　認定こども園の登場

第二次世界大戦後，長らく幼稚園と保育所が就学前の子どもの二大制度として維持されてきた。これらを一元化することも検討されているが，現在のところ進められているのは，既存の二大制度は維持したまま，双方の機能を合わせもつ認定こども園を創設することである。2006年，認定こども園が，少子化対策を念頭に，保育所を利用したくても利用できない，いわゆる待機児童の増加に対応するねらいをもって登場した。2015年には，認定こども園は，子ども子育て関連3法に則り，子ども・子育て支援新制度の一部となった（詳細は本書の第

5章参照）。こうした動向をさし，「保育三元化」を指摘する声もある（網野，2016）。

2 幼稚園教育の多様化

　幼稚園も，園児数の減少とその背景にある性別役割分業規範の変容に対し，子育て支援のための取り組みをさまざまに行っている。「預かり保育」はその一例である。預かり保育は，通常の保育時間の終了後（または開始前）に，希望者を対象に実施される保育であり，従来は各幼稚園の自主的な取り組みとして実施され，「延長保育」「課外保育」などと呼ばれることもあったが，1990年代以降，政府はこれを各幼稚園が積極的に進めるよう施策を講じている（石黒，2010）。

　1996（平成8）年の地方分権推進委員会第一次勧告では，幼稚園・保育所の各施設の弾力的運用を進めるべきことが示された。同年の中央教育審議会答申「幼稚園，小学校，中学校，高等学校，盲学校，聾学校及び養護学校の教育課程の基準の改善について」は，幼稚園での「預かり保育」を推進すべきことを述べ，1997年度から，文部省（当時）による「預かり保育推進事業」が始まった。2016年には，私立幼稚園の96.5%，公立幼稚園の66.0%が預かり保育を実施するようになっている（文部科学省「平成28年度幼児教育実態調査」）。

　預かり保育は，必ずしも保護者の就労支援だけをねらいとしたものではない。2000年代以降，少子化対策は在宅での育児支援を含んだ形で推進されており，預かり保育は，専業主婦のリフレッシュの機会としても位置づけられるようになる。その背景には，それまで理想とされてきた専業主婦による子育てには，実際には大きな課題があり，専業主婦こそが大きな育児不安を抱えているという，牧野（1981，1982など）による指摘がある。

3 認可保育所・認可外保育施設の多様化

　さらに，認可保育所の制度要件や認可外保育施設の多様化も進んでいる。その背景には第一に，少子化対策としての子育て支援があるが，しかし同時に，政府による規制緩和や地方分権の推進の影響もある。

　認可保育所については，1997年の児童福祉法改正で，保育所への入所における保護者による保育所選択権が明確化された。「措置」から「選択」へという福祉改革の流れのなかで，認可保育所も，特色ある施設を利用者が希望して選択するものとして，制度上再定義された。2000年には，認可保育所の設置主体の制限が撤廃され，企業やNPO法人による設置運営が可能となった。また，いわゆる三位一体改革に沿った2003年の国庫補助負担金等整理合理化方針により，2004年から公立保育所運営費が一般財源化され，各地で公立保育所の民営化，公設民営化が進められている。

　他方で，認可外保育施設の社会的な位置づけも変化している。ベビーホテル

▷10　地方分権推進委員会
1995〜2001（平成7〜13）年に設置。第一次地方分権改革とされる機関委任事務制度の廃止や，国の地方への関与の見直しを推進した。

▷11　三位一体改革
小泉純一郎内閣が推進した，国庫補助負担金改革，国から地方への税源移譲，交付税改革を柱とする地方分権策。

▷12　一般財源化
使途が限定されている特定財源が，地方自治体の裁量によって使途が自由な一般財源へと変わること。これにより，自治体によっては，保育所運営費が大幅に削減される事態となった。

▷13　公設民営
国や自治体が施設を設置し，その運営を社会福祉法人などの民間主体が担うこと。

などにおける事件・事故への懸念が表明される一方で，認可保育所の不足を背景に，認可外保育施設を整え支援しようとする動きがある。

　認可外保育施設とは，乳幼児の保育を目的とする施設のうち，児童福祉法第35条の認可を受けていない施設をさす。従来よりさまざまな主体が，認可施設とは異なる形態で幼児教育を担ってきたが，2001年の児童福祉法改正で認可外保育施設の届出が義務化されたことにより，その状況が明らかにされるようになり，その活用に向けた積極的な公的支援もはじまった。

　さらに2015年からの子ども・子育て支援新制度により，特定地域型保育事業（小規模保育事業，家庭的保育事業，事業所内保育事業，居宅訪問型保育事業）が，制度として公的に位置づけられた。また認定こども園の一つの形として，「地方裁量型」が加わったことにより，地域独自の小規模保育施設にも公的支援が加わることになった（詳細は本書の第5章参照）。従来の保育所と幼稚園とは異なる形で，幼児教育の場は拡大している。

　以上本章では，日本における幼児教育制度の展開を確認した。幼稚園と保育所を軸とした制度は，1990年代以降，少子化対策を軸に大きく転換したが，そこには，国全体での福祉制度の見直しや規制緩和の流れ，家族規範の見直しもあったことに留意したい。

　これらの幼児教育制度の多様化の動向は，年齢主義に基づき大規模な集団生活を送る義務教育を基準として，幼児教育を把握しようとするその見方自体を改めて問い直すための問題提起をしてくれる。

Exercise

① 2019（令和元）年からはじまった幼児教育の無償化について，どのようなねらいで導入され現在どのような議論があるのかを調べ，あなたの意見をまとめよう。
② 諸外国の就学年齢を調べ，その背景について検討しながら，日本における就学年齢の5歳児への引き下げの是非について考えてみよう。

📖次への一冊

文部省編『幼稚園教育百年史』ひかりのくに，1979年。
　　日本の幼稚園制度の展開を確認するための基本文献。
橋本宏子『戦後保育所づくり運動史——「ポストの数ほど保育所を」の時代』ひとなる書房，2006年。
　　保育所設置を求める運動の高まりについて描き出している。幼稚園とは異なる幼児教育の場としての保育所の普及について，理解が深まる。

小山静子『子どもたちの近代──学校教育と家庭教育』吉川弘文館，2002年。
　　昔から当たり前のように行われていたと考えられがちな家庭教育が，近代学校の成
　　立と普及によって，学校教育と対比される形で登場し展開してきたことがわかる。
　　学校教育と家庭教育の関係を考えるための手がかりとなる。
猪熊弘子『「子育て」という政治──少子化なのになぜ待機児童が生まれるのか？』
　　KADOKAWA／角川マガジンズ，2014年。
　　幼児教育制度が，政治的に構築されているものであることを示している。

引用・参考文献

網野武博「保育制度の変化と保育政策」日本保育学会編『保育学講座1　保育学とは
　　──問いと成り立ち』2016年。
石黒万里子「幼稚園における「子育て支援」の課題──「預かり保育」の利用者に着目
　　して」『家庭教育研究所紀要』(32)，2010年，14〜22ページ。
一番ケ瀬康子編『保育一元化の原理──子どもの全面的発達をめざして』勁草書房，1973年。
岩崎次男編『近代幼児教育史』明治図書，1979年。
植山つるほか編『戦後保育所の歴史』全国社会福祉協議会，1978年。
岡田正章ほか編『戦後保育史』フレーベル館，1980年。
落合恵美子『21世紀家族へ──家族の戦後体制の見かた・超えかた』有斐閣，2004年。
木村涼子『家庭教育は誰のもの？　家庭教育支援法はなぜ問題か』岩波ブックレット，
　　2017年。
厚生労働省「社会福祉施設等調査」各年。
厚生労働省『保育所等関連状況取りまとめ（平成29年4月1日）』2017年。
小玉亮子編『幼小接続期の家族・園・学校』東洋館出版社，2017年。
小山静子『子どもたちの近代──学校教育と家庭教育』吉川弘文館，2002年。
竹内通夫『戦後幼児教育問題史』風媒社，2011年。
中山徹・杉山隆一・保育行財政研究会編『幼保一元化──現状と課題』自治体研究社，
　　2004年。
橋本宏子『戦後保育所づくり運動史──「ポストの数ほど保育所を」の時代』ひとなる
　　書房，2006年。
文部科学省「学校基本調査」各年。
文部科学省『資料9 幼児教育に関する資料』2015年。www.mext.go.jp/b_menu/shingi/
　　chukyo/chukyo3/057/siryo/__icsFiles/afieldfile/2015/11/04/1363299_03.pdf（2018　年
　　2月21日最終閲覧）
文部省編『幼稚園教育百年史』ひかりのくに，1979年。
牧野カツコ「育児における〈不安〉について」『家庭教育研究所紀要』2，1981年，41
　　〜51ページ。
牧野カツコ「乳幼児をもつ母親の生活と〈育児不安〉」『家庭教育研究所紀要』3，1982
　　年，34〜56ページ。
村井実訳『アメリカ教育使節団報告書』講談社学術文庫，1979年。
持田栄一編『幼保一元化』明治図書，1972年。
湯川嘉津美『日本幼稚園成立史の研究』風間書房，2001年。
横山文野『戦後日本の女性政策』勁草書房，2002年。
鷲谷善教『私たちの保育政策』文化書房博文社，1967年。
池田祥子・友松諦道編著『戦後保育50年史　証言と未来予測4　保育制度改革構想』栄
　　光教育文化研究所，1997年。

折り紙

　幼児教育実践の要の一つといえるのが，折り紙を使った活動だろう。1枚の小さな紙が，動物や乗り物，生活用品など，さまざまに形を変えていく姿に触れることで，幼児は，形とそれが変化していくことへの興味関心が芽生える。また，「何ができるのだろう」という期待が膨らむ感覚を楽しむことができ，作品が完成すれば達成感を覚え，その作品はさらにイメージを膨らませて遊びが展開する手がかりとなる。さらに「折る」作業を幼児自身が行っているのであれば，手先のコントロールをとおした身体の発達にもつながる。

　折り紙のはじまりには諸説ある。「折り紙」の定番である，正方形の色紙を，子どもの教材として最初に導入したのは，フレーベルであるといわれる。フレーベル式の幼児教育は，幾何学的見地から形についての学びを重視し，正方形や長方形の色紙を多く用いたが，それらは，「折る」というよりは「切る」，あるいはすでに切れているものを「組み合わせる」ことに重点が置かれている場合もあり，「折る」ことで身近な事物を表現しようとする折り紙とは，発想が異なる側面も含んでいる。

　日本では古くから，儀礼に際し紙を折って形を表現する習慣が広く浸透していた。それらはいわば，大人の装飾や礼儀作法の技術としての折り紙である。それが子どもの学習教材として位置づけられたのは，初代文部大臣であった森有礼が，フレーベルの教育を参考に，「畳紙（折り紙）」を教材として位置づけたことがきっかけであり，1885（明治18）年には，老舗紙店が，文部省学用品課の依頼により，正方形で片面が色，片面は白の「折り紙」を，初めて世に送り出したとされている（小林・小林，2014，27，69ページ）。戦前には，折り紙の模倣性ばかりが強調され，「創造性がない」として教材としては冷遇された時代もあったが，現在では，折り紙の技術は，ロケット開発などさまざまな科学技術に応用されるなどして評価が高まり，幼児教育においても改めてその意義が確認されている。

　世界各地でさまざまな形で伝承されつつ，新たな技術開発や表現活動の手段として用いられる「紙を折る」技術だが，その親しみやすさと普及の広さゆえか，課題もある。「伝承作品」か「創作作品」かという区別や，作者名の明記が求められたり，「折り方」の著作権をめぐって裁判が起こされたりしている。折り紙を教えるための各種資格を認定するなど，折り紙の知的財産権の保護と普及に取り組む団体もある。こうした動きが，保育所や幼稚園といった幼児教育の場での折り紙実践とどのようにかかわってくるのか，今後の動向が注目される。

　小林伸太郎・小林一夫『折り紙は泣いている』愛育社，2014年。

第4章
諸外国における幼児教育の展開

〈この章のポイント〉

　幼児を対象とした家庭外での集団的な教育は，諸外国において，主に産業革命期以降，子ども期の尊重ならびに労働からの保護など，多様なねらいのもとに発展してきたが，教育政策の優先事項とはいえなかった。しかし20世紀終盤から21世紀初頭の世紀の転換点で，幼児教育は，教育課題の中心に位置づけられはじめている。そのきっかけのひとつは，主に先進国を中心に，経済の持続的発展をねらいとするOECDが，幼児教育の重要性を提唱しはじめたことだった。本章では，各地で多様に実践されていた幼児教育が，これをきっかけに，共通の枠組みや基準に基づいて把握される，グローバリゼーションの時代を迎えることとなったことを学ぶ。

1　諸外国における幼児教育の類型

☐1　OECDによる幼児教育への注目

　家庭外で幼児を組織的に教育する施設は，主に近代社会の成立以降，フレーベルやオウエン◁1に代表される教育者によって設立され，世界的な広がりをみせてきた（本章の第2章参照）。とはいえ長い間，諸外国における教育的関心の中心は，義務教育や高等教育であり，幼児教育が大きな注目を集めることはあまりなかったといってよい。

　こうした状況が大きく変化したのが，1990年代以降である。この時期，OECD◁2という，先進国を中心に経済発展を主眼とする国際機関が，幼児教育の重要性を提唱したことは，主に人道支援の観点から幼児教育の重要性に着目してきた途上国だけでなく，先進国をも巻き込んで，持続的な経済発展の観点から世界的に幼児教育に対する関心を高めるきっかけとなった。本章では，OECDの動向および欧米における幼児教育の展開について確認したい（途上国の動向については，本章の第13章参照）。

☐2　*Starting Strong*（人生の始まりこそ力強く）（OECD）のインパクト

　1997年，ユネスコは，途上国の人間開発を目指して「万人のための教育

▷1　ロバート・オウエン（Robert Owen, 1771〜1858）ニューラナーク工場のなかに新性格形成学院を創立し，労働者階級の子どもに対する幼児教育を行った。空想的社会主義者とされる。

▷2　OECD（Organisation for Economic Co-operation and Development, 経済協力開発機構）1961年に発足。日本は1964年に加盟。先進国間の自由な意見交換・情報交換を通じて，①経済成長，②貿易自由化，③途上国支援に貢献することを目的とする。

（Education for All：EFA）」プロジェクトを打ち出した。これに対応して，1996年OECD教育大臣会議は，「万人のための生涯学習の実現（Lifelong Education for All）」を宣言し，乳幼児期の教育とケアへの取り組みを重点化していくことで合意した。それを踏まえて，OECDにより，1998年より*Starting Strong*（人生の始まりこそ力強く）事業が開始され，これまで2001年，2006年，2012年，2015年，2017年の5回にわたり，報告書が提出されている。その間2007年には，OECD教育政策委員会EDPC▷3の下に，ECECネットワーク▷4が設置されるなど，21世紀に入り，幼児教育への重点的な取り組みはますます強化されている。

　OECDによる報告書*Starting Strong*のインパクトは非常に大きく，その分析対象は当初はヨーロッパ中心であったが，後にアジア地域にも広がっていった。また当初その内容は，制度や施設の設置・利用に関する統計データが中心であったが，後に幼児教育の中身，「質」へと焦点を変化させている。これらの分析は，区別されがちであった乳幼児期における「教育」と「ケア」を，ECEC（Early Childhood Education and Care）という統合された理念のもとに改めて位置づけた。

　これまで5回報告された*Starting Strong*の主な内容は表4-1のとおりである。

▷3　OECD教育政策委員会EDPC（Education Policy Committee）
1970年設置。経済および社会の発展との関連において，加盟各国共通の教育政策上の課題に関し，各国の政策担当者が意見交換し，提言等を行うことを目的とする。事務局は教育・スキル局（OECD日本政府代表部ホームページより）。

▷4　ECECネットワーク（Early Childhood Education and Care Network）
http://www.oecd.org/education/school/ecec-network.htm

表4-1　*Starting Strong*の主な内容

Starting Strong I（2001）	○5要因（ECECの所轄官庁／ECEC政策の展開／ECECの背景となる諸データ／ECECサービスの整備状況／ECECスタッフ）についての横断比較 ○ECEC政策の成功を握る8項目 ECEC政策への体系的で総合的なアプローチ／ECECと教育制度の強力で対等な連携／すべての人に開かれたアクセスと特別なニーズをもつ子どもたちへの配慮／ECECサービスとインフラに対する相当額の公的投資／ECECの質の改善と保証への参加型アプローチ／あらゆる形態のECECサービスの職員に向けた適切な養成・研修と労働条件／ECEC分野の体系的なデータ収集とモニタリング／ECEC研究と評価の安定した枠組みと長期的課題
Starting Strong II（2006）	○公共財としてのECEC　人的資本の観点から収益率最大の投資としてのECEC ○ECECにおける2つの異なるアプローチ 就学レディネス／ソーシャル・ペダゴジー，ホリスティック ○認知的・言語発達と同様に，情緒的・社会的発達の重要性を指摘 ○政策提言10項目 乳幼児の発達を取り巻く社会的な状況への注目／子どものウェルビーイング，早期の発達，学習をECEC事業の中核に置き，一方で子どもの主体性と子どもの自然な学習ストラテジーを尊重すること／制度の説明責任と質の保証に必要なガバナンスの構造の構築／すべてのECECのサービスを対象とする，幅広くゆるやかな指針とカリキュラム基準を利害関係者と協力して作成／ECECへの公的出資額の概算を質の高い教育目標の達成を基準にして行う／財政・社会・労働政策によって子どもの貧困と社会的排除をくいとめ減らすこと。多様な学習権をもつ子どもに向けて，すべての子どもに開かれたプログラムのなかで資源を増やす／乳幼児期サービスに家族と地域コミュニティの参加を促す／ECECの職員の労働条件と専門職教育を改善する／乳幼児期サービスに対して，自律性を認め，資金を提供し，支援す

	る／幅広い学習・人々の参加・民主主義を支える ECEC 制度を志向する
Starting Strong III（2012）『ECEC の質向上のためのツールボックス』	5 つの政策レバー 質の目標と規制の制定／カリキュラムと基準のデザインと実施／保育者の資格・養成・研修と労働条件の改善／家族と地域社会への関与／データ収集・調査研究・モニタリングの推進
Starting Strong IV（2015）『ECEC における質のモニタリング』	○モニタリングをめぐる 5 つのトレンド ECEC への公的投資に対する説明責任としての，モニタリングの普及／モニタリングの方法や実施をめぐる改善の推進／モニタリングの各領域の相互関連性あるいは統合／初等学校におけるモニタリングとの整合性の確保／モニタリング結果の公表 ○モニタリングの領域 サービスの質／スタッフの質／子どもの発達・達成 ○モニタリングの課題 9 点 ねらいの明確化／優れた実践を紹介し質への理解を深めること／異なる施設に対する一貫性のあるモニタリングの枠組み／地方自治体に質のモニタリングの責任を与えたときの利点・欠点／政策に訴えるようなモニタリングシステムの構築／スタッフの質のモニタリングと職業的能力開発との関連／モニタリングがスタッフに与える負担の考慮／スタッフ，保護者，子どもの声の尊重／子どもの発達を支える教育戦略を継続的にモニタリングすること
Starting Strong V（2017）『乳幼児期の教育とケアから初等教育への移行』	○乳幼児期の教育とケアから初等学校への移行の組織とガバナンス ○乳幼児期の教育とケアから初等学校への移行における職業的継続性 ○乳幼児期の教育とケアから初等学校への移行における教育方法上の継続性 ○乳幼児期の教育とケアから初等学校への発達的継続性 ○乳幼児期の教育とケアから初等学校への移行を改善するための政治的指針

出所：*Starting Strong I ～ V* より筆者作成。

加えて2017年には，*Starting Strong 2017*として，乳幼児期の教育とケアについての OECD 諸国のさまざまな指標を収録した報告書が発刊されている。

３　幼児教育の二類型

OECD（2006＝2011）は，諸外国の幼児教育の伝統を 2 つの類型に整理している。それが，「就学レディネス」と「ソーシャル・ペダゴジー（社会的教育学）」である。前者の事例としてフランス，イギリス，アメリカ，カナダ，オーストラリアなど，後者には北欧・中欧・ニュージーランド（テ・ファリキ），イタリア（レッジョ・エミリア）があげられている。

就学レディネスとは，詳細なカリキュラムや評価基準などを特徴とし，就学に向けた知識・技能・態度の準備を行うことをねらいとする幼児教育である。

他方でソーシャル・ペダゴジーの伝統とは，生活全体を基盤とし，一人の市民としての子どもの生活を，ホリスティックに尊重する幼児教育である。

2 幼児教育の階層性・多様性

1 社会階層と幼児教育——3つの系譜

第1節の最後で確認したような幼児教育の方向性の違いは，その受益者である子どもの階層性・多様性を反映しており，それにより幼児教育の主たるねらいは異なる。佐藤（2002）によれば，幼児教育には歴史的に3つの系譜がある。

第一に，19世紀ドイツで誕生したフレーベル式の幼稚園がある。これらの幼稚園は，設置者の意図にかかわらず，中流階級の価値観を反映し，その子育てを方向づける制度として普及していった。

第二に，18〜19世紀の産業革命後，労働者階級に対する福祉的配慮として展開した託児所がある。こうした施設は，保護者が就労中の子どものケアや，児童の労働からの保護をねらいとして普及した。

第三に，20世紀以降，主に初等教育の準備段階として展開したイギリスの幼児学校[5]や，アメリカのヘッドスタート[6]事業による幼児教育がある。これらは，子どもが将来において社会的逸脱や貧困等，社会的課題を抱えることを防ぐことを目的に，乳幼児期の教育への積極的関与を行うものであり，既存の社会階層を反映するだけでなく，それを是正することをねらいとしている点で，前二者とは異なる。イギリスにおけるシュア・スタート[7]事業もここに含まれよう。

2 多様性と幼児教育

さらに，諸外国には，階層格差と重なり合う文化的多様性を包摂することをねらいとした幼児教育もある。全米乳幼児教育協会[8]によるアンチバイアス・カリキュラム[9]は，人種差別や民族的差別が社会問題となるアメリカで，それらを是正するものとして開発された（スパークス，1994）。また1996年から導入されているニュージーランドの幼児教育カリキュラムであるテ・ファリキ[10]は，先住民の文化の尊重や民族的多様性への配慮をねらいとしている。

3 ケアと教育の統合，義務教育学校との接続

1 所轄官庁の統合，カリキュラムの一本化

第2節で確認したように，諸外国における幼児教育は，異なる対象者に向け異なるねらいをもつ制度として展開してきた。しかし近年これらは，乳幼児期におけるケアと教育の重要性に鑑み，すべての人を対象とした一元的な制度へ

と統合される傾向がある。それらは，ECEC という語の登場にみられるように，教育とケアとの理念上の統合と対応している。

それは国際連合[11]の動きとも連動している。2015年9月の国連総会で採択された，持続可能な開発目標（Sustainable Development Goals：SDGs）では，2030年までに実現すべき17の目標のうち目標4として，「すべての人に包摂的かつ公正な質の高い教育を確保し，生涯学習の機会を促進する」ことがあげられた。その説明として，とくに就学前に関する記述としては，「4.2　2030年までに，すべての子どもが男女の区別なく，質の高い乳幼児の発達・ケア及び就学前教育にアクセスすることにより，初等教育を受ける準備が整うようにする」（以上，外務省仮訳）（By 2030, ensure that all girls and boys have access to quality early childhood development, care and pre-primary education so that they are ready for primary education）」とある（本書の第13章参照）。

こうした動向を背景に，諸外国では，幼児の教育とケアを担う所轄官庁の統合や，カリキュラムの一本化が進められている。

日本において，乳幼児の教育とケアが，文部科学省と厚生労働省とに分断しているように，諸外国においても，教育とケアを管轄する省庁はそれぞれ異なっていることが多かった。しかし近年ではそうした国々で，それらの省庁が連携を深めたり，あるいは ECEC にかかわる主管省庁を指定するという動きがある（OECD, 2006＝2011, 55～59ページ）。一方では，省庁間や政府間の調整機関が創設される国々があり，*Starting Strong II* では，カナダ，デンマーク，イギリスが事例としてあげられている。日本もこれに当てはまるだろう。また，教育およびケアについて，より統合された体系的アプローチをとろうとするオーストラリアやベルギーなどの取り組みも紹介されている。他方で，ECEC に対する国の責任を，単一の主管省庁に移行した国々がある。北欧4か国，アイスランド，ニュージーランド，スロベニアなどがその事例としてあげられている。

さらにカリキュラムに関しては，0歳から初等学校進学年齢まで，あるいはさらに，初等学校初期の8歳までを含めた，より幅広い年齢を対象としたカリキュラムの導入が進んでいる（OECD, 2012＝2019）。例えば，0歳から5歳までの一貫した教育的カリキュラムの基準をもつ国々は，オーストラリアやカナダのプリンスエドワード島，デンマーク，フィンランド，ドイツの多くの州（なかでも複数の州では，0歳から10歳あるいは15歳までの一貫したカリキュラムが設定されている），アイルランド，ニュージーランド，ノルウェーがある（OECD, 2012＝2019, 99～100ページ）。なお同分析では，日本と韓国が，教育とケアに関するカリキュラムを別立てで並行して設定している国の事例としてあげられている。

つの領域からなる。「ラーニング・ストーリー」と呼ばれる子どものアセスメント様式を用いる（大宮，2010）。

▷11　国際連合（United Nations）
1945年成立。本部ニューヨーク。第二次世界大戦後，アメリカ等を中心に，世界平和に向けた誓いのもとに結成された。

こうした教育とケアとの統合の動向は，同時に，義務教育である初等学校との関係の問い直しを促した。これまで初等学校以上の学校段階に対して用いられていた制度設計や調査分析が，幼児教育にも適用されはじめている。

2017年に発表された *Starting Strong V* では，ECEC から初等学校への接続に向けた各国の取り組みがまとめられた。また，前期中等教育段階の教員を対象に実施された TALIS 調査[12]の幼児教育版といえる，幼児教育のスタッフを対象とした OECD 国際幼児教育・保育従事者調査[13]が実施されている。同調査は，2016年パイロット調査，2017年予備調査，2018年本調査が行われた。

また「幼児教育版 PISA」ともいわれる，OECD の IELS 調査[14]が進行中であるが，幼児教育へのそうした評価の導入には課題も多い。

これらは，幼児教育のあり方にエビデンスを提供し，初等学校との関係の再編成をも志向しつつ，幼児教育制度のあり方を根本的に見直そうとするものである。

4　幼児教育における先進国主導型グローバリゼーションのゆくえ

1　教育的諸課題の結節点としての幼児教育

諸外国において幼児教育が注目されるようになった背景には，健康やウェルビーイングに関する議論や，現代のコンピテンシー論といった新たな教育的課題が，あらためて幼児教育の重要性に，人々の目を向けさせたことがある。

教育と人々の健康・市民的社会的関与との関連性については，OECD も注目するところであり，とくに ECEC による人生の初期における施策が，それらを効率的に増進させる可能性が指摘されている（OECD, 2010＝2011，250ページ）。*Starting Strong III* でも，就学前において，特定の衛生や健康のプログラムを経験した子どもは，衛生習慣が改善され，そうした実践を経験していない子どもと比較して健康状態が良好であったことが示されている（OECD, 2012＝2019，87ページ）。

健康問題や貧困，成人までを見通した人間の諸能力の発達にむけ，さまざまな教育的諸課題を解決する結節点として，幼児教育の重要性が再認識されるようになっている。

▷12　TALIS 調査（OECD 国際教員指導環境調査：Teaching and Learning International Survey）2008年，2013年，2018年に実施されており，日本は第2回より参加。

▷13　OECD 国際幼児教育・保育従事者調査（International ECEC Staff Survey）日本では，国立教育政策研究所の幼児教育研究センターが調査実施を担当している。

▷14　IELS 調査（国際乳幼児期の学びと子どものウェルビーイング調査：The International Early Learning and Child Well-being Study）2016年から計画され，2018年に実査，2020年までに報告書発行の予定である。

２　幼児教育の質評価のための共通スケールの開発と普及

　幼児教育における基準化の動向は，共通の評価指標の普及によっても促されている。

　諸外国における幼児教育の代表的な評価スケールは，子どもの成果（アウトカム）の評価と，幼児教育のプロセスの質に関する評価に大別される。前者の代表的なものとして，アメリカのカリフォルニア州教育省が開発した DRDP がある。また後者の事例として，アメリカで開発された，幼児教育の環境評価スケールである ECERS や，子どもと保育者とのかかわりに焦点を当てたイギリスの SSTEW スケールなどがある（シラージほか，2016）。

　これらを背景に，OECD による *Starting Strong* の報告自体も，各国の取り組みを評価する尺度となっている。ユニセフ・イノチェンティ研究所は，*Starting Strong II* をもとに幼児教育への取り組みに関するベンチマークを設定し，リーグ・テーブル化して評価（25か国）している（一見，2016，135ページ）。

　以上のような，いわば英米型の，スケールを用いた観察による量的評価に対し，質的といえるナラティヴによる評価も広がっている（OECD，2015，172〜177ページ）。例えばレッジョ・エミリアにおけるドキュメンテーションの活用や，ニュージーランドで導入されているラーニング・ストーリーは，子どもの学びを，意味のある活動への参加という観点から「語る」ことを通して，子どもの成長について記すというものである（カー，2013）。こうした評価方法は，発達を文化的営みと捉え，年齢や月齢による画一的な西欧中心の普遍的発達観に異議をとなえる立場とも共鳴している（ロゴフ，2006）。

３　幼児教育に関するエビデンスの蓄積

　こうした評価実践の蓄積は，幼児教育の効果に関するエビデンスを提示することにつながり，各国の政策課題のなかで幼児教育を重点化することへと結びつく。幼児教育への公的支援を増大させるためには，幼児教育の公共性を示すエビデンスの提示が不可欠である。幼児教育の効果を示す代表的なエビデンスとしては，アメリカのペリー就学前プロジェクト，イギリスの EPPE などがあげられる。

　ペリー就学前プロジェクトとは，アメリカで1960年代に実施された，民族的経済的に困難を抱えた子どもなど不利な境遇にある子どもにとって，プログラムに参加したことがその後の人生にどのような影響を及ぼすのかを，40歳時点まで追跡して検証したものである。これによれば，各学校段階に向けた準備や卒業率はもちろん学卒後の収入や逮捕歴も含め，プログラムへの参加の有意義な効果が認められたことが報告されている（OECD，2006＝2011，119ページ；ヘッ

▷15　DRDP（Desired Results Developmental Profile：望ましい成果の発達プロフィール）

▷16　ECERS（Early Childhood Environmental Rating Scale：保育環境評価スケール）
改訂版の ECERS-R は諸外国で導入されている。

▷17　SSTEW（Sustained Shared Thinking and Emotional Well-being）
「ともに考え，深めつづけること」と「情緒的な安定・安心」。

クマン，2015，38ページ）。

　EPPE とは，イギリスで３〜７歳までの子ども3000人とその親や ECEC 施設を対象に1997〜2004年に行われた「就学前教育の効果的整備計画（Effective Provision of Pre-School Education）」であり，ヨーロッパで初めて行われた ECEC の効果に関する大規模調査とされる。*Starting Strong II* では EPPE が，アメリカのヘッドスタート事業やペリー就学前プロジェクトと同様に，数少ない ECEC に関するエビデンスとして紹介されている。これによれば，幼児教育経験は，後の学業成績における達成や非認知的能力[18]の育成に好ましい影響を及ぼすという（The Institute of Education, 2004; OECD, 2006 = 2011，225ページ）。

　こうした幼児教育に関するエビデンスをまとめ，世界的に幼児教育への関心を高めるきっかけをつくったのが，ノーベル経済学賞を受賞したヘックマン（James J. Heckman）である。ヘックマンは，人的資本論[19]的見地から，就学前教育が教育投資として最も効率的な教育段階であることを端的に示し，各国による幼児教育への積極的な関与を強力に後押しした（図4-1，4-2）。

▷18　非認知的能力
記号の読み取りといった認知的能力に対する語。忍耐力や自己制御，自尊心などの社会情動的スキルと重なる。

▷19　人的資本論
教育を投資とみなす，教育経済学の立場。

4　幼児教育のグローバリゼーションをめぐる諸課題

　こうした幼児教育をめぐるグローバリゼーションをめぐっては，課題も多い。イギリスの幼児教育研究者モス（Peter Moss）は，幼児教育における国際ガイドラインや標準という概念には，多様性を否定し，標準化とコントロールを押し付ける危険があると指摘する（小川，2016，307〜309ページ）。幼児教育という，生活に密着し地域性や文化的背景に根差した実践について，それらを反映しきれない共通の尺度を導入することの是非については意見が分かれる。さらに，乳幼児期の子どもの育ちという，観察者による客観的な評価の妥当性の

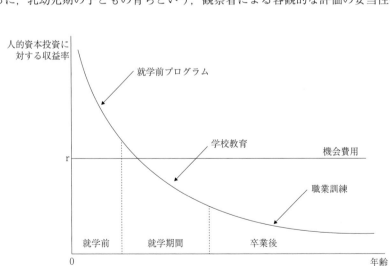

図4-1　人的資本投資に対する収益率
出所：OECD（2006 = 2011，46ページ）。

教育的効果

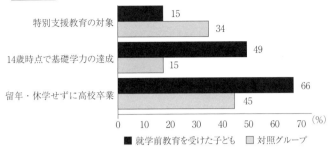

40歳時点での経済効果

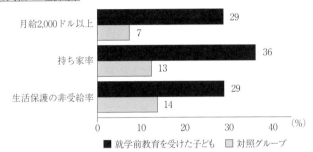

図4-2 ペリー就学前プロジェクトの効果
出所：ヘックマン（2015，30ページ）。

確保が難しく，数値化に馴染まないような事象を，いかに共通の枠組みのなかで把握していくのかは，今後も課題であろう。

　幼児教育における世界的なスタンダードの構築が模索される一方で，そもそも幼児教育の「質」を，捉えられるもの，描き出しうるものとして扱うことに対する懐疑もある。幼児期は，より多様で複雑で曖昧なものであり，そのことこそが重要であるとする立場もある。共通化と脱画一化という2つの課題が，世界的な幼児教育改革の焦点に，如実に表れているのである。

Exercise

① 諸外国における幼児教育のエビデンスを示す調査にはどのようなものがあるのか，調べてみよう。

② 日本の幼児教育は，ケアと教育との区分や初等学校との接続に関して，どのような特徴をもっているだろうか。所轄官庁やカリキュラム，教育方法などについて調べてみよう。

📖 次への一冊

ハームス, T.・クリフォード, R. M. & クレア, D., 埋橋玲子訳『新保育環境評価スケール
　①〈3歳以上〉』法律文化社, 2016年。
　　アメリカで主に導入されている保育環境の評価スケール。6サブスケールと35項目
　　からなり, 1～7の評点で評価する。「26. 多様性の受容」という項目があるとこ
　　ろが, 多文化国家のアメリカらしい。
シラージ, I.・キングストン, D. & メルウィッシュ, E., 秋田喜代美・淀川裕美訳『「保
　育のプロセスの質」評価スケール』明石書店, 2016年。
　　イギリスで開発された, 子どもと大人とのかかわりに焦点を当てた評価スケール。
　　5サブスケールと14項目からなり, 1～7の評点で評価する。
ブレイディみかこ『子どもたちの階級闘争——ブロークン・ブリテンの無料託児所か
　ら』みすず書房, 2017年。
　　社会変動のなかで極めて困難な立場に置かれた子どもたちと, それを支える託児所
　　の日常が赤裸々に描かれている。
マルティン＝コルピ, B., 太田美幸訳『政治のなかの保育——スウェーデンの保育制度は
　こうしてつくられた』かもがわ出版, 2010年。
　　子育てが家族による私的営みとみなされ, 乳幼児期のケアと教育の所管も分断して
　　いたスウェーデンで, 保護者を中心とする政治運動によって幼児教育がいかに公的
　　支援を得て体系化されていったのかが描かれている。

引用・参考文献

赤星まゆみ研究代表『EU諸国等における学校基盤の包括的健康教育カリキュラムの研
　究——地域と協働する学校』(2014～2017年度 (平成26～29年度) 科学研究費補助金
　基盤研究 (B) (海外学術調査) 最終報告書) (課題番号26301039) 2017年。
石黒万里子「英国における乳幼児期の教育とケア (ECEC) の転型論——OECD報告書
　『人生の始まりこそ力強く (Starting Strong)』を手がかりに」『日英教育研究フォーラ
　ム』21, 2017年, 71～84ページ。
泉千勢編『なぜ世界の幼児教育・保育を学ぶのか——子どもの豊かな育ちを保障するた
　めに』ミネルヴァ書房, 2017年。
泉千勢・一見真理子・汐見稔幸編『世界の幼児教育・保育改革と学力』明石書店, 2010年。
一見真理子「OECDの保育 (ECEC) 政策へのインパクト」日本保育学会編『保育学講
　座2　保育を支えるしくみ——制度と行政』東京大学出版会, 2016年。
大宮勇雄『学びの物語の保育実践』ひとなる書房, 2010年。
小川清美「保育学研究者の役割とネットワーク」『保育学講座1　保育学とは——問い
　と成り立ち』東京大学出版会, 2016年。
カー, M., 大宮勇雄・鈴木佐喜子訳『保育の場で子どもの学びをアセスメントする——
　「学びの物語」アプローチの理論と実践』ひとなる書房, 2013年。
経済産業省ホームページ (OECDについて)。http://www.meti.go.jp/policy/trade_
　policy/oecd/html/ (2018年2月28日最終閲覧)
国立教育政策研究所幼児教育研究センター「センターの取組　OECD国際幼児教育・保

育従事者調査」。http://www.nier.go.jp/youji_kyouiku_kenkyuu_center/oecd.html（2018年2月28日最終閲覧）

国立教育政策所編「教員環境の国際比較——OECD 国際教員指導環境調査（TALIS）2013年調査結果報告書」明石書店，2014年。

佐藤学「子どもが幸福に育つ社会を求めて——幼児教育の未来と現在」小田豊・榎沢良彦編『新時代の幼児教育』有斐閣，2002年，221～243ページ。

シラージ，I.・キングストン，D. & メルウィッシュ，E，秋田喜代美・淀川裕美訳『「保育のプロセスの質」評価スケール』明石書店，2016年。

鈴木正敏「幼児教育・保育をめぐる国際的動向——OECD の視点から見た質の向上と保育政策」『教育学研究』81(4)，2014年，78～89ページ。

スパークス，L. D.，玉置哲淳・大倉三代子編訳『ななめから見ない保育』解放出版社，1994年。

ヘックマン，J. J.，古草秀子訳『幼児教育の経済学』東洋経済新報社，2015年。

湯川嘉津美研究代表『諸外国（アメリカ，イギリス，フランス，ドイツ，スウェーデン，ニュージーランド，韓国）の幼児教育施設の教育内容・評価の現状や動向に関する調査および幼児教育の質保証に関する国際比較研究』（平成24年度文部科学省委託「幼児教育の改善・充実調査研究」）2012年。

ロゴフ，B.，當眞千賀子訳『文化的営みとしての発達——個人，世代，コミュニティ』新曜社，2006年。

NAEYC（全米乳幼児教育協会）ホームページ。https://www.naeyc.org/（2018年2月28日最終閲覧）

OECD（IELS について）。http://www.oecd.org/education/school/the-international-early-learning-and-child-well-being-study-the-study.htm（2018年2月28日最終閲覧）

OECD, *Starting Strong: Early Childhood Education and Care*, OECD Publishing, 2001.

OECD, *Starting Strong II: Early Childhood Education and Care*, OECD Publishing, 2006（星三和子・首藤美香子・大和洋子・一見真理子訳『OECD 保育白書——人生の始まりこそ力強く：乳幼児期の教育とケア（ECEC）の国際比較』明石書店，2011年）.

OECD, *Starting Strong III: A Quality Toolbox for Early Childhood Education and Care*, OECD Publishing, 2012（秋田喜代美・阿部真美子・一見真理子・門田理世・北村友人・鈴木正敏・星三和子訳『OECD 保育の質向上白書—人生の始まりこそ力強く——ECEC のツールボックス』明石書店，2019年）.

OECD, *Starting Strong IV: Monitoring Quality in Early Childhood Education and Care*, OECD Publishing, 2015.

OECD, *Starting Strong 2017: Key OECD Indicators on Early Childhood Education and Care*, 2017.

OECD, *Starting Strong V: Transitions from Early Childhood Education and Care to Primary Education*, OECD Publishing, 2017.

OECD, 小泉英明監訳『脳からみた学習——新しい学習科学の誕生』明石書店，2010年。

OECD 日本政府代表ホームページ。http://www.oecd.emb-japan.go.jp/itprtop_ja/index.html（2018年2月28日最終閲覧）

OECD, 矢野裕俊監訳『教育と健康・社会的関与——学習の社会的成果を検証する』明石書店，2010＝2011年。

Pence, A., "Baby PISA: Dangers that can arise when foundations shift", *Journal of*

Childhood Studies, Vol. 41 No. 3, 2016, pp. 54–58.

The Institute of Education, *The Effective Provision of Pre-School Education* (*EPPE*) *Project: Final Report a Longitudinal Study Funded by the DfES 1997~2004*. 2004.

第5章
幼児教育の施設と経営

〈この章のポイント〉

　日本における公的な幼児教育は，幼稚園や保育所といった施設を基盤とした集団での提供が主流であったが，その設置主体や提供主体は，規制緩和や幼児教育への期待の高まりを背景に多様化しつつある。その際課題となるのが安全や衛生面，教育内容での水準と，費用負担の公平性の確保である。

　また施設での集団生活における個々の子どもの安全は，各種基準により保障されているが，集団生活ゆえの課題も多い。心身ともに安全で安定した環境の確保，すなわちウェルビーイングの向上が目指されるべきであり，本章ではそのための手がかりについて学ぶ。

1　幼児教育を提供するのは誰か

1　幼児教育の所管と設置主体

　家庭外で幼児教育が行われる代表的な場として，保育所・幼稚園・そして認定こども園がある（本書の第3章）。日本の幼児教育の公的担い手は，比較的規模の大きい施設型が多数を占めることが特徴である。

　保育所は厚生労働省の管轄にあり，管理運営は市区町村が担う。幼稚園は文部科学省の管轄にあり，公立は市区町村の教育委員会の，私立は自治体により，都道府県の教育委員会または首長部局の管理下にある。また2015年の子ども・子育て支援新制度により設置される認定こども園は，厚生労働省および文部科学省と連携しつつ，内閣府が管轄している。

　幼児教育の設置主体には，大きく分けて公立と私立があるが，割合としては保育所も幼稚園も私立が多い。保育所・保育士不足が社会的課題とされる一方で，公立保育所の運営費（国庫負担金）は，2004（平成16）年度より一般財源化されており，このことが，公立保育所の運営費の削減，さらには公立保育所の民営化や公設民営化，あるいは閉鎖を促している（表5-1）。

　また幼稚園を設置する私立の団体としては，学校法人や宗教法人のほか，個人立などがある（表5-2）。

　都道府県における幼稚園の行政窓口は，「公立は教育委員会，私立は首長部局」が83.0％（39都道府県）と最も多く，「公立・私立ともに教育委員会」が

表 5-1　保育所等の施設数（経営主体別）　　　　　　　　　　　　　　　（件）

全体	公　営				私　営					
	国・独立行政法人	都道府県	市区町村	一般事務組合・広域連合	社会福祉法人	医療法人	公益法人・日赤	営利法人（会社）	その他の法人	その他
27137	2	―	8711	3	14493	15	56	1686	2049	122

注：幼保連携型認定こども園，保育所型認定こども園を含む。
出所：厚生労働省「平成29年社会福祉施設等調査」。

表 5-2　幼稚園の設置数（設置主体別）　　　　　　　　　　　　　　　　（件）

全体	公　立					私　立				
	国立	都道府県立	市（区）立	町立	村立	学校法人立	財団法人立	宗教法人立	その他法人立	個人立
10878	49	1	3292	582	77	6219	3	324	2	329

注：本園・分園含む。
出所：文部科学省「平成29年学校基本調査」。

12.8％（6都道府県），「公立・私立ともに首長部局」が4.3％（2都道府県）である（文部科学省「平成28年幼児教育実態調査」）。

2　幼児教育の担い手

　それでは，幼児教育の担い手である保育者はどれくらいいるのだろうか。

　保育所で働く人は，43万4062人（施設長・園長・管理者，保育士，保育教諭，その他教諭を含む），幼稚園で働く人は，9万7840人（園長，教頭，教諭，助教諭，養護教諭，講師を含む）であり，それぞれ男性割合は5～6％程度とされる（厚生労働省「平成28年社会福祉施設等調査」，文部科学省「平成29年学校基本調査」）。また表5-3は，保育所と幼稚園で働く人の平均給与月額と平均勤続年数を示している。平均給与月額を比較すると，全体的に幼稚園の方が保育所より高く，また私立よりも公立の方が高い。なお表5-3では，保育所は施設長，幼稚園は園長を合わせて平均を算出しているが，両者については保幼・公私を問わず，平均給与月額50万円超，また勤続年数は，公立では30年以上，私立では20年以上となっている。

　保育所と幼稚園は，同じ幼児教育を担う代表的な施設であるが，それぞれが抱えている経営上の課題は異なる。私立幼稚園の79.4％，国公立幼稚園の

表 5-3　平均給与月額と平均勤続年数

	保育所	幼稚園
公立	297,989円（13.0年）	332,590円（14.1年）
私立	259,385円（9.4年）	261,840円（10.2年）

注：保育所は，施設長，保育士，その他職員を含む。幼稚園は，園長，教諭，その他教諭を含む。
出所：厚生労働省「平成25年幼稚園・保育所等の経営実態調査」。

94.2％が定員割れの一方で，私立保育所の61.8％，公立保育所の25.4％は定員超過とされている（ベネッセコーポレーション「第2回 幼児教育・保育についての基本調査」2013年）。さらに保育所には，多くの待機児童[1]が存在する自治体もある。それぞれの園や施設によって事情が異なるとはいえ，全体としてみれば，幼稚園は園児数の減少という経営上の課題を，保育所は，入所希望児童の増加への対応という経営上の課題を抱えている。また両者に共通するのは，入職希望者の不足という，担い手の確保の問題である。

3　幼児教育の提供主体の多様化の動向

　子育て支援の政策課題化と規制緩和の潮流のなかで，幼児教育の提供主体は多様化している。2000年から認可保育所の設置主体の制限が撤廃され，自治体立，社会福祉法人立に加え，株式会社立，NPO 法人立の保育所が設置されるようになった。認可外施設の利用も公的支援の対象とされるようになり，東京都では2001年から独自の認証保育所制度[2]を設け，認可外保育施設のうち都独自の要件を満たしたものに財政的支援を行っている。また2005年からは基準を満たす認可外保育施設の場合，利用料に対する消費税が非課税化されるなど利用の促進が進んでいる。

　認可外保育施設（届出対象外施設を含む）の総数は，2018年3月現在で1万4035か所，うちベビーホテルは1473か所である。入所児童の総数は22万853人，うちベビーホテルは2万3171人である。また事業所内保育施設（事業主が従業員のために設置している施設）は，5626か所（うち院内保育施設が2867か所）あり，入所児童は7万7296人（うち院内保育施設が4万9959人）である（厚生労働省「平成29年度認可外保育施設の現況取りまとめ」）。

　さらに近年では，子ども・子育て支援新制度において，小規模保育や家庭的保育への公的支援も進められている。家庭的保育とは，家庭的保育者（家庭福祉員，保育ママ）の居宅などで幼児教育を行うものであり，児童福祉法第34条の15第2項により市区町村の認可を受けて行う場合と，そうでない場合がある。小規模保育事業所の従事者（保育士資格あり）は9330人，家庭的保育者（保育士資格あり）は207人となっている（厚生労働省「平成28年社会福祉施設等調査」）。

4　職場の組織

　保育所で働く人の職種および職位としては，施設長，主任保育士，保育士，嘱託医，調理員などがある。ただし，調理業務の全部を委託する施設では，調理員を置かなくてもよいことが認められている。2017（平成29）年3月に新たに告示された「保育所保育指針」では，保育士の専門性を重視し，研修に組織

▷1　待機児童
保育所等利用待機児童数調査（平成29年）は，待機児童を，「調査日時点において，保育の必要性の認定（2号又は3号）がされ，特定教育・保育施設（認定こども園の幼稚園機能部分及び幼稚園を除く。）又は特定地域型保育事業（以下「保育所等」という。）の利用の申込みがされているが，利用していない者」と定義している。この定義によれば，待機児童数は2万6081人となっている（保育所等関連状況取りまとめ（平成29年4月1日））。

▷2　東京都認証保育所
現在の認可保育所だけでは応えきれていない大都市のニーズに対応しようとする，東京都独自の制度であり，大都市の特性に着目した都独自の基準（認証基準）を設定している（東京都ホームページより）。

的に取り組みその機会を確保するなど，体系的な研修計画を作成することとされた。保育士が経験と研修を重ねてキャリアアップの見通しがもてるよう，「キャリアパス」の語が登場するなど，保育士として長く働き続けることが魅力となるよう意図されている。

　また幼稚園で働く人の職種および職位としては，園長，教頭，教諭，副園長，主幹教諭，指導教諭，養護教諭，栄養教諭，事務職員，養護助教諭，助教諭，講師などがある。

2　幼児教育における施設整備の基準

［1］　幼稚園の設置基準

　幼稚園の教育内容を示す基準として「幼稚園教育要領」があるように，幼稚園の施設整備の基準として「幼稚園設置基準」がある。

　1956（昭和31）年に制定された幼稚園設置基準は，第二次世界大戦後の幼稚園のひな型の基礎を形づくった。従来幼稚園は学級制をとっていなかったが，小学校の編成方式にならって同年齢の幼児からなる学級を編成し，備えなければならない園具および教具を明記したことが特徴である。当時，極めて設置数が少なかった幼稚園が新設されるにあたり，同基準は，「幼稚園なるもの」を普及させるのに大きな役割を果たした。

　幼稚園の全国的普及と多様化を背景に，幼稚園設置基準は，1995（平成7）年に改正された。その主な特徴は，園具・教具に関する規定が大綱化されたことである。備えなければならない園具および教具の具体名が削除され，また学級あたりの幼児数は，40人から35人へと削減された。

　この改正の経緯について，1996（平成8）年「幼稚園における園具・教具の整備の在り方について」（幼稚園の園具・教具の整備等に関する調査研究協力者会議報告）には，「従来，園具・教具については，幼稚園設置基準において，最低限必要と考えられる園具・教具が，すべり台，ぶらんこ，積木，ピアノといったように個別・具体的な形で規定されていた。これらの規定は，全国的な教育水準の維持向上に大きな役割を果たしてきたが，他方，時代の進展等とともに，現状に合わなくなってきたものもあり，また，各幼稚園での選択が画一的になりがちとの指摘もあったことを踏まえ，平成7年2月に幼稚園設置基準が改正され，園具・教具に関する規定が大綱化された」と述べられている。

　また設置基準とは別に，1993（平成5）年より，文部省により「幼稚園施設整備指針」が作成され，その後改訂を重ね，より時代に即した内容が盛り込まれるようになっている（表5-4）。

表5-4　近年の幼稚園施設整備指針における主な特徴

2002（平成14）年	学校施設の防犯対策の推進，既存学校施設の耐震化の推進，建材等から放散される化学物質による室内空気汚染の防止対策等
2007（平成19）年	特別支援教育を推進するための施設整備の基本的な考え方や，学校施設全体のバリアフリー化
2009（平成21）年	学校施設の事故防止対策
2010（平成22）年	多様な生活体験が可能となる環境の整備や，特別支援教育の推進への配慮など，幼稚園教育要領の改訂や社会状況の変化に対応
2014（平成26）年	東日本大震災により明らかになった課題などに対応するため，学校施設の津波対策の強化，学校施設の老朽化対策
2016（平成28）年	学校施設の複合化，長寿命化対策（長期間有効に使うための施設整備の充実），木材利用

出所：文部科学省「幼稚園施設整備指針」および神長（2016）より筆者作成。

２　保育所の設置基準

　保育所の設備および運営については，1948（昭和23）年に「児童福祉施設最低基準」として示された厚生省令があり，2011（平成23）年には，「児童福祉施設の設備及び運営に関する基準」へと改称された。

3　幼児教育の施設と経営をめぐる新しい動向

１　子ども・子育て支援新制度

　2015年4月より，子ども子育て関連3法（子ども・子育て支援法／認定こども園法の一部改正／子ども・子育て支援法及び認定こども園法の一部改正法の施行に伴う関係法律の整備等に関する法律）が施行された。その主な特徴は，認定こども園，幼稚園，保育所を通じた共通の給付（「施設型給付」）および小規模保育等への給付（「地域型保育給付」）の創設と，幼保連携型認定こども園について，認可・指導監督を一本化し，「学校及び児童福祉施設」として法的に位置づけたことがある。

２　認定こども園の特徴

　2006年から設置がはじまった認定こども園は，子ども・子育て支援新制度により，大きく改変された。新しい認定こども園制度は，次の2つの機能をもつとされている。

　(1)就学前の子どもに幼児教育・保育を提供する機能（保護者が働いている，いないにかかわらず受け入れて，教育・保育を一体的に行う機能）

　(2)地域における子育て支援を行う機能（子育て家庭を対象に，子育て不安に対応した相談活動や，親子の集いの場の提供などを行う機能）

（内閣府認定こども園ホームページより）

認定こども園には，幼保連携型（2785か所），幼稚園型（682か所），保育所型（474か所），地方裁量型（60か所）の４つのタイプがある（2016年４月現在設置数）。幼保連携型認定こども園の保育者は，保育士免許と幼稚園教諭資格を併有する「保育教諭」と呼ばれる。またその利用については，子どもの年齢と認定のされ方により，以下のように１号，２号，３号に分かれている（図5-1）。

③ 幼児教育の財政

子ども・子育て支援新制度の発足により，幼児教育を支える公的な財政支援の道筋は大きく変化した。

内閣府が示す，子ども・子育て支援法による給付の概要は以下のとおりである（図5-2）。新たに導入された施設型給付は，すべての認定こども園と保育所，国公立の幼稚園および一部の私立幼稚園を含む共通の財政支援である。

施設型給付は，公定価格に基づいて行われる。公定価格とは，新制度において子どもが受ける教育・保育の一人当たりの費用（単価）であり，給付費（市町村からの給付）＋利用者負担額から賄われる。

ただし，一部の私立幼稚園（図5-2の施設型給付の枠からはみ出す部分）は，

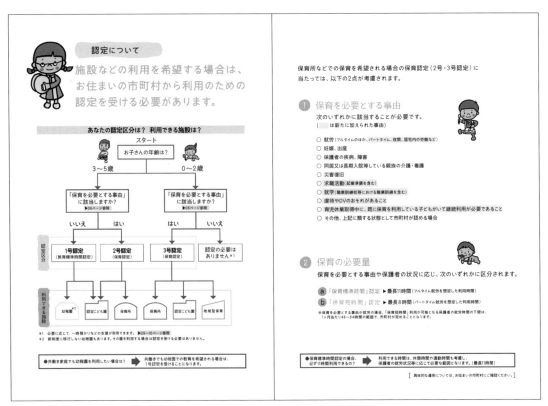

図5-1　子ども・子育て支援新制度における認定区分

出所：内閣府『子ども・子育て支援新制度　なるほどBOOK（平成28年４月改訂版）』。http://www8.cao.go.jp/shoushi/shinseido/event/publicity/pdf/naruhodo_book_2804/w_print.pdf（2018年２月28日最終閲覧）

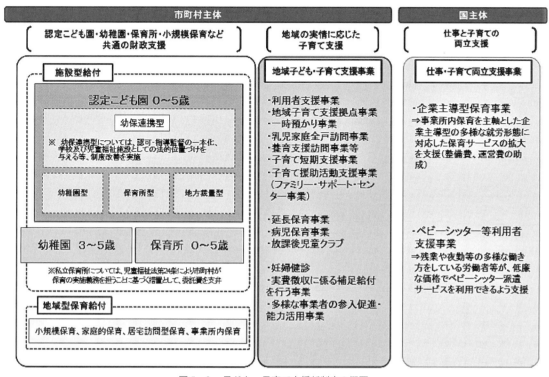

図5-2　子ども・子育て支援新制度の概要

出所：内閣府2017『子ども・子育て支援新制度について』。http://www8.cao.go.jp/shoushi/shinseido/outline/pdf/setsumei1.pdf
（2018年2月27日最終閲覧日）を改変。

従来型の私学助成による支援を受けている。

　また新制度における保育料は，国が定める上限額の範囲内で，それぞれの市区町村が定めることとなっている。保育料は保護者の所得（市区町村民税所得割課税額等）を基に算出され，多子世帯やひとり親世帯等については保育料の負担軽減がある。

　なお幼稚園については，従来は園ごとに定める一律の保育料を支払ったあと，就園奨励費により所得に応じた支援が行われる仕組みだったが，新制度では，保育料自体が，市区町村ごとに定める所得に応じた負担額となる。なお，新制度に移行していない私立幼稚園は従来どおりである（内閣府，2016，13ページ）。

　また私立幼稚園の保育料等納付金には極めて大きな地域差があり，私学助成園の保育料等の経常的な納付金は，都道府県別で最も高額なのが東京の平均36万7017円，最も安価なのが愛媛県の23万2761円となっている（平成28年度現在。全日本私立幼稚園連合会要覧，2017年）。

▷3　私学助成
教育条件の維持向上および修学上の経済的負担の軽減に資するとともに，経営の健全性を高めるために，国が私立学校に提供する補助金である。

4 幼児教育施設における安全と危機管理

1 身体の安全

　幼児教育施設において最も大切なのが心身の安全確保であり，日々の生活を健康で衛生的に過ごすための施設整備や環境構成は欠かせない。また施設内の整備にとどまらず，不審者対策など，地域での安全対策も重要である。さらに，災害時の避難訓練などの危機管理も欠かせない。そのために定められた法令は表5-5のとおりである。

　なお，健康的な生活の基礎となる排泄や衣類の着脱，食事などを保障するために，単に施設を安全で衛生的に整備するというだけでなく，それらの整備が，望ましい生活習慣の形成のための子どもへの教育的配慮のもとに行われていることが，幼児教育施設の特徴である。また近年，食育に対する関心の高まりとともに，完全給食を実施する幼稚園は58.0％（園児数にして60.8％）と，半数以上にのぼっている（文部科学省「平成27年学校給食実施状況調査」）。

　2017年改定の「保育所保育指針」では，「第3章健康及び安全」のなかに，「4 災害への備え」に関する記述が新たに設けられた。その背景には，2011年3月に起きた東日本大震災において，幼児を連れて避難する際に被災した幼児教育施設に対し，安全配慮義務を怠ったとして裁判が起こされたことなどの影響がある。

　災害時だけでなく，日常的な幼児教育の場でも，深刻な事故が起きている。2018年の1年間に教育・保育施設等において発生した，死亡事故や，治療に要する期間が30日以上の負傷や疾病をともなう重篤な事故等（意識不明（人工呼吸器を付ける），ICU に入る等）は，1641件であった。うち死亡事故は9件，そのうち睡眠中に発生したのが8件である（内閣府「平成30年教育・保育施設等における事故報告集計」）。なお2015年より，事故の詳細な状況と分析が，内閣府のホームページ「特定教育・保育施設等における事故情報データベース」で公開されている。

　こうした事故に対し，その防止のために，「乳幼児突然死症候群（SIDS）に関するガイドライン」(2005年)，「保育所における感染症対策ガイドライン」(2009年)，「保育所におけるアレルギー対応ガイドライン」(2011年) など，各種のガイドラインも示されている。2016（平成28）年には，死亡や重篤な事故への対応を念頭に置き，内閣府・文部科学省・厚生労働省による検討会報告を踏まえた，「教育・保育施設等における事故防止及び事故発生時の対応のためのガイドライン」がまとめられた。

表5-5　保育所と幼稚園の施設設備基準

	保育所	幼稚園
一般的基準	児童福祉施設に入所している者が，明るくて，衛生的な環境において，素養があり，かつ，適切な訓練を受けた職員の指導により，心身ともに健やかにして，社会に適応するように育成されることを保障する。	幼稚園の位置は，幼児の教育上適切で，通園の際安全な環境にこれを定めなければならない。 幼稚園の施設及び設備は，指導上，保健衛生上，安全上及び管理上適切なものでなければならない。
施設・設備	【乳児又は満2歳未満】 乳児室又はほふく室，医務室，調理室，便所 【満2歳以上】 保育室又は遊戯室，屋外遊戯場（保育所の付近にある屋外遊戯場に代わるべき場所を含む），調理室，便所 ※ただし，要件を満たせば当該保育所外で調理し搬入する方法により行うことができる。	【備えなければならない施設・設備】 職員室，保育室，遊戯室，保健室，便所，飲料水用設備，手洗用設備，足洗用設備 【備えるよう努めなければならない施設・設備】 放送聴取設備，映写設備，水遊び場，幼児清浄用設備，給食施設，図書室，会議室
広　さ	【乳児室】 1人につき1.65m²以上 【ほふく室】 1人につき3.3m²以上 【保育室又は遊戯室】 幼児1人につき1.98m²以上 【屋外遊戯場】 幼児1人につき3.3m²以上	【園舎】 1学級：180m² 2学級以上：320＋100×（学級数－2）m² 【運動場】 2学級以下：330＋30×（学級数－1）m² 3学級以上：400＋80×（学級数－3）m²
災害対策	軽便消火器等の消火用具，非常口その他非常災害に必要な設備を設けるとともに，非常災害に対する具体的計画を立て，これに対する不断の注意と訓練をするように努めなければならない。またその訓練のうち，避難及び消火に対する訓練は，少なくとも毎月1回は，これを行わなければならない。	【学校保健安全法（第3章）学校安全】 ・学校安全計画の策定 ・学校環境の安全の確保 ・危険等発生時対処要領の作成 ・事故等により児童生徒等に危害が生じた場合において，当該児童生徒等及び当該事故等により心理的外傷その他の心身の健康に対する影響を受けた児童生徒等その他の関係者の心身の健康を回復させるための支援の実施 ・安全確保のための地域の関係機関等との連携

出所：厚生労働省「児童福祉施設の設備及び運営に関する基準」，文部科学省「幼稚園設置基準」「学校保健安全法」より筆者作成。

　また幼児教育実践自体が，子どもの身体に極めて大きな危険を及ぼす可能性をはらんでいることも指摘されている。例えば運動会における組体操は，定番といえる種目ではあるが，事故件数が多く，その必要性を疑問視する声もある（内田，2015）。活動計画の立案にあたっては，その活動のねらいに立ち返り，日々安全性を問い返すことが求められる。

2　こころの安全とウェルビーイング

　安全が求められるのは，幼児の身体だけではない。幼児教育の場において，生活環境も文化的背景も異なる一人ひとりの幼児が，こころから安定し安心して過ごせること，すなわちウェルビーイングが確保されることが極めて重要で

ある。

　「保育所保育指針」では，2008（平成20）年改定より，「第3章保育の内容　2
保育の実施上の配慮事項（1）保育に関わる全般的な配慮事項」に，「オ　子ど
もの国籍や文化の違いを認め，互いに尊重する心を育てるよう配慮すること。
カ　子どもの性差や個人差にも留意しつつ，性別などによる固定的な意識を植
え付けることがないよう配慮すること」が加わっている。2017（平成29）年告
示の幼稚園教育要領は，新設項目として，「海外から帰国した幼児や生活に必
要な日本語の習得に困難のある幼児の幼稚園生活への適応　海外から帰国した
幼児や生活に必要な日本語の習得に困難のある幼児については，安心して自己
を発揮できるよう配慮するなど個々の幼児の実態に応じ，指導内容や指導方法
の工夫を組織的かつ計画的に行うこと」とある。国際的な移動を経験する幼児
の増加にともない，信仰する宗教や政治的イデオロギーなどを含む，多様な価
値観への配慮が，大きな課題として浮かび上がっている。

　また幼児教育の場で配慮が求められる多様性は，国籍や地域性だけではな
い。ひとり親など多様な家庭環境への配慮は，近年ますます大きな課題となっ
ている。それは，保育内容においても同様である。例えば，保育における行事
として定番といえる「母の日」の取り扱いについても，ひとり親の家庭の子ど
もにとっては過大な負担を与える場合がある（小玉，1999）。自身を言葉で表現
することが難しい幼児期であるからこそ，幼児教育における「隠れたカリキュ
ラム[4]」に留意する必要がある。

　とりわけ行事の際は，発達の状況に照らして不適切と思われる高度な達成や
集団行動が求められやすい。こうした実践は，保護者からの要望に即して行わ
れることも多い。しかしこうした実践が，子どものウェルビーイングを無視し
た「感動ポルノ[5]」に陥っていないか，常に振り返りが求められよう。

▷4　隠れたカリキュラム
学校で教育課程などの形で
明示的に伝達されるカリ
キュラムに対し，暗黙のう
ちに伝達され修得される知
識や価値観の総体。

▷5　感動ポルノ（inspira-
tion porn）
障害をもつ女性が，障害者
を感動の対象として利用す
る健常者の障害者イメージ
をさして述べた言葉。転じ
て，「感動」重視の教育実
践に対して用いられはじめ
ている（内田，2015）。

Exercise

① あなたが関心をもつ保育所や幼稚園について，その設置主体や運営の方針
　を，各種基準やガイドラインに基づいて確認してみよう。
② あなたが住む地域に，保育所と幼稚園以外の幼児教育機関がどれくらいあ
　り，どのように運営されているのかを調べてみよう。

📖次への一冊

青柳義智代『私立幼稚園の昭和史──こぼればなし』フレーベル館，1985年。

東京都私立幼稚園協会『東京都私立幼稚園協会三十周年史』東京都私立幼稚園協会，
　1966年。

友松諦道『戦後私立幼稚園史』チャイルド社，1985年。
　　上記3点は，私立幼稚園の歴史について記されたものである。幼児教育の設置主体
　　は私立が多いことが，義務教育と比較したときの特徴であり，これらの文献を通し
　　て，文部省および文部科学省が描き出す，国公立を中心とした幼稚園とは異なる幼
　　児教育の姿を確認することができる。

猪熊弘子『死を招いた保育』ひとなる書房，2011年。
　　保育所で死亡事故が起きた経緯を詳細に明らかにしている。

引用・参考文献

内田良『教育という病 子どもと先生を苦しめる「教育リスク」』光文社新書，2015年。

神長美津子「幼稚園設置基準と幼稚園運営」『保育学講座2　保育を支える仕組み　制
　度と行政』東京大学出版会，2016年。

厚生労働省「社会福祉施設等調査」各年。

厚生労働省「認可外保育施設の現況取りまとめ」各年。

厚生労働省「幼稚園・保育所等の経営実態調査」各年。

小玉亮子「母の日のポリティクス」藤田英典・黒崎勲・片桐芳雄・佐藤学編『ジェン
　ダーと教育』世織書房，1999年。

「全日本私立幼稚園連合会要覧」2017年。https://youchien.com/rengoukai/attqmr00000
　0046c-att/summary-all.pdf（2019年12月1日最終閲覧）

東京都保健福祉局「認証保育所について」。http://www.fukushihoken.metro.tokyo.jp/
　kodomo/hoiku/ninsyo/index.html（2019年12月1日最終閲覧）

内閣府子ども・子育て本部。http://www8.cao.go.jp/shoushi/index.html（2018年2月28
　日最終閲覧）

内閣府『子ども・子育て支援新制度なるほどBOOK（平成28年4月改訂版）』2016年。

内閣府子ども・子育て本部「「平成30年教育・保育施設等における事故報告集計」の公
　表及び事故防止対策について」2019年。http://www8.cao.go.jp/shoushi/shinseido/
　outline/pdf/h30-jiko_taisaku.pdf（2019年12月1日最終閲覧）

森上史朗監修・大豆生田啓友・三谷大紀編『最新保育資料集2017』ミネルヴァ書房，
　2017年。

文部科学省「学校基本調査」各年。

文部科学省「幼児教育実態調査」各年。

文部科学省「幼稚園施設整備指針」各年。

TED（2014年アメリカのプレゼンテーション番組TEDにおけるステラ・ヤングのス
　ピーチ）。https://www.ted.com/talks/stella_young_i_m_not_your_inspiration_thank_
　you_very_much（2019年12月1日最終閲覧）

第6章
幼児の発達と教育

〈この章のポイント〉

　発達は，英語では development である。他方で，英語の development という言葉の和訳には，発達のみならず，発展・成長・開発などさまざまな訳語があてられている。発達には子どもが大人へと成長していくプロセスが含まれているが，そのプロセスは普遍的なこととしていつの時代もどのような社会でも共通に理解されているわけではない。本章では，発達理論が歴史的・社会的背景の下で議論・修正されてきたことについて学ぶ。

1　子どもと成長

1　小さい大人

　「子どもの仕事は遊びだから」という言葉には，仕事と遊びが異なっていることと，大人と子どもが異なるものであることという前提が含まれている。そのうえで，この文章は子どもに遊びを，大人に仕事を振り分けている。こういった考え方は私たちには違和感のないものであるが，実は，時代を遡ってみるといつの時代においても一般的であったわけではない。

　フランスの社会史家フィリップ・アリエスは，『〈子供〉の誕生』（1980年）という著書のなかで，近世以前の人々は，子どもは小さい大人だと考えられていたと論じる。これはどういうことかというと，かつて，中世以前は，大人と子どもは，ただ大きさが異なるだけで，子ども独自の特徴があるとは思われていなかったということである。例えば，子どもは，子ども用の服を着ていたのではなく，単に大人の服を小さくしたものを着ていたというのである。

　これに対して，私たちは，小さい子どもは大人よりも足や首が短いし，子どもの方が大人より体に占める頭の割合が大きいこともよく知っている。よちよち歩きの子どもは，頭が大きいのでふらふらとしてよく尻餅をつく。八頭身の大人はモデルになれるプロポーションとして賛美されるが，もし，八頭身の乳児がいたら，可愛いどころか，不気味に感じるだろう。私たちは，大人と子どもと異なるバランスで作られた洋服が必要だし，子どもには歩きやすい服にするよう気を配ることが必要だ，と考える。

　つまり，現代を生きる私たちは，子どもは大人とは異なる特別の配慮が必要であると考えているのだ。それはもちろん，服装だけではない。子どもにわか

▷1　Ph. アリエス(Philippe Ariès, 1914〜84)
フランスの社会史家。フランス歴史学派のアナール学派の研究者の一人，家族や子ども，死に対する人々のマンタリテ（心性）の歴史を研究した。

るように教えなくてはならない，子どもにそのようなものを見せてはならない，あるいは，身長が伸びるようにするためにはタンパク質やカルシウムが必要だ，子どもはたっぷり愛される必要がある，しつけはきちんとしないといけない等々。近代以降の社会では，中世まで重要視されなかったような，子どもだからこそ必要となる対応があると考えるようになった。

　アリエスは，このような子どもへの配慮についての歴史的発見のなかで，家族と学校がとくに重要な役割を果たしたことに注目した。近代社会が子どもには愛情を注ぐべきであると考える背景には，情愛に満ちた近代家族があり，子どもをしっかりしつけるべきという思想の背景には，学校教育制度の展開があった。そしてこの近代家族と近代学校は互いに手を取りながら，子どもの教育に集中していくようになったことを明らかにした。

　こうして，大人とは異なる子どもという観念，すなわちこういった観念が作り出され社会で共有されるようになってきた，いわゆる「子どもの発見」が近代以降のことであることを理解しておきたい。つまり，子どもについての理解は，時代によって社会によって異なるということである。

［2］　成長，変化への注目

　近代以降の子どもの発見は，子どもとは異なる存在である青年の発見にも連動し，同時に，より小さい幼児という区分も作り出してきた。生物学や医学の発展は，人間の身体の変化への注目をもたらし，年齢ごとに，その固有性があり，段階を踏みながら変容し，大人になっていくというプロセスで人間の変化をみるようになっていった。そして，より細分化された年齢段階による区分を基礎とするさまざまなシステムも作られていくことになる。

　このシステムとして重要になるのが教育にかかわるシステムである。子どもには特別な配慮が必要であるために，それを担う組織が必要となる。さらに，年齢段階を踏まえて，子どもは大人という存在に向かって成長＝より高度になっていくものであるから，そのためのシステムが必要となる。発達を英語にすると Development である。この英語を再び英和辞書で引いてみると，発達のみならず，成長・展開・開発といった訳語もあてられていることがわかる。つまり，発達には，子どもがより高次なものへと展開していくこと，開発されていくもの，という意味も重なることがわかる。子どもがより高次なものに展開・開発していくためには，教育が重要な役割を果たすことになる。

　ルソーは大人とは異なる子どもの固有性を明確に論じた人物として知られているが，彼の教育書である『エミール』（1762年）全5巻本のうち，その3巻までが子ども期の教育で，そして4巻と5巻で青年期以降の教育が論じられている。ルソーはその著書のなかで，子どもの成長・発達に応じた教育の必要性を

論じているといえる。

　ペスタロッチもまた，発達を考慮に入れた教育方法を編み出した人物として知られている。彼の教育論は，教える内容を基礎的なものから複雑なものへ，直感的なものから抽象的なものへと段階的に複雑にしていく教え方であった。この教育方法が広く支持され有名になったことで，彼の学校実践をみるために多くの来訪者が訪れた。

　ルソーやペスタロッチといった近代において名声を獲得した教育学者たちは，発達段階に応じた教育論を示すことで時代の要請に応えてきたともいえるのではないか。

　いずれにせよ，年齢区分が時代によって異なっているとしたら，そういった区分は歴史的に作られてきたものであって，普遍的に定義できないことに留意する必要がある。発達が社会でどのようにみられ，議論されてきたのか，まずは，発達段階のスタートである乳幼児からみていこう。

2　発達と生物学的理解

［1］　人間と動物

　ヒトの赤ちゃんは他の動物に比べて圧倒的に無能力である。例えば，馬の赤ちゃんは，生まれた直後に立ち上がり，母親のもとに自ら歩み寄り乳を飲むことができる。しかし，ヒトの赤ちゃんは生まれた直後どころか，1年近く自力で母親のもとに行くことがでず，そのうえ抱き上げられ，乳を与えられ，排泄物の処理をしてもらうという，すべてを大人の手にゆだねることでようやくその生が保証される。自力で歩いて移動できるようになるのもおおむね1年ぐらいはかかる。

　スイスの生物学者ポルトマン^{▷2}は，このようなヒトの赤ちゃんの特徴をほかの哺乳類との比較から説明した。ポルトマンによれば，哺乳類には，誕生後しばらくの間，巣の中で親によって餌を与えられる，「巣に座っているもの（就巣性）」の動物と，生まれてすぐ自分の力で歩き餌を獲得する，「巣立つもの（離巣性）」の動物がいるという。就巣性の動物の特徴は，短い妊娠期間で，一度に生まれる子どもの数が多く，生まれたときの子どもの状態が極めて頼りない。これにあたるのは，目が見えない状態で生まれるウサギやリスといった動物などである。他方で，離巣性の動物の場合，母胎内での発育期間が長く，一度に生まれる子どもの数はたいてい1匹か2匹で，新生児ははるかに発達を遂げており，その姿や挙動はその親にすでに大変よく似ている。これにあたるのが，ウマやキリンといったより脳が発達している動物で，ここにサルやチンパ

▷2　A.ポルトマン（Adolf Portmann, 1897〜1982）スイスの生物学者，動物学者。1944に刊行されたのが，主著『人間論に関する生物学的断章（*Biologische Fragmente zu einer Lehre vom Menschen*）』（『人間はどこまで動物か』1961年）。

ンジーといった霊長類も含まれる。この分類でいうと，ヒトは離巣性であるべきなのであるが，サルやチンパンジーに比べて，はるかに無能力状態で生まれてくる。このようなヒトの赤ちゃんの無能力状態を，ポルトマンは，「生理的早産」という概念で説明した。つまり「人間は生後一歳になって，真の哺乳類が生まれたときに実現している発育状態に，やっとたどりつく。そうだとすると，この人間がほかのほんとうの哺乳類なみに発達するには，われわれの人間の妊娠期間が現在よりもおよそ1カ年のばされて」出産を迎える必要があるというものである（ポルトマン，1961，61ページ）。こう考えたポルトマンは，ヒトの場合について，同じ霊長類のチンパンジーと異なり，二次的就巣性に該当するとみなした。というのは，ヒトは進化の過程で大脳の拡大と直立二足歩行への進化を遂げたために，巨大な頭が狭くなった産道を通るためには，成長途上にもかかわらず出産されなければならなくなった，すなわち，「生理的早産」が必要だったという理解である。本来なら生まれてくる段階でもないのに，生まれてしまったことによって，その時期に直立二足歩行や複雑な言語活動の獲得，社会的活動を身につけることになる。つまり，ほかの哺乳類であれば母の胎内で成長している時期に，ヒトは出生し，社会と歴史に開かれて成長していくということができる。

2 アタッチメント

圧倒的に無力なヒトの赤ちゃんにとって，その世話をしてくれる大人たちの存在は非常に重要なものとなる。ポルトマンの議論に基づけば，ヒトの赤ちゃんはコミュニケーションによって発達・成長していくことにその特徴があるのだが，そのコミュニケーションが単なる交流ではないことを示す言葉として，アタッチメント（attachment）という概念がある。

アタッチメント理論は，現在では「人が特定の他者との間に築く緊密な情緒的結びつき（emotional bound）」（遠藤，2005，1ページ）と捉えられている。このアタッチメント理論を展開したのが精神医学者のボウルビィであるが，彼は当初，もう少し限定された定義でアタッチメントの議論をしていた。そこでは，アタッチメントとは，危機的状況や不安を覚えるような状況に際して，特定の対象との近接を求めそれを維持しようとする傾向があり，このことによって，自らが安全であるという感覚を得ようとすること，とされていた。これは例えば，乳幼児が示す，特定の対象にしがみつく，後追いする，泣く，といった行動がそれを示すものと想定するとよいだろう。

ボウルビィのアタッチメント理論は，それより先，1951年に彼が発表した母性剥奪論（maternal deprivation）を基礎としている。母性剥奪論はボウルビィが第二次世界大戦後，孤児や何らかの理由で家庭から離れて生活している子ど

もたちの研究について，WHO（世界保健機関）から依頼でまとめた著書のなかで展開された議論である。そこでは，母親（あるいは母親代わりとなる者）が子どもに必要な愛情をそそがない場合に，一種の愛情の喪失状態，すなわち母性が剥奪された状態となるとされる。また，母親によって育てられなくなった場合，代理者が多少とも子どもに安定感を与えるので，その場合は「部分喪失」とみなされた。母性が剥奪された子どもたちは施設や病院などでみられ，神経症になったり，不安が強くなったりする。このようなボウルビィの議論は，母親と離れて施設で暮らす子どもたちが示す困難を論じた，同じく精神科医のスピッツが1945年に公刊した「ホスピタリズム」と題する論文での議論とも呼応しつつベストセラーとなった。

　こうして，1950年代には，母性の剥奪が，子どもの現状のみならず生涯を通じて著しい影響を与えるものという議論が広まっていった。たしかに，こういった議論は，第二次世界大戦直後の混乱のなかにあった孤児たちの施設におけるケアのあり方に改善を迫るものとして，一定の意味をもった。しかし，例えばヴァン・デン・ベルグらが指摘したように，ボウルビィが研究対象としたのはせいぜい10代の子どもであったにもかかわらず，彼らの生涯にわたり精神的困難が生じるという結論を出しているなど，根拠がないことや論理の飛躍があることに対して厳しい批判を受けた（ヴァン・デン・ベルグ，1977）。

　ボウルビィ自身は，精神分析を基礎としながら次第に比較行動学と結びつけた議論を展開していった。ボウルビィは，ローレンツが「ある種の鳥類において母的存在との強い結びつきは，生まれて数日の間に食物とは関係なく単に雛が母鳥ないし母鳥代理物に接し，慣れ親しむことで芽生えてくることを発見した」ことや，また，ハーロウの模造母親によって育てられた幼いアカゲザルの研究からは，「人形が柔らかくて，抱きつくと気持ちが良いという条件を満たしさえすれば，幼いサルは格別餌を与えてくれるわけでもない人形にしがみつくものである」（ボウルビィ，1981，182ページ）という発見に注目する。ここから，幼児期の母親との関係が決定的であるという議論を展開していくことになる。

　たしかに，母親または母親に変わる養育者という断り書きのうえで，ボウルビィは母子関係の重要性を議論していたのであるが，しかし，ボウルビィらの議論は，至る所で，母親との密接な関係の欠如が子どもの生涯にわたる精神的外傷となるという議論の根拠として取り上げられ，その結果，当の母親を含めた人々に対して，母親の不在や過失を責める議論を推し進めるものとなった。

　すでに批判されているように，ボウルビィの議論では，母親が単独で養育を行うような家庭を理想とする議論が無条件に前提とされ，そこには養育者としての父親も就労する母親も想定されていない。現実には，養育に携わる人は複数存在するのであって，そこには当然保育者も含まれる。

▷5　R. スピッツ（Rene Spitz, 1887～1974）
ウィーン生まれのアメリカで活躍した精神分析家。1945年の論文「ホスピタリズム」のほか，とりわけ生後1年間の乳児の研究に関する論文で注目された。

▷6　J. H. ヴァン・デン・ベルグ（Jan Hendrik van den Berg, 1914～2012）
オランダの精神科医，心理学教授。『メタブレティカ』（1956年）ほか，歴史心理学的な分析を行った多数の著作がある。

▷7　K. Z. ローレンツ（Konrad Zacharias Lorenz, 1903～89）
オーストリアの動物行動学者。『ソロモンの指輪──動物行動学入門』（1949年）ほか，多数の著作によってダーウィン以降の動物行動学の発展に貢献し，1973年にノーベル医学生理学賞を受賞した。

▷8　H. F. ハーロウ（Harry Frederick Harlow, 1905～81）
イスラエルで生まれ，アメリカで活躍した心理学者。アカゲザルの実験で著名となった。

▷9 E. H. エリクソン
(Erik Homburger
Erikson, 1902～94)
ドイツ生まれでアメリカで
活躍した精神分析・心理学
者。発達段階を、乳児期、
幼児前期、幼児後期、学童
期、青年期、成人期、壮年
期、老年期の8区分とし
て、それぞれに心理学的課
題があると考えた。1968年
の著作『アイデンティ
ティ』で論じられたよう
に、アイデンティティの確
立あるいは拡散という課題
は、青年期の課題として日
本でも高い注目を集めた。

▷10 J. ピアジェ (Jean
Piaget, 1896～1980)
スイスの心理学者。20世紀
において最も影響力の大き
かった心理学者の一人。
1947年に発表された著書
『知能の心理学』のなか
で、子どもの認知発達は、
感覚運動期（誕生から2
歳）、前操作期（2～7
歳）、具体的操作期（7～
11歳）、形式的操作期（11
歳以上）の4つの段階を経
ると論じた。

▷11 L. コールバーグ
(Lawrence Kohlberg,
1927～87)
アメリカの心理学者で、道
徳的発達の段階を6ステー
ジから構想した。著書に
1981年の『道徳性の発達の
哲学』など、多数ある。

▷12 L. S. ヴィゴツキー
(Лев Семёнович Выготский、
英語表記：Lev Semenovich
Vygotsky, 1896～1934)
ロシアの心理学者で、後世
に高く評価されることにな
る文化社会理論とも文化歴
史心理学とも呼ばれる業績
を残した。「発達の最近接
領域」の理論によって、そ
れまでの発達が学習に先行

現在では、「親とのアタッチメントは、子どもにとって必ずしもその後の全ての対人関係の雛形になるものでは必ずしもなく、教師との関係は、原則的には親へのアタッチメントとはかなり独立的に構成される可能性はいなめない」（数井、2005、123ページ）という見解に示されているように、母子関係をその後の決定要因にする議論がなされているわけではない。ボウルビィが示した母親を圧倒的に重視するようなアタッチメントの議論もまた歴史的特殊性をもった議論であるということができる。

何より、保育者とのアタッチメントが安定的であった子どもの共感性が高いといった調査結果も示されていることに留意しておく必要がある。

3　発達に関する論争

1　さまざまな発達段階

アタッチメントは、乳幼児というステージにおける課題として論じられるところからはじまったが、発達の議論のなかでは、乳幼児以降のさまざまな段階についての議論もまた積み重ねられてきた。人間の一生は連続して続くものであるが、そこには質的な変化がある。この変化に注目して段階を設定する考え方は、発達段階という言葉で語られてきた。例えば、エリクソン[9]は、人生を8つの段階に区切りそれぞれの段階で危機があることを明らかにしたが、このほか、ピアジェ[10]やコールバーグ[11]らの発達段階の議論においてもそれぞれの違いが示され、のちの子ども理解に大きな影響力をもつものとなった。しかし、こういった発達段階の議論に対して、それらを普遍的真理として理解することはできないという批判もまた積み重ねられてきた。さまざまな発達段階論に対しては、単にそれらの理論を理解するのではなく、それらについてどのような批判や議論が展開されてきたのかから考えることが重要である。

2　ピアジェとヴィゴツキーの論争

発達段階に関する論争としてまず注目されるのは、やはりピアジェとヴィゴツキー[12]の論争であろう。ピアジェの研究の意義は、それに批判を挑んだヴィゴツキー自身がまずは敬意を払ったように、それまでの心理学が子どもは抽象的思考ができない、推理ができないといった、大人よりも何らかの欠けたる存在であるという理解に対して、子ども独自の思考があることを明らかにした点で、画期的な業績をもたらしたことにある。ただし、このことは、すでにルソーが明言した、子どもは小さな大人ではなく、固有の特徴をもつということを、心理学の領域で論じたともいうことができる。

　いずれにせよ，ピアジェは，この大人とは異なる子どもの固有性に着目しつつその発達過程を分析し，子どもの固有性の中心に位置づけられる主要な特徴として，自己中心性という概念を考えた。ピアジェによれば，3歳から5歳ぐらい子どもの会話を調べてみると，その多くが自己中心的な発話であるという。ピアジェの観察によると，幼い子どもが何か絵を描いたりしているときに，「子どもは声を出して考えているかのように，自分自身に向かってしゃべっている。彼は決して誰かに向かってしゃべっているのではない」（ピアジェ，1970，11ページ）。それは，自分の行動に何かを付け加えるような言語的伴奏であって，いわばひとりごとのようなものである。数人の子どもが一緒に遊んでいるときには，互いに話し合っているようにみえても，そこには伝達や相互理解があるわけではない。

　ピアジェは，こういった自己中心的言語を社会的言語から区別する。というのも，子どもは実際には自己中心的言語とは異なる社会的言語によって，他人とのコミュニケーションも行っているからだ。例えば，何かを頼んだり，命令したり，伝えたり，質問したり，そういったコミュニケーションも子どもたちは行っている。ピアジェの観察によると，子どもの発話のおよそ半分近くが，自己中心的言語であるとされる。

　このようにピアジェが幼児の自己中心的言語に注目したこと自体には，ヴィゴツキーは同意を示している。しかし，ヴィゴツキーは，ピアジェが，幼児の自己中心的発話は，幼児のもつ思考の自己中心性からきていると考えたことを厳しく批判する。ピアジェは，幼児のもつ自己中心性について，他者がどのように思っているのかを推論したり，あるいは，他者とコミュニケーションしたりするのとは相容れないものとみなして，それを自閉的という言葉で論じた。そしてピアジェは，幼児は成長するにつれて，この自己中心的言語の段階から，社会的言語を身につけていくと考えた。ヴィゴツキーは，このようなピアジェの発達論に異議を唱えたのである。その根拠となったのが彼自身で行った，幼児が活動する際に発した自己中心的言語についての観察である。

　　障害につきあたった子どもは，その事態を理解しようとしてつぎのように言っていた。「鉛筆はどこ，今度は青鉛筆がほしいんだよ。いいや，かわりに赤でかいて，水でぬらしちゃおう。こくなって青みたいだ」。これは全て，自分自身との議論である。

　　……（中略）……

　　より年長の子どものばあいは，いくらかちがっていた。かれは，じっと見入り，よく考え（このことは，かなり長くじっとしていることから判断される），それからやり方を見つけた。何を考えていたのかという質問にたいして，かれはつねに，就学前の子どもが声を出して考えていたのとほとん

するという学習論を批判し，子どもは，集団行動における模倣によって，また，大人の指導のもとであるなら，一人でできることより以上のことをすることができると論じ，発達を社会的な観点から論じた。

ど同じようなことを答えた。われわれは，このようなわけで，就学前の子どもが声をだしておこなっていることを，生徒は，もはや声を出さない内言でおこなっているのだと推定する（ヴィゴツキー，1962，65〜66ページ）。

　ここでヴィゴツキーは，このような観察から子どものひとりごとのような自己中心的言語は，単なる自分の行動に対する伴奏のようなものではないという。それは，いわば，思考の手段としての働きをもっているという。そして，より年長になると声には出さないけれども，同じように言語を使って考えているとして，「子どもの自己中心的言語というのは，自己中心的思考の表現でないばかりか，自己中心的思考とは正反対の機能，空想や夢の論理でなくて，合理的・合目的的な行動や思考の論理に近い」（ヴィゴツキー，1962，72ページ）と論じた。

　この分析から，ヴィゴツキーは，子どもの言語の変化を「外言—自己中心的言語—内言」と図式化する。まず，言語の最初の機能はコミュニケーション・社会的結合の機能であり，子どもの最初の言語は大人とのコミュニケーションなどの社会的なものである。それが，ある一定の年齢で自己中心的言語とコミュニケーション的言語とにかなりはっきりと分化する。その後，自己中心的言語は外に発せられることがない自分のなかで語る言葉となる。ヴィゴツキーはこうして，このプロセスを言語的論理的思考の発達過程と考えた。

　ピアジェが，幼児が発するひとりごとを幼児の自己中心性を表すもので，それはやがて社会的言語に推移するとみなしたのに対して，ヴィゴツキーは，言語はそもそも社会的なものであって，幼児のひとりごとは，個人の内面で行われる論理的思考へと向かうプロセスでみられると考えた。ヴィゴツキーによると，個人の内面で行われる思考は，そもそも社会的なものである言語を媒介とする，社会や文化との関係において形成されていくものであると考えたのである。

　たしかに，先に述べたように，生理的早産で生まれたヒトの乳児は未熟なまま，大人とコミュニケーションをとる。このコミュニケーションのために早産として生まれたのだとしたら，ヒトの発達はそもそも社会との関係によって形成されていくということがどんなに強調されても，強調されすぎることはない。もちろん，ピアジェの子どもについての，臨床学的研究に基づく学問的貢献は高く評価されるべきであろう。しかし，現在では，社会の複雑さや人間の多様性に着目した社会的・文化的・歴史的な視点から発達を捉えようとする議論が，ヴィゴツキーの再評価とともに注目されている。

３　コールバーグとギリガンの論争

　社会的な視点というとき，その社会とは個人と対置させられる抽象的な社会

を想定することもあるだろう。しかし，抽象的な社会一般から考えるだけではなく，より具体的な，民族による違い，宗教による違い，文化による違い，ジェンダーによる違い，世代による違いなどの，多様な社会的カテゴリーの違いによる相違もまた，発達を考えるうえで留意すべきポイントとなる。こういった個人の発達が社会や文化との関係で形成されていくということに注目するとき，興味深い道徳性の発達に関する論争がある。道徳性の発達に関するコールバーグとギリガンの論争である。

コールバーグは道徳的発達段階を構想するにあたり，被験者に対して実験を行った。その一つが，被験者に対して提示された以下の話である。

> ヨーロッパで，一人の女性が非常に重い病気，それも特殊なガンにかかり，今にも死にそうでした。彼女の命が助かるかもしれないと医者が考えている薬が一つだけありました。それは，同じ町の薬屋が最近発見したある種の放射性物質でした。その薬は作るのに大変なお金がかかりました。しかし薬屋は製造に要した費用の十倍の値段をつけていました。病人の夫のハインツはお金を借りるためにあらゆる知人をたずねて回りましたが，全部で半額しか集めることができませんでした。ハインツは薬屋に，自分の妻が死にそうだとわけを話し，値段を安くしてくれるか，それとも，支払いを延期してほしいと頼みました。しかし薬屋は「だめね。この薬は私が発見したんだ。私はこれで金儲けをするんだ」と言うのでした。そのためハインツは絶望し，妻のために薬を盗もうとその薬屋に押し入りました。
>
> ハインツはそうすべきであったか。またその理由は（コールバーグほか，1992）。

これは「ハインツのジレンマ」と呼ばれる仮想的なジレンマについての話である。この実験ではハインツのこの行為に対する正解はないが，被験者がこれをよいというか悪いというか，またそれに対してどのような理由をあげるのかによって，コールバーグは以下のように道徳性の発達段階があると考えた。

第1段階は「罰と服従への志向」で，罰せられるかどうかがその行為の善悪を決定する。第2段階は「道具主義的相対主義への志向」で，正しい行為は，自己と他者あるいは相互の欲求や利益を満たすものと捉えられる。

第3段階は「対人的同調あるいは『よい子』への志向」で，善い行為とは，他者に善いと認められる行為であり，重要なのはそれを「善意」で行ったかどうかである。第4段階は「『法と秩序』の維持への志向」で，社会的権威や規則に従うことが正しいとされる。

第5段階は「社会契約的遵法への志向」で，社会にはさまざまな価値観や見解が存在することを認めたうえで，社会契約的な合意が正しい行為を決定する。第6段階は「普遍的な倫理的原理への志向」で，普遍性のある「倫理的原

▷13　**C. ギリガン**（Carol Gilligan, 1937～）
アメリカの倫理学・心理学者。コールバーグとともに仕事をしていたが，フェミニズムの立場からコールバーグへの批判を展開した。

理」に従って，何が正しいかを判断する。

　コールバーグは，この段階を低次から高次の発達への筋道として考えたのだが，これに対して異議を唱えたのがギリガンであった。

　ギリガンによれば，この発達段階理論は，普遍的な「正義の倫理」の論理，すなわち男性的な論理を最高次にみるという点で偏っているという。このジレンマに対しては，男女で差が出て，病気の女性のことはなんとか助けてあげたいし，薬屋から薬を盗んでしまったら薬屋がかわいそうだし，とどちらも選べなくなってしまうという女性の回答者がみられた。コールバーグ理論によれば，そういった女性たちは第3段階に位置づけられ，道徳性が低いということになる。しかしギリガンは，この発達段階理論には，「ケアの倫理」という観点が抜け落ちている，と批判する。すなわち，女性は男性と違い，ケア，すなわち他者への援助という人間関係論的な観点から道徳的問題を捉えているのであって，そのことは「正義の倫理」より段階の下位に位置づくものではない。こういった「正義の倫理」は男性の倫理であって，女性は「ケアの倫理」で行動するとギリガンは論じたのである。

　ギリガンの理論に対して，性別を固定化する議論であるとの批判がある。たしかに，男性が常に「正義と倫理」に基づいて行動するわけではないし，男性に「ケアの倫理」が欠けているわけでもない。逆に，女性であれば，誰でも「正義の倫理」ではなく「ケアの倫理」に基づいた決定を行うわけではない。ギリガンの議論は，ケアにかかわる仕事は女性向きで，正義に関する仕事は男性向きであるという性別役割分業の固定化とみなされかねない議論ではある。しかし，ギリガンの議論の重要性は「正義」という一面でのみで議論してきた倫理の議論に対して，道徳性の異なる側面に光を当てたことにある。さらに加えて，ギリガンの議論において人の成長は，単一のゴールに向かう発展論的な議論で論じることができないことを明らかにした点は注目されるといえるのではないだろうか。

4　発達と多様性

1　発達と障害

　発達には普遍的でかつ単一の筋道があるわけではなく，発達のゴールもまた単一でないことは，近年議論されるようになった「発達障害」に関する知見からも知ることができる。発達障害は，2004年に成立した発達障害者支援法（厚生労働省）では以下のように定義されている。

　　第二条　この法律において「発達障害」とは，自閉症，アスペルガー症候

群その他の広汎性発達障害，学習障害，注意欠陥多動性障害その他これに
類する脳機能の障害であってその症状が通常低年齢において発現するもの
として政令で定めるものをいう。

　2　この法律において「発達障害者」とは，発達障害がある者であって発
達障害及び社会的障壁により日常生活又は社会生活に制限を受けるものを
いい，「発達障害児」とは，発達障害者のうち十八歳未満のものをいう。

　ここに記されている自閉症等の障がいの分類および詳細についてここでは論
じないが，発達障害には，例えば，注意が散漫で落ち着きがない，こだわりが
異常に強い，協調性や社会性がないといった人とのコミュニケーションに困難
があるという特徴がみられる。もちろん，コミュニケーションに困難がある子
どもが以前はいなかったというわけではない。この法律が最近になって制定さ
れたことにみられるように，発達障害という分類自体は新しい言葉である。そ
う考えると，かつては問題とされていなかったことを取り上げることにはデメ
リットも想定されるかもしれない。しかし，これについての小児科医の榊原の
以下の議論は示唆に富む。

　　アスペルガー症候群の子どもがときに示す，非社交的な行動や，パニック
　　行動へとつながる特定の刺激への過敏性，あるいは他人には理解できない
　　奇妙な物や行為への固執は，本人が抵抗することのできない衝動的な心的
　　エネルギーによって生じる。決して，本人のそれまでのしつけや，生育歴
　　によって生じた反社会的な意図や，他人に対する嫌悪から生じた行動では
　　ないのである。それをいっしょにいる人が理解することによって，アスペ
　　ルガー症候群の子どもを差別からむしろ遠ざけることができるのではない
　　だろうか（榊原，2002，130ページ）。

　ここで書かれているように，障がいをもった子どもが示す行動について，そ
れが生育歴のせいでも反社会的なせいでもないことを，当事者が説明した著作
がある。以下は，重度の自閉症で，通常の形での会話はできないが文字盤を使
うことでコミュニケーションが可能となった東田の著書からの引用である。

　　僕は，じっとしているのが苦手です。すぐに体が動いてしまったり，違
　　うことをしたりします。それは，気がつくとそうなってしまう感じです。
　　できることなら，きちんと行動したいです。行動のコントロールが難しい
　　状態が，どれだけ不安で心配なことなのか，普通の人にはわからないと思
　　います。
　　席に座っていても，座り続けるのは大変です。好きなことをしている時
　　には良いのですが，それ以外の時は少しの刺激や感情に行動が左右されま
　　す。
　　僕は，気になるものが目につくときや，やっていることがうまくいかな

いとき，嬉しすぎるときにも，立ち上がったり，走りたくなったりします。動いていると安心というわけではないのですが，動いていれば少し不安から解消されるのです（東田，2016，68ページ）。

　東田は，自分の行動について，なぜ，そのような行動が起きるのか，また，なぜ，そういった行動を止められないのかについて丁寧に説明している。東田の著作から，コミュニケーションがとりにくい状態の子どもを未熟であるとか，発達のレベルに達していないといった問題で捉えることよりも，彼らの内面がいかに豊かなものであるのかに注目することの方が重要だと知ることができる。あるべき姿，あるいは到達すべき目標にたどり着かないことを，本人の問題とみるような発達に関する議論は問い直される必要があるといえよう。

［2］　排除と包摂

　近年「障がい」という概念を問い直そうという動向がある。個人モデルから社会モデルで障がいを捉えようという動きである。かつて，障がいは，その個人の身体的な疾患や機能不全として捉えられてきたのに対して，障がいは社会のあり方の問題だと捉える立場が登場してきている。例えば，車椅子を使っている人に対して，歩けるように治療や訓練を施すことが個人モデルであるとすると，車椅子で歩行が困難な段差がない社会をつくっていくという発想が，社会モデルである。この議論に基づけば，発達障害の子どもたちを通常の教室の外で発達を促すために特別な教育を進めていくのではなく，そういった子どもたちを排除することなく受け入れる教室をどのようにつくるのか，という課題もまた浮上する。先にあげた東田の著書からは，十分に彼の思いが伝わってくる。しかし，同時に，彼の著作にある希望を受け止めて，彼とともに生きられる社会をつくっていくことも求められている。

　この社会的モデルは，センの主張するケイパビリティ＝「潜在能力」[14]の議論とも重なり合う。センの考えた潜在能力とは，人がよい生活やよい人生を生きるために，どのような状態にありたいのか，そしてどのような行動をとりたいのかを結びつけることができるのかである。具体的には，どれほど満足しているか，どれほどの資源を自由に使えるかということだけではなく，実際に何をすることができ，どのような状態になれるかが問われるべきであるとされる。ここでは，必ずしも何かを達成できることを意味しない。むしろ，ケイパビリティを支える社会のあり方が問題にされる。

　現代では，発達は個人の成熟という内的な発展のプロセスとその課題の達成を普遍的なスケールでさし示すものとして捉えられていないことは繰り返し確認する必要があるだろう。そして，発達という言葉にかかわって，問われているのは，むしろ社会のあり方それ自体であるといえるだろう。

Exercise

① 　いくつかの発達段階理論を比較して，それらが何に焦点を当てているのか
　を比較して，発達理論についての多様な考え方があることをまとめてみよ
　う。

② 　これまでの学校生活のなかで，障がいをもった生徒や教師がどのような対
　応を受けてきたのか，「個人モデル」と「社会モデル」という言葉を使っ
　て，振り返って考えてみよう。

📖次への一冊

数井みゆき・遠藤利彦編著『アタッチメント──生涯にわたる絆』ミネルヴァ書房，
　2005年。
　　本書から，現在では，アタッチメントがいかに多様で，広がりをもった議論となっ
　　ているのかを知ることができる。

榊原洋一『アスペルガー症候群と学習障害──ここまでわかった子どもの心と脳』講談
　社，2002年。
　　性格や知能，あるいは努力の問題とされてしまった臨床的な症状が，医学的な発達
　　の課題として明らかにすることで，対応できる問題ともなることが論じられている。

引用・参考文献

アリエス，Ph.，杉山光信・杉山恵美子訳『〈子供〉の誕生──アンシァンレジーム期の子
　供と家族生活』みすず書房，1980年。

ヴァン・デン・ベルグ，J. H.，足立叡・田中一彦訳『疑わしき母性愛──子どもの性格
　形成と母子関係』川島書店，1977年。

ヴィゴツキー，L. S.，柴田義松訳『思考と言語　上』明治図書，1962年。

遠藤利彦「アタッチメント理論の基本的枠組み」数井みゆき・遠藤利彦編著『アタッチ
　メント──生涯にわたる絆』ミネルヴァ書房，2005年，1～31ページ。

数井みゆき「保育者と教師に対するアタッチメント」数井みゆき・遠藤利彦編著『ア
　タッチメント──生涯にわたる絆』ミネルヴァ書房，2005年，114～126ページ。

ギリガン，C.，岩男寿美子訳『もうひとつの声──男女の道徳観のちがいと女性のアイデ
　ンティティ』川島書店，1986年。

コールバーグ，L.・レバイン，C. & ヒューアー，A.，片瀬一男・高橋征仁訳『道徳性の発
　達段階』新曜社，1992年。

榊原洋一『アスペルガー症候群と学習障害──ここまでわかった子どもの心と脳』講談
　社，2002年。

セン，アマルティア，池本幸生・野上裕生・佐藤仁訳『不平等の再検討──潜在能力と
　自由』岩波書店，1999年。

ピアジェ, J., 大伴茂訳『臨床児童心理学　自己中心性』同文書院, 1970年。

東田直樹『自閉症の僕が飛びはねる理由2』角川文庫, 2016年。

ボウルビィ, J., 作田勉監訳『母子関係入門』星和書店, 1981年。

ポルトマン, A., 高木正孝訳『人間はどこまで動物か──新しい人間像のために』岩波書店, 1961年。

第7章
幼児教育の目的と内容

〈この章のポイント〉

　前章まで，子ども・幼児教育・保育について，歴史的・思想的観点，また社会情勢や制度的変遷から捉えてきた。本章では，これらを踏まえ，現代の日本の幼児教育が何を目的にしてどのような内容が実施されているのか，実際に国の基準書に基づいて解説する。内容については，戦後の変遷を振り返り，その延長線上にある現代の保育の基本である「環境を通しての保育」，また園独自に実践されている，さまざまな理念に基づく保育や活動形態について学ぶ。

1　幼児教育に関する基準書

1　教育・保育の目的

　日本の幼児教育・保育の基準は，「幼稚園教育要領」（文部科学省），「保育所保育指針」（厚生労働省），「幼保連携型認定こども園教育・保育要領」（内閣府）に示されている。それらによれば，「幼児期の特性を踏まえ，環境を通して行うこと」を基本とし，そのために重視する事項として，①乳幼児の主体的な活動を促し，乳幼児期にふさわしい生活が展開されるようにすること，②乳幼児期の自発的な遊びを通して総合的に指導すること，③乳幼児一人ひとりの特性に応じ，発達の課題に即した指導を行うようにすること，の3つがあげられており，柱となる目的・目標・ねらいについて詳細にみていく。

　歴史的にみると，幼稚園は幼児の就学前教育機関として，保育所は乳幼児が養護を受ける福祉施設としてはじまっているため，現在においても管轄省庁が異なり，それぞれの法令下に目的が示されている。社会状況の変化により，その目的にも変遷がみられるが，ここでは現在の目的を保育機関ごとに根拠法令から示しておく。

▷1　本書の第3章第2節参照。

①　幼稚園

　2006（平成18）年に改正された教育基本法において，幼児教育は生涯学習のはじまりであり，人格形成の基礎を培う重要な教育であることが明示され，その目的は学校教育法に規定されている。

> 幼児期の教育は，生涯にわたる人格形成の基礎を培う重要なものであることにかんがみ，国及び地方公共団体は，幼児の健やかな成長に資する良好な環境の整備その他適当な方法によって，その振興に努めなければならない。
>
> （教育基本法　第11条）

> 幼稚園は，義務教育及びその後の教育の基礎を培うものとして，幼児を保育し，幼児の健やかな成長のために適当な環境を与えて，<u>その心身の発達を助長すること</u>を目的とする。
>
> （以下，下線部筆者）
>
> （学校教育法　第22条）

　このように，幼児期ならではの特性を踏まえた目的があり，心身の発達を助長するために環境を通して行う保育が基本とされている。

② 保育所

　保育所の目的は，戦後より児童福祉法に謳われているが，2015（平成27）年4月に施行された子ども・子育て新制度にともない同法は改正され，次のように定められている。

▷2　本書の第5章第3節参照。

> 保育所は，<u>保育を必要とする乳児・幼児を日々保護者の下から通わせて保育を行うこと</u>を目的とする施設（利用定員が二十人以上であるものに限り，幼保連携型認定こども園を除く。）とする。
>
> （児童福祉法　第39条）

> 保育所は，児童福祉法第39条の規定に基づき，<u>保育を必要とする子どもの保育を行い，その健全な心身の発達を図ること</u>を目的とする児童福祉施設であり，入所する子どもの最善の利益を考慮し，その福祉を積極的に推進することに最もふさわしい生活の場でなければならない。
>
> （保育所保育指針　第1章総則-1-（1）-ア）

▷3　保育の必要性の認定は，保護者の申請を受け，客観的基準に基づき，各自治体が行っている。「保育の必要性」の事由は，①就労，②妊娠・出産，③保護者の疾病・障害，④親族の介護・看護，⑤災害復旧，⑥求職活動，⑦就学，⑧虐待やDVのおそれがあること，⑨育児休業取得時に既に保育を利用している子どもがいて継続利用が必要であること，⑩その他，市町村が認める場合とされる（厚生労働省）。

　改正前まで，「保育に欠ける」対象であった乳幼児が，「保育を必要とする」対象となったことは，現代の子育て環境の変化やワーク・ライフ・バランスの影響により，子どもの権利保障として保育を積極的に受け入れていこうとする考え方，つまり，育児の社会化への転換がなされたといえる。

③ 認定こども園

　2006（平成18）年に制定された幼保一体型施設としての認定こども園は，幼稚園と保育所，つまり教育と福祉の両側面からの目的が定められている。

> 「幼保連携型認定こども園」とは，義務教育及びその後の教育の基礎を培うものとしての<u>満三歳以上の子どもに対する教育並びに保育を必要とする子どもに対する保育を一体的に行い</u>，これらの子どもの健やかな成長が図られるよう適当な環境を与えて，

> その心身の発達を助長するとともに，保護者に対する子育ての支援を行うことを目的
> とする。
>
> （認定こども園法　第2条第7項）

▷4　正式法律名「就学前
の子どもに関する教育，保
育等の総合的な提供の推進
に関する法律」。

> 幼保連携型認定こども園は，義務教育及びその後の教育の基礎を培うものとしての満
> 三歳以上の幼児に対する教育，及び保育を必要とする乳児・幼児に対する保育を一体
> 的に行い，これらの乳児又は幼児の健やかな成長が図られるよう適当な環境を与え
> て，その心身の発達を助長することを目的とする施設とする。
>
> （児童福祉法　第39条の2）

　このように，幼稚園と保育所の目的を合わせた内容であるが，共通すること
は，心身の発達を助長するために環境を通した保育を行うということである。

　日本には現在，幼稚園・保育所・認定こども園以外に，小規模保育・家庭的
保育など多様な保育の場がある。それらのなかで3歳未満児を対象とする施設
においては，児童福祉法に基づく保育の目的が適用される。

▷5　本書の第11章参照。

2 　教育・保育の目標

　目標については，保育が「養護」と「教育」を一体的に行うものであること
から，養護は子どもの生命の保持と情緒の安定の観点から，教育は子どもの発
達の側面から5つの領域，すなわち，健康・人間関係・環境・言葉・表現によ
り，5つの目標が明示されている。

　幼稚園においては，これら5つの教育目標があるが，保育所と認定こども園
においては，子どもが1日の生活時間の大半を過ごす場となっていることか
ら，養護の目標も加えられている。ただし，保育所では冒頭に明示されている
のに対し，認定こども園においては，保護者に対する子育て支援事業の役割と
して最後に養護の目標が置かれている。これら施設の役割の違いがここに表れ
ている（表7-1参照）。

3 　教育・保育の新しい観点

　2018（平成30）年度より，3つの基準書には新しい観点がいくつか盛り込ま
れている。ここでは，「育みたい資質・能力」の三本柱と，「幼児期の終わりま
でに育ってほしい姿」の10項目について取り上げる。これらが登場した背景に
は，幼児教育に対する国内外の動向が大きく影響している。

① 　育みたい資質・能力の三本柱

　2006年に全面的に改正された教育基本法第1条の教育目的は，「教育は，人
格の完成を目指し，平和で民主的な国家及び社会の形成者として必要な資質を
備えた心身ともに健康な国民の育成を期して行わなければならない」（下線部筆

▷6　国際的動向としては
第4章参照（OECDネッ
トワーク会合・PISA・ペ
リー就学前プロジェクトな
ど）。国内の動向としては
第3章参照（教育再生実行
会議・21世紀型スキル・必
要な資質・学習指導要領改
訂・スタートカリキュラ
ム・保幼小連携など）。

表7-1 保育の目標

		幼稚園における 教育の目標 （学校教育法　第23条）	認定こども園における 教育・保育の目標 （認定こども園法　第9条）	保育所における 保育の目標 （保育所保育指針　第1章総則）
		幼稚園における教育は，前条に規定する目的を実現するために，次に掲げる目標を達成するよう行われるものとする。	幼保連携型認定こども園においては，第2条第7項に規定する目的を実現するため，子どもに対する学校としての教育及び児童福祉施設としての保育並びにその実施する保護者に対する子育て支援事業の相互の有機的な連携を図りつつ，次に掲げる目標を達成するよう当該教育及び当該保育を行うものとする。	保育所は，子どもが生涯にわたる人間形成にとって極めて重要な時期に，その生活時間の大半を過ごす場である。このため，保育所の保育は，子どもが現在を最もよく生き，望ましい未来をつくり出す力の基礎を培うために，次の目標を目指して行わなければならない。
養護				十分に養護の行き届いた環境の下に，くつろいだ雰囲気の中で子どもの様々な欲求を満たし，生命の保持及び情緒の安定を図ること。
教育	健康	健康，安全で幸福な生活のために必要な基本的な習慣を養い，身体諸機能の調和的発達を図ること。		健康，安全など生活に必要な基本的な習慣や態度を養い，心身の健康の基礎を培うこと。
	人間関係	集団生活を通じて，喜んでこれに参加する態度を養うとともに家族や身近な人への信頼感を深め，自主，自立及び協同の精神並びに規範意識の芽生えを養うこと。		人との関わりの中で，人に対する愛情と信頼感，そして人権を大切にする心を育てるとともに，自主，自立及び協調の態度を養い，道徳性の芽生えを培うこと。
	環境	身近な社会生活，生命及び自然に対する興味を養い，それに対する正しい理解と態度及び思考力の芽生えを養うこと。		生命，自然及び社会の事象についての興味や関心を育て，それらに対する豊かな心情や思考力の芽生えを培うこと。
	言葉	日常の会話や，絵本，童話等に親しむことを通じて，言葉の使い方を正しく導くとともに，相手の話を理解しようとする態度を養うこと。		生活の中で，言葉への興味や関心を育て，話したり，聞いたり，相手の話を理解しようとするなど，言葉の豊かさを養うこと。
	表現	音楽，身体による表現，造形等に親しむことを通じて，豊かな感性と表現力の芽生えを養うこと。		様々な体験を通して，豊かな感性や表現力を育み，創造性の芽生えを培うこと。
養護			快適な生活環境の実現及び子どもと保育教諭その他との信頼関係の構築を通じて，心身の健康の確保及び増進を図ること。	

出所：筆者作成。

者）とされた。この「必要な資質」とは何かの議論のなかで，国は，幼児教育はその後の教育の学びの芽生えを培う重要な教育と捉え，幼児期の特性を踏まえ，教科指導によるものではなく幼児の自発的遊びや生活のなかで育む資質・能力として，次の3つを提示した。

　1つは，豊かな体験を通じて，感じたり，気づいたり，わかったり，できるようになったりする「知識・技能の基礎」，2つ目には，気付いたことや，できるようになったことなどを使い，考えたり，試したり，工夫したりする「思考力・判断力・表現力等の基礎」，3つ目には，心情・意欲・態度が育つなかで，よりよい生活を営もうとする「学びに向かう力・人間性等」である。これらは，それぞれに，①何を知っているか，何ができるかにはじまり，②その

知っていることやできることをどう使うか，さらに，③どのように社会・世界とかかわりよりよい人生を送るか，というつながりのなかで，子どもがグローバル化社会に生きていくために必要な力を育むための幼小中高一貫した共通の資質・能力とされている。

　なお，幼児教育においてこれら3つは，個別に取り出して身につけさせるものではなく，遊びを通しての総合的な指導のなかで一体的に育むことが重要であるとされている。

② 幼児期の終わりまでに育ってほしい姿10項目

　2008（平成20）年の基準書改訂（改定）[7]時，小学校教育との円滑な接続のための方策が議論された。とくに，幼稚園修了時と小学校入学時の子どもの姿が共有できるように重ねられた議論の末，設定された内容である。具体的には，①健康な心と体，②自立心，③協同性，④道徳性・規範意識の芽生え，⑤社会生活とのかかわり，⑥思考力の芽生え，⑦自然とのかかわり・生命尊重，⑧数量や図形，標識や文字などへの関心・感覚，⑨言葉による伝え合い，⑩豊かな感性と表現，の10項目である。これらは，小学校のスタートカリキュラムにもつながる姿として「幼稚園教育要領」だけではなく，「保育所保育指針」「幼保連携型認定こども園教育・保育要領」にも盛り込まれた新しい概念となっている[8]。また，この10項目は，個別に取り出して指導するものではなく，環境を通して行い，子どもの自発的な活動としての遊びのなかで，これらの姿が育っていくものと考えている。

4　教育・保育のねらい

　各基準書には，教育・保育目標を具体化した「ねらい」がある。そのねらいは，保育を通じて育みたい資質・能力を子どもの生活する姿から捉えたものとして5領域ごとに定められている。2017（平成29）年「保育所保育指針」の改定では，乳児保育の量的拡大にともない，1歳未満児を対象とする「乳児保育のねらいと内容」を独立させ，「1歳以上3歳未満児の保育」「3歳以上児の保育」の3つに分類されている。認定こども園では保育所と同様に3つの分類で，幼稚園では3歳以上児の保育のねらいと内容が提示されている（表7-2参照）。

　5領域にある3つのねらいは，それぞれに①「心情」，②「意欲」，③「態度」の順に立てられている。この順序には大切な意味が含まれている。つまり，子どもは自発的活動のなかで，それぞれに「楽しい」「おもしろい」「どうしてだろう」などと心動かす体験をしている。子どもの心が動けば，「それやってみたい」「できるようになりたい」と意欲が芽生えるものである。意欲的に取り組むなかで，失敗を繰り返しながら，次第に何かが「できた」という態度が身についていく。この順序に従わず，例えば「逆上がりができる」「文

▷7　文部科学省では改訂，厚生労働省では改定の文字を用いている。

▷8　10項目は，保育者が子どもを指導する際に考慮することであり，その姿を小学校教諭と共有することにより小学校教育との円滑な接続を図ることを目指すとされる（文科省ホームページ「改訂に向けてのパブリックコメント回答」より）。

表7-2　保育内容のねらい

基準書	対象	領域	ねらい
保育所保育指針／幼保連携型認定こども園教育・保育要領	乳児	身体的発達に関する視点	健やかに伸び伸びと育つ ①身体感覚が育ち，快適な環境に心地よさを感じる。 ②伸び伸びと体を動かし，はう，歩くなどの運動をしようとする。 ③食事，睡眠等の生活のリズムの感覚が芽生える。
		社会的発達に関する視点	身近な人と気持ちが通じ合う ①安心できる関係の下で，身近な人と共に過ごす喜びを感じる。 ②体の動きや表情，発声等により，保育士等と気持ちを通わせようとする。 ③身近な人と親しみ，関わりを深め，愛情や信頼感が芽生える。
		精神的発達に関する視点	身近なものと関わり感性が育つ ①身の回りのものに親しみ，様々なものに興味や関心をもつ。 ②見る，触れる，探索するなど，身近な環境に自分から関わろうとする。 ③身体の諸感覚による認識が豊かになり，表情や手足，体の動き等で表現する。
	1歳以上3歳未満児	健康	①明るく伸び伸びと生活し，自分から体を動かすことを楽しむ。 ②自分の体を十分に動かし，様々な動きをしようとする。 ③健康，安全な生活に必要な習慣に気付き，自分でしてみようとする気持ちが育つ。
		人間関係	①保育所での生活を楽しみ，身近な人と関わる心地よさを感じる。 ②周囲の子ども等への興味や関心が高まり，関わりをもとうとする。 ③保育所の生活の仕方に慣れ，きまりの大切さに気付く。
		環境	①身近な環境に親しみ，触れ合う中で，様々なものに興味や関心をもつ。 ②様々なものに関わる中で，発見を楽しんだり，考えたりしようとする。 ③見る，聞く，触るなどの経験を通して，感覚の働きを豊かにする。
		言葉	①言葉遊びや言葉で表現する楽しさを感じる。 ②人の言葉や話などを聞き，自分でも思ったことを伝えようする。 ③絵本や物語等に親しむとともに，言葉のやり取りを通じて身近な人と気持ちを通わせる。
		表現	①身体の諸感覚の経験を豊かにし，様々な感覚を味わう。 ②感じたことや考えたことなどを自分なりに表現しようとする。 ③生活や遊びの様々な体験を通して，イメージや感性が豊になる。
幼稚園教育要領	3歳以上児	健康	①明るく伸び伸びと行動し，充実感を味わう。 ②自分の体を十分に動かし，進んで運動しようとする。 ③健康，安全な生活に必要な習慣や態度を身に付け，見通しをもって行動する。
		人間関係	①幼稚園生活を楽しみ，自分の力で行動することの充実感を味わう。 ②身近な人と親しみ，関わりを深め，工夫したり，協力したりして一緒に活動する楽しさを味わい，愛情や信頼感をもつ。 ③社会生活における望ましい習慣や態度を身に付ける。
		環境	①身近な環境に親しみ，自然と触れ合う中で様々な事象に興味や関心をもつ。 ②身近な環境に自分から関わり，発見を楽しんだり，考えたりし，それを生活に取り入れようとする。 ③身近な事象を見たり，考えたり，扱ったりする中で，物の性質や数量，文字などに対する感覚を豊かにする。
		言葉	①自分の気持ちを言葉で表現する楽しさを味わう。 ②人の言葉や話などをよく聞き，自分の経験したことや考えたことを話し，伝え合う喜びを味わう。 ③日常生活に必要な言葉が分かるようになるとともに，絵本や物語などに親しみ，言葉に対する感覚を豊かにし，先生や友達と心を通わせる。
		表現	①いろいろなものの美しさなどに対する豊かな感性をもつ。 ②感じたことや考えたことを自分なりに表現して楽しむ。 ③生活の中でイメージを豊かにし様々な表現を楽しむ。

出所：筆者作成。

字が書ける」など結果としての態度だけを先に求めると，心も動かず，興味も
ないことに対して，子どもの側からは「させられた」思いしか抱けず，当然，
意欲は削がれ，心を動かす学びは得難いものとなる。子どもが主体的に学ぶ保
育を行うためには，「心情」「意欲」「態度」の順序性とその過程を大切にした
ねらいをもって，日々保育をしていくことが重要である。

2　教育・保育の内容

1　保育内容の変遷

　現代の保育内容は過去からの延長線上にある。現在の内容を理解するために
も，戦後からの日本における保育の内容を振り返っておこう。

　まず，戦後に保育内容を策定し文書に表したものが，1948（昭和23）年に文
部省が刊行した『保育要領』である。本書は，幼稚園・保育所・家庭を対象と
した幼児教育の手引書という位置づけで，日米の専門家らによって編纂され
た。保育内容は，「楽しい幼児の経験」として12項目の内容が含まれている。
また，子ども中心の保育理念が述べられていたり，「自由遊び」という言葉が
日本では初めて使われたりして，アメリカ側の意向が反映された内容であっ
た。その一方で，「年中行事」など，日本の伝統文化に即した保育内容も含ま
れていた。実際の保育現場では，楽しい経験や自由な遊びを実践する人材は育
成されておらず，不十分な財政事情もあり，『保育要領』は普及しなかった。
日本の主権回復後，1956年に「幼稚園教育要領」が刊行され，保育内容は「幼
児の生活全般に及ぶ広い範囲のいろいろな体験」として，具体的には，健康・
社会・自然・言語・音楽リズム・絵画製作の6領域が規定された。それらは
「望ましい幼児の経験」と示され，保育現場に浸透していった。

　保育所においては，戦後，児童福祉施設最低基準のなかに「健康状態の観
察，服装等の異常の有無についての検査，自由遊び及び昼寝のほか，……健康
診断を含む」（同旧第35条）と保育内容が規定されたが，1950（昭和25）年に厚
生省児童局は，『保育所運営要領』を刊行し，保育内容は，乳児の保育・幼児
の保育・学童の指導・家庭の指導として示された。1952（昭和27）年には『保
育指針』が刊行され，このなかにはすべての児童福祉施設を対象とした保育内
容が編纂された。

　その後，幼稚園と保育所の保育の内容は，1963（昭和38）年に文部省と厚生
省が共同通達を出し，「保育所のもつ機能のうち，教育に関するものは，幼稚
園教育要領に準ずること」と決められた。1964（昭和39）年，「幼稚園教育要
領」が告示化されて以降，6領域に基づく保育が各園でなされてきたが，これ

▷9　アメリカ側はGHQ・
民間情報教育局のヘレン・
ヘファナン，日本側は倉橋
惣三を中心とするメンバー
である。

▷10　12項目とは，①見
学，②リズム，③休息，④
自由遊び，⑤音楽，⑥お
話，⑦絵画，⑧製作，⑨自
然観察，⑩ごっこ遊び・劇
遊び・人形芝居，⑪健康保
育，⑫年中行事であり，楽
しい幼児の経験とされた内
容である。

ら6領域はあたかも小学校教育の教科科目のように捉えられ、園によっては幼児の発達にふさわしくない過度な早期教育が行われるようになっていった。そのため、1989（平成元）年、領域は子どもの発達の側面を捉えるものとし、健康・人間関係・環境・言葉・表現の5領域による保育内容が示され、それらは「環境を通して行われるもの」と大きな転換が図られた。2008（平成20）年には、「保育所保育指針」は初めて告示化され、保育所と幼稚園の内容に整合性が図られるとともに、社会情勢の変化を受けて、子育て支援や小学校との連携の内容を充実させ、5領域は個別に取り上げるのではなく、遊びや生活のなかで総合的に展開される内容であることが強調され、今日の保育に至っている。

2 保育内容の構造

このような流れのなかで、現在は保育における「ねらい」を達成するために、子どもの生活や状況に応じて保育者が適切に行う事項としての養護的内容と、保育者が援助して子どもが環境にかかわって経験する事項としての教育的内容が示されている。図7-1は、各年齢をおおよその目安として保育内容の構造を示したものである。

3 生活と発達の連続性

保育内容の基本構造のなかで大切なことは、子どもにとって切れ目のない生活と発達である。図7-1の縦軸は1日の生活の時間軸を表し、横軸は年齢を指標とする発達を表している。

生活の連続性とは、園側は保育の目的・目標・ねらいを家庭と共有し、保育を受ける前後の各家庭の事情を理解したうえで、子どもに心身の発達をもたらすつながりのある生活を提供することを意味する。とくに、昨今は早朝保育や夕方の預かり保育を受ける子どもが多い。それらの時間帯においても、保育者側は子どもの1日の生活リズムに配慮し、子どもの生活が分断されることのないよう連続的な保育内容を提供することが求められている。

発達の連続性とは、入園前の生育歴や家庭環境を考慮し、保育においては常に子どもの育ちの個人差に留意しながら、園生活修了後、子どもにとって小学校教育への接続が円滑に進んでいく保育を意味する。保育を受ける始期は個別に異なるが、共通する就学始期の7〜8歳頃までを見据えた発達の連続性を考慮した保育内容と方法が大切である。

▷11　本書の第1章参照（幼児という年齢段階）。

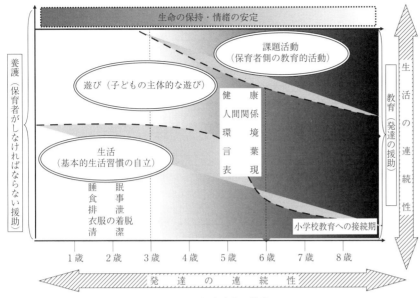

図 7-1　保育内容の構造

出所：筆者作成。

3　環境を通した保育

1　環境構成の意義

　幼児期の特性を踏まえ，環境を通して行う保育は，乳幼児期に独特な教育の姿である。小学校教育以降の教科別の教育とは異なり，子ども一人ひとりがある時は個人として，ある時は集団として主体的に活動に取り組むために，保育者は教材などを工夫し，環境を設定することが重要である。また，保育者は子ども一人ひとりの行動の理解と予想に基づき，計画的に環境を構成していくことが求められている。

　保育における環境の捉え方は，物的な環境と人的な環境がある。物的環境は，設備や遊具をはじめとする子どもを取り巻く園環境を意味する。例えば，登園してきた子どもたちが目にする場面として，次の 2 つの場面を想像してみよう。

　①　いつも決まった位置に机と椅子が整然と並べられている。子どもたちが登園してくるたびに，先生が玩具箱を一つずつ棚から降ろして，机の間に置いていく（図7-2）。

　②　保育室の片隅には，ままごと遊びのコーナーが仕切られ，ままごと用のテーブルと料理が並べられている。もう片方の隅には，椅子が円形に並べられ中央の机には絵本が数冊広げられている。広い空間にはブロックが広げられ，

図7-2　机と椅子が並べられた保育室

図7-3　遊びのコーナーがある保育室

作りかけのものが床の上に無造作に置かれている（図7-3）。

　さて，この2つの空間では，どちらの方が子どもは動き出すであろうか。保育が子どもの主体的な生活の場であるならば，おそらく②に近い環境の方が子どもは自ら動き出す可能性が高い。固定された机と椅子が並べられた空間よりも，今まで誰かが遊んでいたかのような空間の方が，子どもの興味はそそられるだろう。つまり，保育者が子どもに直接的にかかわる前に，子どもの自発性を育てるためにこそ環境構成が重要なのである。倉橋は，幼児が生活の自己充実をはかるうえにおいての園設備について次のように語っている。

　　「先生が自身直接に幼児に接する前に，設備によって保育するところであります。しかも，設備はある場合におきましては，自然の状態のままを利用していることもありましょうが，それにしても，幼稚園という中に取り入れられている限りでは，その設備の背後には，先生の心が隠れているわけです。ですから設備とだけ言っても，その設備の心の中に，先生の教育目的が大いに入っているのであります」（倉橋，1987，32ページ）

　この考えは，現在の幼児教育の基盤となっている。すなわち，保育者側が何らかの意図をもち，子どもの発達を促す環境を設定することが，子どもの主体的な活動を生み出し，幼児教育特有の環境を通した学びとなっている。

　昨今，保育において，子どもにさまざまな体験をもたらすアフォーダンス^{▷12}の考え方，つまり，環境がヒトに与える行為の可能性に関心が高まっている。行為の可能性が豊かな環境ほど，一人ひとりの子どもにとって創造的な1日が生み出される。子どもの視点に立って，自発的な行動を引き出すアフォーダンスに満ちた魅力的な環境を構成していきたいものである。

　一方，人的な環境においても然りである。子どもは保育者のことをよく見ている。目にすることや耳にすること，すべて保育者がなすように子どももなす。子どもにとって初めて出会う「先生」は，模倣の対象でありモデル的存在となる。ちょっとした仕草や言い方までも保育者に似てくる。子どもは保育者という環境を通して学んでいることも，幼児教育の特徴といえる。

2　環境の再構成

　保育者は，その日の保育の目標・ねらいを，直接的に表すのではなく，子ども自らがかかわってくるように環境のなかに潜ませているものである。興味をもってかかわってきた子どもたちが，どのようにそれらの活動なり遊びを展開させていくのか，保育者はある程度の想定をして保育を計画している。ところ

▷12　アフォーダンス
（affordance）
アメリカの知覚心理学者ジェームズ・ギブソン（J. J. Gibson, 1904〜79）による造語である。環境に存在している行為の可能性，つまり，そのものによって動物の行為が引き出されることを意味する用語である。

が，その想定を超える意外な展開が起きることもある。保育の対象が幼児であればこそ，計画どおりにいかないものである。そのときに，子どもの反応に合わせて保育を変更するのか，あくまでも計画どおりに保育を進めていくのか，大きな保育の分かれ道といえよう。アクティブラーニングが求められている昨今，主体的に子どもが学ぶ保育を目指すのであれば，保育者が最初に計画した環境を再構成することは大切である。

　かつて，倉橋は目的なしに一切の教育は存在しないが，目的だけでは教育はありえないと語っている。▷13 つまり，教育の対象が幼児であればこそ，目的を主にして押し付けるのではなく，対象を主にして目的を適応させていく態度こそが大切であるというのである。保育者の目的を自ら理解できない幼児だからこそ，対象本位につまり，子ども本位に環境を再構成しながら展開していくことが重要である。

　幼児教育の営みは，単に保育者が計画したとおりに，子どもをその場にあてはめることではないということである。用意した環境を再構成する勇気をもち，「保育者と子どもたちで場や教材を共有しながら新たなものを生み出す創造の営み」（高杉，2006，27ページ）を目指したいものである。

4　多様な保育内容

1　宗教的理念に基づく保育

　宗教信仰に基づく保育には，主に，キリスト教保育・仏教保育・神社保育がある。

　キリスト教保育は，日本の幼稚園史に欠かせないほどの影響を残している。明治期に渡来したキリスト教宣教師らが女学校を設立し，▷14 その後日本各地に幼稚園を開設していった。▷15 子どもは神の子であるという子ども観に基づき，日々，聖書の言葉や讃美歌を用いて礼拝（れいはい）を行ったり，花の日やクリスマスなど，キリスト教に基づく行事を行ったりしている。また，キリスト教保育連盟では独自に「キリスト教保育指針」を作成し，教会や礼拝所を敷設しているところも多い。▷16 カトリック系の園では，モンテッソーリ・メソッドを採用しているところが多く，そこでの教師はその公認資格を所有している。

　仏教保育は，お釈迦さまの教えに基づく保育である。もともとあった寺院の敷地内に保育施設を設置していることが多く，子どもを平等な存在として捉え，人間のあるべき生き方を自覚し，実践することを信条としている。日々，その信条に基づく言葉を唱和したり，仏像に合掌したりするなど礼拝（らいはい）を行っている。花祭り・成道会（じょうどうえ）・涅槃会（ねはんえ）▷17 は仏教の三大行事といわれ，仏教主義の園で

▷13　倉橋惣三の講演録である『幼稚園真諦』（フレーベル館）のなかの一節，「一，教育における目的と対象」を参照。

▷14　1880（明治13）年，日本で最初の私立幼稚園である桜井女学校附属幼稚園（東京）を開設した桜井ちか，1887（明治20）年に孤児院（岡山）を設立した石井十次，1900（明治33）年に二葉幼稚園（後に双葉保育園に改称）を開設した野口幽香・森島峰らは，皆キリスト教徒である。

▷15　日本における最初のキリスト教系幼稚園は，1889（明治22）年，アニー・ハウ（Annie Howe）が頌栄幼稚園保母伝習所とともに設立した頌栄幼稚園である。ハウは，フレーベルの思想を翻訳し，日本の環境に適合させた保育を実践したことで，日本の幼稚園の発展に貢献した。

▷16　前身は，1906（明治39）年にハウが設立したJKU（Japan Kindergarten Union）。1968（昭和43）年社団法人としてキリスト教保育連盟が設立され，2013（平成25）年には一般社団法人となり全国13の部会で活動している（キリスト教保育連盟編（1986））。

▷17　三仏忌ともいわれる。花祭りは仏教の開祖釈迦尊の誕生日，成道会は釈迦尊が悟りを開いた日，涅槃会は釈迦尊が亡くなった日である。ほか，国民的行事となっている「お盆」「盆踊り」「お彼岸」も保育行事として取り入れられている（日本仏教保育協会（1969））。

行われていることが多い。日本仏教保育協会[18]では「仏教保育三綱領」[19]を指針として毎月仏教保育カリキュラムを刊行している。

　神社保育は，自然そのものに神々の力が宿るという神道の教えにより行われている保育である。鎮守の森として神聖な場所にある神社に隣接していることが多く，境内の自然のなかで，人間は自然によって生かされていることを知り，自然を大切にすることを子どもたちは学んでいる。神社は地域の人々が参拝に訪れたり，お宮参りや七五三などの通過儀礼や神事を通して地域交流したりする場でもある。地域で子どもを育み，日本古来の行事を通し，文化風習を自然に身につけていくことを特色としている。

２　海外の保育思想や実践による保育

　海外から特徴ある保育法を取り入れている幼稚園・保育所もある。なかでも，モンテッソーリが提唱した教育方法は[20]，モンテッソーリ・メソッドとして支持する国々が多い。その特徴の一つに感覚訓練のためのモンテッソーリ教具がある。円柱，ピンクタワーなどの教具は，子ども自身が誤りに気づき訂正することができる自己訂正機能が備わっている。子どもは自発的に活動を選択し，「気のすむまでおやりなさい」というモンテッソーリの言葉に象徴されるように，継続や終了は子どもの判断に任せられている。保育者は直接的に指導するのではなく，成長に必要な環境を用意し観察者となり見守る存在である。「適切な環境，謙虚な教師の人格，そして科学的な教具—この３つが教育上，最も重要な外的条件である」と彼女は述べている。

　20世紀初頭，ドイツを中心に欧州内で支持されたシュタイナーによる教育哲学は[21]，支持する教育者によって世界各地へ広がり，日本にもシュタイナー保育として数園存在する。その教育観は，人間は肉体・心性・精神の３つからなるとし，幼児期には意志，児童期は感情，青年期は思考を重点的に育てることを根幹に置いている。そのため，原則として幼児期から青年期まで一貫した教育が行われている。幼児期の子どもについては，その敏感な感受性によって他者の行為を知覚し，身体で真似ようとする存在であるとみなし，保育者は子どもの模倣の対象となる重要な存在であるとしている。具体的な方法としては，音楽・絵画・彫塑・オイリュトミー（舞踊表現）などを用い，芸術的・精神的思想に基づく人智学を教育のなかで実践している保育である。

　21世紀に入り，脚光を浴びているのが北イタリアの小都市レッジョ・エミリアにおける幼児教育である。戦後，公正な世界の創造を求めたレッジョ・エミリア市民らがつくった幼児学校での実践である。その幼児教育は今や世界中に影響を与えている。当初，デューイやピアジェ，ヴィゴツキーの理論の影響を受けながら，1950〜60年代には保育者運動が活発となり，1967年には幼児学校

が公立化され，発展していった。

　特徴とする基本概念は 3 つある。1 つ目は共同性の役割である。共同性の基本単位は，保育者のペアによるクラス運営にあり，「子どもが何をしているか」「いくつかの可能な道筋がある時どの道を選べばよいか」を共同で探索し，それは，保育者間だけではなく子ども間の取り組みにもあり，保護者との間でも大切にされる共同性といわれる。2 つ目は記録文書（ドキュメンテーション）の役割である。記録文書の役割とは，「その子が今何をしているのか」「何を理解しているのか」「何が彼らを悩ませているのか」を議論するための記録であり，保育者の観察能力を高める報告の道具であるという。3 つ目はプロジェクトの役割である。それは，特定の時間内にあらかじめ決められた活動を行うのではなく，子どもたちと保育者によって協同的・創造的に取り組まれる活動で，過程を重視する活動だけに，数日から数週間継続する場合が多い。発想を討議し，共同的に探索し，意見を表明し，最終的な総意によって進んでいくプロジェクト保育である。

Exercise

① 　幼稚園や保育所での実際の保育の様子をみて，「養護及び教育を一体的に行う」とはどのようなことか，場面ごとに考え，討議してみよう。

② 　各園の保育理念についてホームページなどで調べ，実際の保育を見学して，その保育理念がどのような場面で表れているかを記録してみよう。

📖次への一冊

倉橋惣三『幼稚園真諦』フレーベル新書，1987年。

　　本書は，日本の幼児教育の父といわれる倉橋惣三が，当時の保育者に向けて行った講演録がもとにあり，保育の方法について実践に即し，現代にも通じる内容が語られている。

佐伯胖『幼児教育へのいざない』東京大学出版会，2014年。

　　幼児教育の目的・内容の基準について，保育の対象である子どもの視点，保育思想の視点，ともに生きる保育者の視点から捉え，実践的理解を促進させるのに役立つ。

高杉自子『子どもとともにある保育の原点』ミネルヴァ書房，2006年。

　　本書は，倉橋の理論を継承し発展させたといわれる保育実践者である著者の幼児教育論である。現場中心主義や子どもの視点に立脚した保育について考える。

民秋言編『幼稚園教育要領・保育所保育指針・幼保連携型認定こども園教育・保育要領の成立と変遷』2017年。

　　戦後から現在に至る日本の保育内容の変遷について，各基準書に記された内容を具

体的に明示し，変化してきた流れと内容を理解することができる。

バーク，ローラ・E. ＆ウィンスラー，アダム，田島信元・玉置哲淳・田島啓子訳『ヴィ
　ゴツキーの新・幼児教育法——幼児の足場づくり』2004年。
　　ロシアの心理学者ヴィゴツキーが提唱した「最近接発達領域」と，発達理論に基づ
　く幼児教育理論について，実践を通してわかりやすく解説している。

引用・参考文献

カルルグレン，フランス，高橋弘子訳『ルドルフ・シュタイナーと人智学』創林社，
　　1985年。

キリスト教保育連盟編『日本キリスト教保育百年史』キリスト教保育連盟，1986年。

倉橋惣三『幼稚園真諦』フレーベル新書，1987年。

厚生労働省『保育所保育指針平成29年告示』フレーベル館，2017年。

佐々木正人『アフォーダンス——新しい認知の理論』岩波書店，2008年。

高杉自子『子どもとともにある保育の原点』ミネルヴァ書房，2006年。

民秋言編『幼稚園教育要領・保育所保育指針・幼保連携型認定こども園教育保育要領の
　　成立と変遷』萌文書林，2017年。

内閣府『幼保連携型認定こども園教育・保育要領　平成29年告示』フレーベル館，2017年。

日本仏教保育協会『仏教保育講座1　仏教保育の基本原理』鈴木出版，1969年。

文部科学省『幼稚園教育要領平成29年告示』フレーベル館，2017年。

ヘンドリック，ジョアンナ編著，石垣恵美子・玉置哲淳訳『レッジョ・エミリア保育実
　　践入門』北大路書房，2003年。

第8章
幼児教育の内容の実際

〈この章のポイント〉

　保育者は，子ども一人ひとりの最善の利益を踏まえながら，成育環境や発達の個人差を考慮したうえで，望ましい発達の姿に向かって少人数単位やクラス単位で保育を行っている。保育とは，小学校以降の教育とは異なる養護と教育が一体化された営みである。本章では，具体的な幼児教育の実際について，乳幼児の生活と遊びを理解し，それらをどのように展開していくのかの保育における実際の内容について解説する。

1　乳幼児の生活

1　個と集団における生活

　乳幼児期は，人間としての生活をスタートさせ，社会で生きていくのにふさわしい心と体を準備する学習活動最初の重要な時期といえる。日本では，就学前6歳までの子どもの多くは，幼稚園や保育所，あるいはほかの保育施設において有資格者のもと集団で生活し，その準備を整えている。現在は9割以上の幼児が，就学前に家庭とは異なる場所で1日の生活の一部を，あるいは大半の時間を過ごしている。これら教育機関や施設で過ごす時間は，一人ひとりの子どもに違いはあるが，成長発達に必要な体験が得られる貴重な生活時間となる。

　子どもにとって家庭における生活は，あくまでも個人的な営みのなかにある。そこから初めて集団生活に入るときには，その家庭の営みとは異なる生活の方法を知ることになる。例えば，トイレに行くときも，手を洗うときも，並んで自分の順番を待たなければならない。遊ぶときの玩具や活動に必要な教具を使用する際にも，ひとり占めして使用するわけにはいかない。自己統制の経験を通して社会的なルールを身につけたり，みんなで当番を決めて役割分担したりして，集団で生活する術を学んでいく。

　こうして，保育の場は，個から集団へと社会に適応していく能力を身につけ，社会の一員となる生活の場となっている。

2　乳幼児期にふさわしい生活

　1歳の誕生日を迎えるまでの乳児期は，教育的働きかけよりも生きていくための養護的働きかけが必要となる時期である。生まれてすぐに立って歩くほかの哺乳動物とは異なり，人間は生物学上未成熟のままで生まれてくるからである（ポルトマン，1981，124〜125ページ）。自分の足で立ち一歩踏み出すまでの約1年間，周囲の大人が手をかけて育てなければならないところに文化的生き物としての人間の営みがある。この間，子どもは主に生きていくために必要な基本的生活習慣である食事・排泄・睡眠・衣服の着脱・清潔を身につけていく。

　乳幼児期の子どもは，保護者が情緒的なかかわりをもって世話をするのが一般的であるが，就労やほかの理由で自分の子どもを養育できない時間帯は，それを代わって行う第三者，すなわち保育者が養護的働きかけを行っている。

図8-1　初めて経験する親との別れ

図8-2　寂しい気持ちを受け止める保育者

図8-3　生活習慣の自立に向けてそっとささえる

　「保育所保育指針」（2018［平成30］年施行）によれば，保育における「養護」とは「子どもの生命の保持及び情緒の安定を図るために保育士等が行う援助や関わり」（第2章前文）であるとし，また保育における「教育」とは「子どもが健やかに成長し，その活動がより豊かに展開されるための発達の援助」（第2章前文）と定義づけている。そのうえで，保育は「養護及び教育を一体的に行うことをその特性としている」（第1章1-(1)-イ）ことを基本原則とし，実際の保育においては，「養護における保育内容と一体となって展開されるものであることに留意が必要である」（第2章2-(1)-ウ，3-(1)ウ）としている。

　一方，「幼稚園教育要領」においても，幼児教育は「幼児期の特性を踏まえ，環境を通して行うものであることを基本とする」（第1章第1）なかで，重視する事項として，「幼児は安定した情緒の下で自己を十分に発揮することにより発達に必要な体験を得ていくものであることを考慮して，幼児の主体的な活動を促し，幼児期にふさわしい生活が展開されるようにすること」（第1章第1-1）としている。

　幼児期にふさわしい生活とは何か。「幼保連携型認定こども園教育・保育要領」の解説によれば，次のア・イの2つの事柄をあげて説明している。

ア．興味や関心に基づいた直接的，具体的な体験が得られる生活

　乳幼児期の生活は，そのほとんどは興味や関心に基づいた自発的な活動からなっている。この興味や関心から発した直接的で具体的な体験は，園児が発達する上で豊かな栄養となり，園児はそこから自分の生きる世界について多くの事を学び，様々な力を獲得していく。興味や関心から発した活動を十分に行うことは，園児に充実感や満足感を与え，それらが興味や関心をさらに高めていく。それゆえ，園生活では，園児が主体的に環境とかかわり，十分に活動し，充実感や満足感を味わうことができるようにすることが大切である（内閣府，2015，46ページ）。

図8-4　興味のあることを仲間と一緒に

イ．友達と十分にかかわって展開する生活

　乳幼児期には，次第に園児は自分以外の園児の存在に気付き，友達と遊びたいという気持ちが高まり，友達とのかかわりが盛んになる。相互にかかわることを通して，園児は自己の存在感を確認し，自己と他者の違いに気付き，他者への思いやりを深め，集団への参加意識を高め，自律性を身に付けていく。このように，乳幼児期には社会性が著しく発達していく時期であり，友達とのかかわりの中で，園児は相互に刺激し合い，様々なものや事柄に対する興味や関心を深め，それらにかかわる意欲を高めていく。それゆえ，園生活では，園児が友達と十分にかかわって展開する生活を大切にすることが重要である（内閣府，2015，47ページ）。

図8-5　みんなといるとなんだか楽しいね

図8-6　でも…ぼくも使いたいよ！

図8-7　先生も後ろから見守っているよ

また「幼稚園教育要領」においては，上記ア・イ以外に，「教師との信頼関係に支えられた生活」を第一にあげ，子どもが保育者を信頼し，その信頼する保育者によって子ども自身が受け入れられ，見守られているという安心感をもつことが生活していく基盤として重要であることが示されている。

倉橋は，幼児の生活は「さながらの生活」であると表現した。さながらの生活とは，自然のありのままの生活という意味である。ただし，放っておくということではなく，子ども自身の自己充実を信頼して実現させるものとし，とくに幼児教育の場合においては，その子ども一人ひとりの自発性を重んじた生活が主体にあると論じている（倉橋，1987，30〜34ページ）。このように，保育においては乳幼児が保育者の養護を受けながら，主体的に生活習慣や自己充実を図る生活を確立させていく。

2　乳幼児の遊び

1　遊びの重要性

図8-8　なぜ生き物は子どもを惹きつけるのだろう

人間は，誕生してから保護者の庇護がなければ生きていくことは難しい。栄養を口から摂ること，摂ったものを排泄すること，眠ること等々，生後1年間は多くの世話を受けて成長する。首が据わり，寝返りを打ち，這いはじめるなど，身体的に自発的活動が可能になると，周囲からさまざまな刺激を取り込んでいく。1歳を迎える前後，自ら歩み出しはじめると，これまでよりも移動距離が延び，子どもの見える世界，触れる世界が一転して広がる。好奇心を掻き立てられ，生まれて初めて出あうヒトやモノに向かって，ますます探索活動がさかんになる。それが，子どもの遊びとして明確に現れてくる。誰から教わるわけでもなく，自らの目，耳，鼻，口，手足から感じる感性を最大限に用い，この世のありとあらゆるヒトやモノに自らかかわろうとしていく。レイチェル・カーソンは，幼児期は知ることよりも感じることが重要で，心揺さぶられる体験によって神秘さや不思議さに目をみはる感性が磨かれていくのだという（カーソン，1996，23〜24ページ）。この直接的に体験していく遊びから得る楽しさこそが，その後に不思議さに出あい，知る楽しさとなり，それが就学後の学習意欲となっていく。

幼児教育における遊びの重要性は，明治期にフレーベルによって日本にもたらされ，大正期に倉橋が，恩物の使用法から解放された「遊びを中心とする保

育」を提唱し，現代の保育に引き継がれている。

「幼稚園教育要領」において，「幼児の自発的な活動としての遊びは，心身の調和のとれた発達の基礎を培う重要な学習であることを考慮して，遊びを通しての指導を中心として第2章に示すねらいが総合的に達成されるようにすること」（第1章-第1節-2）と示されている。「保育所保育指針」では，「子どもが自発的・意欲的に関われるような環境を構成し，子どもの主体的な活動や子ども相互の関わりを大切にすること。特に，乳幼児期にふさわしい体験が得られるように，生活や遊びを通して総合的に保育すること」（第1章-1-（3）-オ）と示されている。すなわち，今日の保育の中心には，子どもの自発的活動としての「遊び」がある。

2　「遊び」の発達的理論

「遊びは子どもの生活そのものであり，生きている世界を理解する手段です」とアイザックス[2]はいう。それも，愛憎の葛藤を覚える親がいる家庭ではなく，保育施設における遊びの教育的機能に「先生」と「同輩の子どもたち」の存在が重要であるとした。「身近な世界に対する子どもの興味が，自分の大好きな大人の目を引かず後押しもなされなければ，それは追求されないし，長く保たれることもないだろう。幼い子どもは，大人の意思や大人の選ぶ環境に大変左右されやすく，世界を確かめようと伸ばした敏感な触覚をいつでもひっこめる身構えができている」とも論じ，保育施設における遊びの教育的意義を述べている（アイザックス，1989，163～164ページ）。

また，フィーニィ[3]は，「遊びは，保育プログラムの心臓であり，カリキュラムの中心にあります。遊びは，子どもが発達し学んでいくための手段であり，世界を理解する表現の手段でもあります」（フィーニィほか，2010，205ページ）。と，保育のなかの遊びの重要性を論じている。

ところで，子どもにとっての「遊び」とは何か。身近で見かける幼児の姿として，広場では目的もなく走り出し，突然立ち止まっては草花に手を伸ばし摘み取り，しゃがんで小石を拾い集めたかと思えば，小枝を拾って地面に何やら描き，アリに目をやり，滑り台があれば登り，ブランコがあれば乗りたがり，「もういいかい」と大人がいえば隠れる，「まてまて」と大人が追いかければ，捕まらないようにとキャッキャッと声をあげて逃げる等々，どれもこれも子どもの遊ぶ姿である。砂場で遊んでいる子どもに「何しているの？」と質問する大人，子どもにとっては愚問であろう。本人はただ気の向くまま，興味のひくままに動いているのだから答えが返ってくることは少ない。○○遊びと名づけてから遊ぶのはもっと先になる。こうなると遊びの概念は広い。そこで，先人たちの理論を用いて子どもの遊びの理論から教育的意義を捉えてみよう。

ホイジンガ[4]は，遊びを次のように定義した。「遊びとは，あるはっきり定め

▷2　スーザン・アイザックス（Susan Isaacs, 1885～1948）
イギリスの心理学者・教育学者・精神分析家。インフォーマル・エデュケーションの先駆けをなす児童研究・発達研究の理論的基礎を築いた。

▷3　ステファニー・フィーニィ（Stephanie Feeney, 1939～）
ハワイ大学名誉教授。幼児教育学者。

▷4　ヨハン・ホイジンガ（Johan Huizinga, 1872～1945）
オランダの歴史家。著書『ホモ・ルーデンス』（1938年）のなかで人間の本質を遊戯に見出した。

られた時間，空間の範囲内でおこなわれる自発的な行為もしくは活動である。それは自発的に受け入れた規則に従っている。その規則はいったん受け入れられた以上は絶対的拘束力をもっている。遊びの目的は行為そのものの中にある。それは緊張と喜びの感情をともない，または『日常生活』とは『別もの』という意識に裏付けられている」（ホイジンガ，1973，73ページ）。

▷5　ロジェ・カイヨワ
(Roger Caillois, 1913 ～ 78)
フランスの文芸批評家・社会学者・哲学者。

　カイヨワ[5]は，「遊び」を文化として捉え，多様な遊びの名称を収集して，遊びを「競争（アゴン）」「模擬（ミミクリ）」「偶然（アレア）」「眩暈（イリンクス）」の4つに分類した。例えば，サッカーはアゴン，ままごと遊びはミミクリである。母親役や子ども役を演ずるままごと遊びでは，単なる家庭生活の模倣だけではなく，非日常性，強制からの自由・任意性が不可欠であるとし，「遊びは自由で任意の活動であり，喜びと悲しみの源泉である，という定義に問題はない。参加するように強制されれば，遊びは，遊びであることをやめてしまう」と述べている（カイヨワ，1973，7ページ）。

▷6　M. B. パーテン（M. B. Parten, 1902～70)
アメリカの発達心理学者。

　パーテン[6]は，遊んでいる子ども同士の関係性に着目し，発達的観点から遊びを6段階に分析した。第1段階は，ふらふらして何かで遊んでいるとはいえない行動（unoccupied behavior），第2段階は傍観的にながめたりしているだけの行動（onlooker behavior）で，これら2つの段階は，新しい状況に臨むのに先立ってみられる観察期間とした。第3段階は，乳児によくみられる対象物に向かって遊ぶ姿や幼児期初期のひとりで黙々と遊びに没頭するひとり遊び（solitary play）である。第4段階は，子ども同士が傍で遊んでいるものの，それぞれの興味の対象物に没頭し，子ども同士の直接的なやりとりはないが，一緒にいることを楽しんでいる平行遊び（parallel play）の段階である。第5段階は，同じエリアで二人組や数名のグループが遊具を分け合って活発に遊ぶが，そこには真の共同性や交渉はまれで，イメージを共有することや話し合いはみられない連合遊び（associative play）といわれる段階である。最後の第6段階に，協同遊び（cooperative play）がある。遊びのテーマを共有し，イメージを維持しながら活発に遊ぶ。そこにはリーダーシップ的な存在，役割分担など，遊びを楽しむための手法を相談し協力して進めている姿がみられる。子どもは成長とともに，第1段階から第6段階の方向へ遊びを発展させていくというものである（山田，1999，65～66ページ；フィーニィほか，2010，210～211ページ）。

　ピアジェは，認知発達と遊びとの相関関係を3段階の遊びに分析した。すなわち，探索行動が活発な子どもが対象物について知ろうとして，何度も繰り返し練習しているかのように遊びに没頭している「練習遊び」，その後対象物を別の対象に見立てて再現し架空の行動や役割を用いる「象徴遊び」，そしてグループでの遊びを維持するためにルールに従い，さらにルールに変化を加えるなど交渉したり協力したりする「ルールのある遊び」の3つである。後に，

シュミランスキー[7]は，象徴遊びを「構成的遊び」と「ごっこ遊び」の2つのカテゴリーに分けている。例えば，粘土でホールケーキをつくりストローを刺してキャンドルに見立てていくように，ある実在物をイメージに沿って再現していく「構成的な遊び」と，役割や関係を想像的に作り出して遊ぶ「ごっこ遊び」である。今日，多くの保育現場ではピアジェの理論に基づき，遊ぶための時間や教材が与えられ，子ども自身の理解で遊びを構成，発展させていくことを保育者は期待している（フィーニィほか，2010，211〜215ページ）。

エリクソンは，情緒的発達の側面から遊びを分析し，遊びは自我の機能であり，身体的および社会的過程を自己に同調させる試みであるとしている（山田，1999，35ページ）。

このように，乳幼児の遊びについての理論のいくつかを概観してきたが，年齢別にまとめると表8-1のようになる。

一方，遊びは文化であり，文化的背景において自発的に行われることである。日本の文化で育まれる遊びについて，小川は，ホイジンガにならって次のように定義づけている。「第1に，遊びは遊び手が自ら選んで取り組む活動である。これを遊びの自発性とよんでおく。第2に，遊び手が他の目的のためにやる活動ではなく，遊ぶこと自体が目的となる活動である。第3に，その活動自体，楽しいとか喜びという感情に結びつく活動であろうということである。第4に，遊びは自ら進んでその活動に参加しなければ，味わうことができないということである」（小川，2001，46ページ）。この定義によれば，遊びは子ども自身がやりたいと思わないと遊びではなくなり，遊びは教えるものではないと

▷7 **サラ・シュミランスキー**(Sara Smilansky, 1922〜2006)
ピアジェと共同研究し，遊びを分類した。イスラエルの発達心理学者。

表8-1　年齢別遊びの発達段階と区分

	認知発達におけるピアジェ	情緒的発達におけるエリクソン	パーテンの遊びの段階	ピアジェの遊びの段階	シュミランスキーの遊びの段階
乳幼児 生後〜 15-18か月	感覚運動的段階 （誕生〜2歳）	信頼 対 不信	一人遊び	練習遊び	機能的遊び
乳幼児 15-18か月〜 30-35か月		自律性 対 恥，疑惑	平行遊び		構成的遊び
	前操作的段階 （2〜7歳）			象徴遊び	
年少幼児 30-35か月〜 4歳		自主性 対 罪悪感	連合遊び		ごっこ遊び
年長幼児 4〜6歳			協同的遊び		
低学年児 6〜8歳	具体的操作段階 （7〜11歳）	勤勉性 対 劣等感		ルールのある遊び	ルールのある遊び

出所：フィーニィほか（2010，213ページ）より筆者作成。

いうことになろう。

[3] 「遊び」を通しての総合的な学び

　乳幼児期の「遊び」は学習であること，その遊びは生活そのものであること，これらを前提として保育の場ではさまざまな遊びが意図的に用意され，子どもが主体的に実現している。

　「幼稚園教育要領」では，遊びを保育の中心に置くことが重視されているが，保育者の役割は，「遊びを教える」のではなく，子どもが自主的に遊びだす時間，空間，仲間などの環境を保障することである。

　山田は，「教育的に見た場合の幼児期の遊びの意義は，子どもらしい生き方で生き，その後の人生を充実したものにするための，全面的に発達した人間を保障するものである」（山田，1999，13〜14ページ）とし，何かを教えるためという観点に立つと，子どもの自然発生的な遊びを壊す可能性があるという。

　津守は，「カリキュラムの中に遊びの名前が列挙されていても，整列して並び，遊びはじめたかと思うと集められる生活の中で，子どもは本気で遊ぶとは思えない。子どもの生活にゆとりがなければならない。小さな自発性に目をとめて，それを育てるゆとりが大人の側になかったら，子どもは本当に遊ぶようにはならない。遊びの中で育てられるのは，物，他人，世界，人生，自分自身に対する根本態度である。子どもと大人との間に，落ち着いた相互性の瞬間が持てる時，そこから子どもは自信をもって未知の世界に一歩を踏み出す。そのとき，大人の期待の中にない，他者としての子どもの世界が開かれてゆく。それと出会って，共同の生活をつくってゆくのが保育である」（津守，1997，48ページ）と述べている。

　つまり，保育者が意図的に用意する遊びは，子どもが本気になる遊びとは異なり，ゆとりある空間と信頼できる保育者のもとで，子どもが自発的に繰り広げる世界こそが，子どもが育つ本来の遊びであるということがいえる。

3　保育展開の実際

[1] 保育における援助・指導・誘導

　保育は，子どもが主体的に活動する場であるが，そこでは保育者のさまざまな援助・指導・誘導等の働きかけが行われている。小学校以降の教科学習における直接的指導とは大きく異なり，生活するなかで必要な習慣が自ら行えるようになったり，遊びのなかで主体的な学びが得られるようになったりするためには，保育者としての専門的な援助が必要である。

▷8　幼児の発達にとって有効であるように保育者が幼児に対して行う教育の営みを意味するが，通常「働きかけ」という場合は，言葉をかける，手伝う，提案する，教える，ふれる等，直接的に行う援助，指導をさすことが多い（森上，2003，93ページ）。

　保育は，小学校のようにチャイムによって時間で区切られて進められるものではない。保育者が，子どもと活動を共有しながら，次の生活へと流れていく働きかけをしている。働きかけには，保育者自身の言葉かけによるところが大きい。言葉かけにも，子どもが主体的に動くような工夫がいる。最もわかりやすいのが活動と活動の合間である。次の活動に移っていくとき，ほとんどは前の活動を終わりにするために片付ける場面がある。そのときに，「お片付けしなさい」と単刀直入に伝えるのか，「もういっぱいあそんだね，そろそろお片付けしてごはんにしようか」と声をかけていくのか，大きな違いがあろう。それも，全体に向けて大声で叫ぶのか，保育者の周辺にいる子どもたちから声をかけて，じわりじわりとクラス全体に伝えていくのか，ここにも大きな違いがある。ましてや，放送で知らせることは，小学校以降のチャイムと同じで，保育者側の都合を優先した保育といえないだろうか。

　同様に，何かのねらいをもって製作に取り組む活動をするとしよう。「今日は○○をつくりましょう」といって，完全に出来上がった作品を見本として見せられて作るのと，「今日は○○をつくろうと思っているんだけど」と切り出して，材料を見せながら「どうやったら○○ができるかなぁ」といって，つくる過程を子どもに見せながら取り組むのでも大きな違いがあろう。どちらの方に，子どもの考える力が備わるのかはいうまでもない。つまり，保育における援助・指導は子どもが主体的に動けるよう背後から支え導くものといえよう。

　倉橋は，誘導という言葉を使って，子どもを惹きよせる，誘い出す方法が幼児教育には大切であると述べている（倉橋，1987，42～47ページ）。

⎡**2**⎤　子ども理解に基づく援助

　乳幼児期は発達の個人差が大きい。外見上，誕生から１年間に体重は約３倍，身長は約1.5倍と，一生のなかでもその成長速度は最も速い。それだけ獲得している内面的な発達も相当であるといえる。目に見えない内面的発達にはいろいろな捉え方があるが，ハヴィガースト（1997）の３つの課題からみると，第一に「信頼」，第二に「自立」，第三に「自己主張と自己抑制」がある。これらの課題の表れ方は個別に異なるのが乳幼児期である。だからこそ，担当する保育者はその一人ひとりが向き合う今の異なる発達課題をしっかり理解することが重要となる。その子どもを理解したうえで初めて，保育者はその子どもに合った適切な援助ができるといえる。

　「幼稚園教育要領」においても，幼児教育の基本を重視する事項の３つ目に次の内容をあげている。「幼児の発達は，心身の諸側面が相互に関連し合い，多様な経過をたどって成し遂げられていくものであること，また，幼児の生活経験がそれぞれ異なることなどを考慮して，幼児一人一人の特性に応じ，発達

▷9　保育者が幼児に対して言葉を通して行う援助のあり方の一つである。保育者が幼児に言葉をかけることによって，共感や励ましを受け信頼関係が結ばれる。アイディアや知識の影響を受ける，漠然とした思いが明確になる，イメージが豊かにふくらむ，ほかとの関係が広がる等の教育的な作用を及ぼす。幼児は保育者の言葉から多くのことを敏感に察知しているので，指示・命令の言葉は少なくし不用意な言葉も慎みたい（森上，2003，92ページ）。

の課題に即した指導を行うようにすること」(第1章第1-3)。

　乳幼児期の子どもは，一人ひとり異なる過程を経て発達していく。それを集団で保育するからこそ，画一的な対応の仕方，平均的な捉え方ではなく，一人ひとりの育つ権利を尊重した援助が大切となる。これらのことは，一般的に「幼児理解」，昨今では「子ども理解」として，保育者に求められる重要な専門性とされている。

３　活動の形態

　保育の対象である子どもを集団としてどのように保育していくのか，子どもたちは登園から降園までをどのようなスタイルで園生活を送るのか，その活動の形態については，一斉保育，自由保育，解体保育，異年齢保育（縦割り保育），同年齢保育（横割り保育）などの名称が一般的に使われている。どこからどこまで一斉保育で，どのような形態を自由保育というのか，その解釈は現場サイドでさまざまあり，一定の定義づけはなされていない。一時期，自由保育か一斉保育か，という二者択一の捉え方をした時代もあったが，現在は，子どもの側からみてどのような形態で活動を行っているのか，子ども主体の見方で捉え，ねらいや活動内容に応じて保育者側が形態を選択し，多様な考え方で実践するようになってきている。

　実際にどのような形態をとるのかは，活動内容と保育する子どもの人数，また保育者の人数によって左右される。「幼稚園教育要領」においては，「幼児一人一人の特性に応じ……」「幼児一人一人の行動の理解と予想に基づき……」「幼児一人一人の活動の場面に応じ……」「幼児一人一人のよさや可能性などを把握し……」等，一人ひとりの育ちへの援助の観点が多く述べられているが，実際にはクラス集団という枠組みのなかで個々の子どもの理解が必要となってくる。そうなると，一人ひとりを理解しながら活動するためにどのような形態をとるかが重要なポイントである。

　「幼稚園教育要領」の指導計画作成上の留意点のなかでは，「幼児の行う活動は，個人，グループ，学級全体などで多様に展開されるものであることを踏まえ，幼稚園全体の教師による協力体制を作りながら，一人ひとりの幼児が興味や欲求を十分に満足させるよう適切な援助を行うようにすること」(第1章第4-3-(8))とある。

　領域「人間関係」の内容の取り扱いでは，「一人一人を生かした集団を形成しながら人と関わる力を育てていくようにすること」「集団の生活を通して，幼児が人との関わりを深め……」という記述がある。これらの内容から，活動形態は，子どもの学びの人的環境として，個を踏まえた集団の効果的な学びの環境をつくる重要なものといえよう。

　一方，物的な環境からの形態としては，クラスの枠を超えて誰もがかかわれる共有スペースにおける「オープン保育」や，活動別にコーナーを設けて行う「コーナー保育」と呼ばれる形態がある。保育者のねらいのもと，あらかじめ用意した環境に興味を示した子どもが自主的に取り組むという保育である。あるいは，保育者が事前に設定するのではなく，子どもと相談しながら，興味のある活動をその場その場で展開していく保育もある。イマージェント・カリキュラム[10]に基づく保育はそのような形態になることが多く，プロジェクト保育として昨今注目されてきている。

▷10　イマージェント・カリキュラム
本書の第9章側注14参照。

4　現代的保育の実際

1　食育と自然体験

　食を取り巻く環境は大きく変化している。乳幼児にとっての影響は，加工食品が多くなり素材に触れる機会が少なくなったこと，男女平等参画社会によって家庭における食事の光景が変化したことなどがあげられよう。「食卓に鶏が鳴いている[11]」と揶揄されてから久しい。政府は，食環境の変化の影響を受け，2005年に食育基本法を制定した。人間として当たり前の食生活を法律で教育しなければならない時代に入った。これを受けて，各保育現場でもさまざまな食に関する教育活動が行われている。

　例えば，自分たちで種や苗から野菜を育て，それを収穫して食べたり，自然の恵みを味わう園外保育を行ったり，直接体験を通した食育がなされている。

　「幼稚園教育要領」では，「先生や友達と食べることを楽しみ，食べ物への興味や関心をもつ」（第2章健康-2-(5)）ために，「健康な心と体を育てるためには食育を通じた望ましい食習慣の形成が大切であることを踏まえ，幼児の食生活の実情に配慮し，和やかな雰囲気の中で教師や他の幼児と食べる喜びや楽しさを味わったり，様々な食べ物への興味や関心をもったりするなどし，食の大切さに気付き，進んで食べようとする気持ちが育つようにすること」（第2章健康-3-(4)）と内容の取扱いに述べられている。

　子どもを取り巻く環境の変化は食に関することだけではない。自然環境自体が子どもから遠くなっている。自然は子どもたちに多くの学びをもたらしてくれるが，もはや意図的に自然を求めなければ，その恩恵を受ける機会は少なくなっている。「自然の中で伸び伸びと体を動かして遊ぶことにより，体の諸機能の発達が促されることに留意し，幼児の興味や関心が戸外にも向くようにすること。その際，幼児の動線に配慮した園庭や遊具の配置など

▷11　現代の食卓風景を鶏の鳴き声をもじり，「孤食・欠食・個食・固食」と表現。一人で食べる，朝食を抜く，家族で違うものを食べる（ワンプレート食・一品食という捉え方もある），好物だけを食べるという意味。昨今では，小食（少ない食事）コ食（コンビニ食）ということも加わっているという。提唱者は不明。

図8-9　落花生の収穫

図8-10　ビオトープ（江戸川双葉幼稚園）

▷12　ビオトープ
生物の住息環境を意味する
生物学用語。近年，園庭に
池などをつくり，自然に近
い状態で植物や生きものを
生息させる試みがある。

▷13　スウェーデンやデン
マークで発祥した森の幼稚
園（Skovbørnehave）は，
ドイツでも1968年に森の幼
稚園（Waldkindergarten）
として開園し，現在350以
上の幼稚園がある。日本で
はNPO法人の組織下で全
国に増えつつある。当初は
園舎や園庭はなく自然のな
かで一日保育を行い，五感
を大切にして自然を体感
し，健康を育み，持続可能
な社会を実現する市民の育
成を目指したという。現在
は，園舎をもちながら野外
保育を中心に行っていると
ころが多い（全国社会福祉
協議会，2015，176ページ）。

を工夫すること」（第2章健康-3-(3)）とある。そこで，園によっ
ては，自然にふれられる戸外での活動を多くしたり，園庭にビオ
トープをつくったりしている。なかには，北欧で興った森の幼稚
園を営むところも現れたりしている。

2　遊具の意義

保育の場は，乳幼児が日々望ましい成長を遂げていく生活と遊
びの場である。そのため，遊びの質や量を豊かにし，主体的な遊
びを誘発させていく道具として遊具が用いられている。遊具の役割は，主に3
つある。1つは，個々の遊具がもつ特徴によって，子どもにさまざまな能力を
育むことができること，2つ目には，遊具によって子どもの遊び自体を活発に
展開させていくことができること，3つ目に，遊具はパイプ役として友だち関
係を広げ，貸し借りや順番などの社会性を身につける役割を担っていることで
ある。遊びを通して成長していく子どもにとって，遊具は大変重要な意味を
もっている。

保育の場における遊具は，大きく2つの種類に分けられる。1つは，大型遊
具や固定遊具などの全身運動をともなう用具であり，もう1つは，子どもが手
軽に持ち運べる遊具，一般に玩具といわれるものである。大型遊具や固定遊具
は，子どもが全身を使ってダイナミックに遊ぶことができるため，昨今室内で
遊ぶことが多い子どもたちにとっては，貴重な運動遊びの遊具となっている。
平地では，歩く・走る・跳ぶ・ころがる・かがむ・伸びるなどの動きに限ら
れるが，大型遊具や固定遊具は，よじ登る・ぶら下がる・揺れる・飛び降りる・
滑り降りる・さかさまになる・バランスをとる・四つんばいで渡るなど，立体
的な遊具だからこそ得られる体験がさまざまある。身体機能を高めることだけ
ではなく，心の機能を高めていくことにもつながっている。例えば，友だちが
固定遊具を駆使しているのを見て，自分から「挑戦してみたい」「できるまで
がんばる」「やったらできた」というような子どもの心の成長へつながる機会
となる。「できた」という達成感は，「○○ちゃんもがんばって」という友だち
への励ましや思いやりの気持を導き出すことにもなる。また，地面より高い
ところに立つことで，「木に届いた」「お日様がまぶしい」「風が
気持ちいい」など，いつもと違う視野から“自然”との対話を楽
しみ，遊具を通して，子どもたちの五感が磨かれていく。

単純で素朴な遊具の方が，子どもたちは飽きずに長く遊ぶもの
である。大切なことは，子ども自身が遊びを主体的に展開し，工
夫したり，創造したりすることができる余地のある遊具が，子ど
もにとって魅力的な遊具といえよう。

図8-11　空間を楽しむ遊具

Exercise

① 幼児が遊びに没頭している姿を観察し，子どもは何を感じ，何を体験しているのか，記録して発表し合ってみよう。

② Exercise①の後，「子ども理解」を試みよう。その際，共感的理解・個別的理解・発達的理解・生態的理解の観点に立ち，考えてみよう。

③ 自然は，子どもに何をもたらしているのか，実体験から考えてみよう。

📖次への一冊

カーソン，レイチェル，上遠恵子訳『センス・オブ・ワンダー』新潮社，1996年。
　　著者は『沈黙の春（*Silent Spring*）』で環境汚染と自然破壊の実態を告発した海洋生態学者。自然の神秘さや不思議さに目を見はる子どもの感性に気づかせてくれる。

津守真『子どもの世界をどう見るか──行為とその意味』NHKブックス，1987年。
　　幼児の遊びや描画を通して，大人が一方的に発達課題を強制するよりも，子どもの願いを汲み取り，子どもと共生しつつ，その世界が育つのを見守る真摯な保育論が述べられている。

森上史朗・今井和子『集団ってなんだろう──人とのかかわりを育む保育実践』ミネルヴァ書房，1992年。
　　人は集団なしに生きてはいけないが，集団は個性を大切にしないとつぶれてしまう。そのことを子どもの視座にたち，人と人とのかかわりの発達を追究する保育実践を考える。

志賀智江『子どもの世界──子ども理解を深めるために』梓出版社，2004年。
　　子どもは，その時，その場面でどのように感じ，どのように考え，表現しているのか。著者の子育て事例から，それぞれの子どもの気持ちを理解するヒントを学ぶ。

杉本厚夫『「かくれんぼ」ができない子どもたち』ミネルヴァ書房，2011年。
　　子どもの遊びに起きている状況を社会学的理論によって理解し，子どもたちの置かれている社会状況を読み解きながら，子どもにとっての遊びの意味を考える。

引用・参考文献

アイザックス，スーザン，椛瑞希子訳『幼児の知的発達』明治図書，1989年。
小川博久『遊びの探求──大人は子どもの遊びにどうかかわりうるか』生活ジャーナル，2001年。
カーソン，レイチェル，上遠恵子訳『センス・オブ・ワンダー』新潮社，1996年。
カイヨワ，ロジェ，清水幾太郎・霧生和夫訳『遊びと人間』岩波書店，1973年
倉橋惣三『育ての心（上）（下）』フレーベル新書，1976年。
倉橋惣三『幼稚園真諦』フレーベル新書，1987年。
厚生労働省『保育所保育指針平成29年告示』フレーベル館，2017年。

近藤充夫編『保育内容研究シリーズ　健康』ひかりのくに，2001年。

全国社会福祉協議会『保育原理』2015年。

津守真『保育者の地平』ミネルヴァ書房，1997年。

内閣府『幼保連携型認定こども園教育・保育要領　平成29年告示』フレーベル館，2017年。

内閣府『幼保連携型認定こども園教育・保育要領解説』フレーベル館，2015年。

ハヴィガースト，ロバート・J., 児玉憲典・飯塚裕訳『ハヴィガーストの発達課題と教育
　　——生涯発達と人間形成』川島書店，1997年。

フィーニィ, S.・クリステンセン，D. & モラヴィック，E., Who am I 研究会訳『保育学
　　入門——子どもと共に生きる保育者』ミネルヴァ書房，2010年。

ホイジンガ，ヨハン，高橋英夫訳『ホモ・ルーデンス』中央公論新社，1973年。

ポルトマン，A., 高木正孝訳『人間はどこまで動物か——新しい人間像のために』岩波
　　新書，1961年。

文部科学省『幼稚園教育要領平成29年告示』フレーベル館，2017年。

森上史朗『保育用語辞典』ミネルヴァ書房，2003年。

山田敏『遊び研究』風間書房，1999年。

幼児運動遊び研究会編『生き生きと育つ運動遊びのすべて（上）』東洋館出版社，1987年。

幼少年教育研究会編『新版　遊びの指導　乳幼児編』同文書院，2009年。

児童文化財と視聴覚教材

　保育の現場では，さまざまな保育補助教材が使われている。それは，活動する前の導入や，お話の世界を伝える手段，イベント的に楽しむアイテムとして，子どもに視聴覚的にわかりやすく伝えることができるからである。以前から，児童文化財といわれる人形劇や絵本・紙芝居が使われてきたが，昨今は手軽に保育者1人で行える教材として，ペープサートやパネルシアターをはじめとするシアター系（エプロンシアター，カップシアター，手袋シアターなど）の教材が多く出回るようになった。

　パネルシアターは，1973年に古宇田亮順が寺の講話を子どもたちにわかりやすく伝える手段として発案されたものといわれている。フランネルを貼ったボードを舞台に，絵を描いた不織布を貼ったり，取り外したりしてお話や歌を展開していく。エプロンシアターは，エプロンを舞台にマジックテープを付けた人形をポケットのなかから取り出してお話や歌を進めていく。手袋や靴下，紙コップや牛乳パックを人形にしたシアターは，身近な素材でつくられているので子どもたちにも人気である。

　これらの視聴覚教材は，朝の集まりや，活動前後のつなぎ，降園前の落ち着いたひとときに，子どもとコミュニケーションをとったり，楽しい時間を子ども同士が共有したりして，集団保育の流れのなかで子どもの集中や興味を惹きつけている。ICT化が進む学校教育現場ではあるが，乳幼児を対象とした保育の現場では，生の声でやりとりを楽しむアナログ的な教材が子どもの興味や意欲を掻き立て，感性を育てる有効的な教材となっている。

パネルシアター

エプロンシアター

第9章
幼児教育の計画と評価

〈この章のポイント〉

　幼児教育の主体は子どもである。つまり，子どもが生活や遊びのつくり手であり，保育者はそれを適切に援助しながら，よりよい発達の方向へ導く存在である。専門職として，組織的・系統的・効果的な導きのためには計画が必要となる。計画立案は，保育者同士の相互理解や共通認識を図るうえでも重要で，その計画書は実践後，反省・評価する際の指標ともなり，保育の改善に役立てることもできる。

　本章では，幼児教育における計画の意義・役割，また計画の種類や立案方法・手順を理解し，計画から評価に至る保育マネジメントの基本を学ぶ。

1 保育におけるカリキュラム

1 カリキュラムとは何か

　カリキュラム（Curriculum）という教育用語は，日本では，1880（明治13）年に尺振八がイギリスの教育書を翻訳した際に「教育課程」と訳したことがはじまりといわれている。ラテン語のクレレ（Curere：走る）を語源とし，進路・航路を意味する言葉である。保育界においては，1881（明治14）年，文部省通達文書のなかで「保育ノ課程」という言葉で初めてカリキュラムの意として使われ，1884（明治17）年，東京女子師範学校附属幼稚園園則の改正時には「保育課程」と表記された。

　現在，教育界において教育課程の定義は，「学校において教師が組織し子どもが体験する教育体験の総体」とされている（森上・柏女編，2015，122ページ）。保育に置き換えていうならば，「保育者が組織し乳幼児が体験する保育体験の総体」といえよう。保育を担う保育機関では，国が示す法令やナショナルカリキュラムのもと，修業年限のすべてを見通した全体的な計画として「教育課程を編成する」ことが義務づけられており，その教育課程をより具体化した計画として「指導計画を作成する」営みが日々，保育の現場でなされている。

　保育は，小学校以上の学校教育とは異なり，子どもが経験していく生活や活動を通して子どもが主体的に課題を解決し，学ぶ営みであることから，指導計画はあくまでも保育者側の仮説として立案される。そのため「指導案」と呼ば

▷1　尺振八（1839～86）
1863年に遣欧使節団に同行した英学者。1861年にイギリスで出版された Herbert Spencer, *Education -Intellectual, Moral and Physical* を翻訳し，『斯氏教育論』として文部省が出版した。本書は三育（知育・徳育・体育）を紹介したことでも著名である。

▷2　小学校では「学習指導要領」，幼稚園では「幼稚園教育要領」，保育所では「保育所保育指針」，幼保連携型認定こども園では「幼保連携型認定こども園教育・保育要領」が国の基準として示されている。

▷3　指導計画
ガイダンス・プログラム（guidance program）の訳語で，戦後，子どもの尊重の思想と結合して導入されたガイダンス理論を土台にした言葉である。

れることが多く，実践にあたっては柔軟な展開が求められる。

2　教育課程の編成とその役割

　幼稚園・保育所・認定こども園における「全体的な計画」は，教育要領や指針を基本に各園独自に存在する重要な基本計画である。園の責任者がその編成の主体となり，園内外に向けてその実施と結果に責任を負っている。重要な基本計画だけに，毎年変更されるものではないが，一定の時期，例えば，法令や基準の改訂時，園長交代時，また園の改革時に見直すことが可能である。全体的な計画の骨格となる教育課程の意義・役割については，次のように明示されている。

▷4　本書の第7章参照：教育基本法第11条。

▷5　本書の第7章参照：学校教育法第22条。

> 各幼稚園においては，教育基本法及び学校教育法その他の法令ならびにこの幼稚園教育要領の示すところに従い，創意工夫を生かし，幼児の心身の発達と幼稚園及び地域の実態に即応した適切な教育課程を編成するものとする。
>
> （幼稚園教育要領第1章総則-第3-1）

> 保育所は，1の（2）に示した保育の目標を達成するために，各保育所の保育の方針や目標に基づき，子どもの発達過程を踏まえて，保育の内容が組織的・計画的に構成され，保育所の生活の全体を通して，総合的に展開されるよう，全体的な計画を作成しなければならない。
>
> （保育所保育指針第1章総則-3-（1）-ア）

▷6　本書の第7章参照：児童福祉法第39条。

▷7　本書の第7章側注4参照。

▷8　その他の法令とは，「日本国憲法」「児童憲章」「児童の権利に関する条約」等をいう。

> 各幼保連携型認定こども園においては，教育基本法，児童福祉法及び認定こども園法その他の法令並びにこの幼保連携型認定こども園教育・保育要領の示すところに従い，教育と保育を一体的に提供するため，創意工夫を生かし，園児の心身の発達と幼保連携型認定こども園，家庭及び地域の実態に即応した適切な教育及び保育の内容並びに子育て支援等に関する全体的な計画を作成するものとする。
>
> （幼保連携型認定こども園教育・保育要領第1章総則-第2-1-（1））

　幼稚園では，「幼稚園教育要領」が告示化された1964（昭和39）年から「教育課程の編成」が義務づけられ，2017（平成29）年改訂時には，「教育課程」を中心として，教育課程に係る教育時間の終了後等に行う教育活動の計画，学校保健計画，学校安全計画等を関連させ，一体的に教育活動が展開されるよう「全体的な計画」を作成することが明示されている。

▷9　正課外保育時間帯の保育を意味し，一般的に，預かり保育や延長保育と呼ばれている。

　一方，保育所と認定こども園においては，「全体的な計画は，保育所保育の全体像を包括的に示すものとし，これに基づく指導計画，保健計画，食育計画

等を通じて，各保育所が創意工夫して保育できるよう作成されなければならない」と各種計画と関連させた編成が求められている◁10。

　このように，保育を実施しているすべての保育機関には，国と園の目的・目標に基づくカリキュラムが基本計画として存在し，保育実践の土台となっている。

▷10　保育所では，「保育所保育指針」が告示化された2008年から「保育課程の編成」が遵守事項となった。2017年改訂では「全体的な計画」と表記されている。

３　指導計画の種類とその作成

　指導計画（指導案）とは，各園によって編成された「教育課程」や「全体的な計画」を保育実践に移すための具体的な計画である。

　指導計画には，子どもの生活や発達を見通した年，学期，月などの長期的な指導計画と，それに基づき，子どもの日々の生活に即した週や１日の短期的な指導計画がある。それらは，年間指導計画，期間指導計画（期案），月間指導計画（月案），週間指導計画（週案），１日指導計画（日案）と呼ばれている。これらとは別に，３歳未満児の保育においては，一人ひとりの子どもの生育歴，心身の発達，活動の実態などに即して，個別の指導計画が立案される。

　また，保育は年齢や発達に見合った生活を柔軟な時間のなかで刻んでいく。この１日の生活の流れは，デイリープログラム（日課表）といい，子どもと保育者が見通しをもって生活していく指標となり，指導案作成の時間的目安となっている。

　このように，指導計画の種類は多いがとくに定められた書式はない。園によっては，重複する部分を合わせたり，書き方を工夫したりして指導計画を精選しながら作成している。昨今，計画立案や記録の効率化を図る園が多くなり，週案と日案を週日案として用いているところもある。

　作成上の留意点は，具体的なねらいおよび内容を明確に設定し，そのねらいが達成されるよう，子どもの生活する姿や発想を大切にして適切な環境を構成し，子どもが主体的に活動できるようにすることである。

　作成の手順は，①実際に保育を担当する一人ひとりの子どもやクラスの実態などの「現在の姿」を捉え，②個や集団の望ましい育ちの姿に向けて保育者の願いを「ねらい」として立て，③その「ねらい」を達成するためにふさわしい「活動内容」を精選する。そして，④子どもがその活動内容に主体的にかかわれるよう効果的な「環境構成」を立案し，⑤その環境に子どもがどのようにかかわって活動を展開していくのかの予想を立て，⑥その展開に必要な保育者の援助や留意点，ねらいを達成するために配慮することを時間的な目安をもって立案していく（文部科学省，2004）。

　日常的には，明日の保育のために担当保育者は，日案の作成が必須となる。毎日の作業となると，明日という短期的な視点に狭まる傾向になりがちだが，

その背景には，国の基準や理念，園独自の基本計画や目的があることを念頭に置き，立案していくことが大切となる。計画についての全体構造と流れのイメージを図9-1に示す。

　図に示したように，保育を計画する者にとって思考のベースに置かなければならないことは，「児童の権利に関する条約」「児童憲章」「日本国憲法」をはじめとする保育に関係する法令，教育要領や保育指針の内容である。とくに2017年から新たに明記された「育みたい資質・能力」[11]と「幼児期の終わりまでに育ってほしい姿[12]」の内容を理解し，各園の「教育課程」「全体的な計画」，また，地域や保護者の実態，保育施設や設備などの物的環境などを見極めながら，長期的・短期的指導計画の最小単位として「1日指導計画（日案）」があることを理解し立案することが大切である。

　新たに明示された「育みたい資質・能力」三本柱と「幼児期の終わりまでに育ってほしい姿」10項目については，「幼稚園，保育所，認定こども園においては，幼児の発達や学びの個人差に留意しつつ，幼児期の終わりまでに育ってほしい幼児の姿を具体的にイメージして日々の教育を行っていく必要がある」（傍点筆者）との説明が報告書にある[13]。つまり，従来どおり「子どもは現在を最もよく生きる」存在として，一人ひとりの異なる「子どもの最善の利益」に考慮して保育していくことに変わりはない。決して，子どもに画一的な成果を求める目標と捉えることがないよう留意することが強調されている。

2　計画と実践

1　実際の立案と保育実践

　保育は，発達にふさわしい集団生活のなかで，子どもは環境を通して主体的に遊びや活動に取り組み，その心身の健全な発達が助長される営みである。この原則のもと，各園では，独自の方針や創意工夫を反映させた保育を行っているため，実際の保育の方法はさまざまである。

　とくに，生活の流れにおいては大きく2つのタイプの保育がある。一つは，子どもの自発的な遊びを中心に創造的に展開する生活に重きを置くイマージェント・カリキュラム[14]による保育，もう一つは，子どもの遊びと保育者主導の活動の双方を取り入れたプログラム的カリキュラムによる保育である。前者の子どもの遊びを中心とした保育の指導案には，子どもの遊びを環境図のなかでマッピングして立案する書式（河邉，2005，62〜90ページ）があり，後者は，子どもの遊びと，保育者主導の活動の双方を取り入れた時系列による流れ（デイリープログラム）に沿った書式がある。双方ともに，指導計画立案の基本的な

▷11　本書の第7章84ページ参照。

▷12　本書の第7章85ページ参照。

▷13　「幼稚園教育要領」の改訂を審議する会議の報告書「幼児期の教育と小学校以降の教育との円滑な接続の在り方について」2010年。

▷14　イマージェント・カリキュラム（emergent curriculum）
emergentは，「現れ出る」「緊急の，不意の」と訳されるように，目に見えなかったものが突然姿を現すという意味から，子どもの興味・関心の変化に即して柔軟に作成されるカリキュラムである。E. ジョーンズ（Elizabeth Jones）によれば，「イマージェント・カリキュラムは，多くの喜びや新しい発見が起こった後でなければ実際に書くことはできない。つまり，イマージェント・カリキュラムは事後のカリキュラムである」としている。

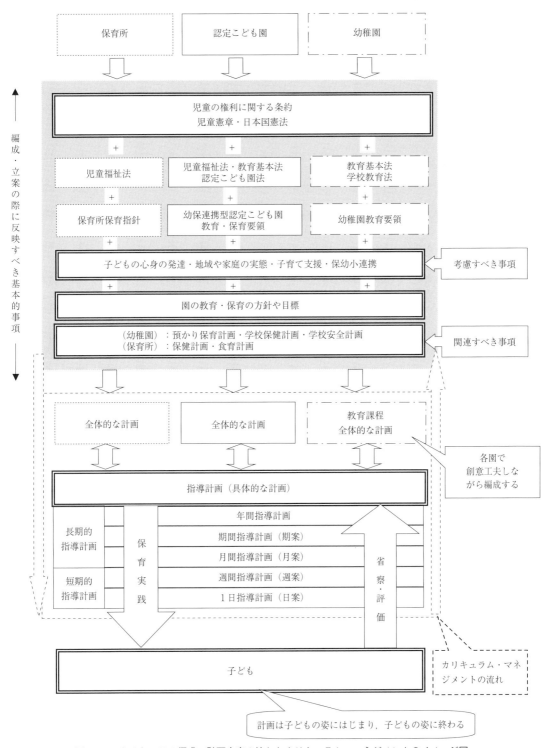

図9-1　カリキュラム編成・計画立案の流れとカリキュラム・マネジメントのイメージ図
出所：「幼稚園教育要領」「保育所保育指針」「幼保連携型認定こども園教育・保育要領」より筆者作成。

考え方や手順に違いはないものの各園によって書式が異なること，さらに，保育職にある者と養成段階にある者とでは，書き方の表現や分量にも違いがある。

　ここでは，実習学生が取り組むことが多い，後者による基本的な指導案を解説する。書式の項目には多少の表現の違いはあるが，おおむね「子どもの姿」「ねらい」「活動内容」「時間」「環境構成」「予想される子どもの活動」「保育者の援助の留意点」「評価」の欄で構成される。

　実際に次の事例で，指導計画立案の考え方をみてみよう。

〈事例1〉

　4歳児25名のクラス。6月上旬の雨上がりのある日，園庭で遊んでいるときのこと。女児が，雨に濡れて落ちているつつじの花びらを拾い上げたところ，手に色がついた。一緒にいた女児と，落ちている花びらを全部あつめ，空き容器に入れていくうちに，容器の中はうっすらとピンク色の水が溜まっていった。2人は，すぐに「みてみて」と発見の喜びを担任に伝えにきた。

　この日の保育終了後，日案を作成する際，保育者はこの女児たちの発見が，色水遊びへのきっかけになりそうだと考えた。ほかの子どもたちのなかにも，砂場で裸足になって水に触れることを楽しんだり，年長児が朝顔に水やりをしている姿をみたりして，「水」に興味・関心を示している姿がみられる。ちょうど次週には，プール開きを控え，水遊びをはじめる時期でもある。そこで，近日中に「色水遊び」をすることを考えた。5月には，単色使いながら絵の具遊びを経験してきている。そのことを踏まえ，赤・青・黄色の3色の色水を用意することにした。色が混ざることで別の色に変化する発見を想定し，透明の小さな容器を廃材のなかから選び，多数用意しておくこととした。

　このように，その日の子どもの姿を捉え，長期的計画を踏まえながら，季節の変化，子どもの生活と活動の連続性を考慮して，環境を構成し，明日の保育に生かして立案していく。

　実際に，数日後に実践した保育の様子は次のようであった。

〈事例2〉

　登園した子ども数名が，テラスの水場付近に設置した机の上に，赤・青・黄色の3色の色水が500mℓペットボトル数本に入っているのを見つける。保育者に「なぁにこれ？　つかってもいいの？」と聞いてくる。「どうぞ。遊び着を着てね」と保育者は身支度を促すと，興味を示した子どもたちが集まって来た。子どもたちは思い思いに色水のペットボトルを，空き容器に注いでいく。「わぁ，オレンジになったよ」「緑だ」「紫だよ」と色の変化に歓声をあげ，お互いに見せ合って喜んでいる。次第に机の上は水浸しとなる。

> 担任は「使わなくなった色水は，このバケツにいれましょう」と声をかける一方で，取り置きしておいた予備の色水を補充していく。

　保育者は，子どもの「色」への興味・関心から，次の育ちのねらい（水に親しみをもつ，色の変化に気づく，不思議な事象に興味をもつなど）を設定し，計画を仮説として立案するが，実践においては必ずしも仮説どおりに子どもが動くとは限らない。保育においては，計画に柔軟的対応ができる実践力も計画力とあわせて保育者に求められているのである。

2 　園行事の意義と課題

　日本の幼児教育の特徴の一つに，園行事がある。一過性の行事もあれば，時間をかけて取り組む行事もある。例えば，生活の節目や成長を祝う機会として，入園式・始業式・終業式・修了式・卒園式の式典や，桃の節句・端午の節句などの伝統行事がある。また，日常の保育活動の発表の機会としての運動会・作品展・発表会などもあれば，園外保育としての遠足，健康や安全に関する身体測定・避難訓練・交通安全教室など，家庭との連携の場となる懇談会・保育参観など，実にさまざまある。お泊り会やお誕生日会，父母の会の行事や宗教行事（花祭り・七五三・クリスマス）などの園独自の行事も含めると，1年中さまざまな行事を行っていることになる。

　なぜ，保育の現場にこのように多くの行事が取り入れられているのだろうか。それは，園生活のなかで生活に変化や潤いをもたらし，子ども自身が主体的に楽しめる機会となる可能性が高いからであろう。あるいは，日本の伝統文化を伝える役割もあろう。しかしながら，行事があまりにも多いと日常生活が行事のための営みとなってしまう。そこで，どのような行事を取り入れていくかは，園の方針に基づいて教育的価値を検討し，適切なものを精選する必要がある。保育者のみならず，子どもの負担にならないよう日常保育の自然の流れの一環として実施するようにしたい。

> ▷15 「幼稚園教育要領」第1章第4-3-(5)「行事の指導に当たっては，幼稚園生活の自然の流れの中で生活に変化や潤いを与え，幼児が主体的に楽しく活動できるようにすること。なお，それぞれの行事についてはその教育的価値を十分検討し，適切なものを精選し，幼児の負担にならないようにすること」。

3 　保育のさまざまな記録

1 　ドキュメンテーション

　ドキュメンテーションとは，「研究・調査に必要な資料・文献を集めて整理し，必要に応じて情報を検索・利用できるように管理する活動」（『広辞苑（第七版）』）を意味している。

　保育におけるドキュメンテーションは，イタリアの地方都市レッジョ・エミ

リアで実践されたプロジェクトの記録や，ニュージーランドのラーニング・ストーリーの有用性が日本に紹介されてから，保育現場でも活用されるようになってきている。

　従来型の文字による保育日誌や個人記録だけではなく，写真・録音・動画など，複数のデジタルメディア機器を活用し，子どもの言葉や行動，解説を加え，結果や完成の記録だけではない経験過程の記録をつくっていく営みである。これらの記録方法は，子どもの表情や活動の変化を克明かつ客観的に表現できる記録になるため，保育を共有し，計画立案や園内研修の際には有用となる。また，保育者間だけではなく，保護者や地域の人々など，第三者にもわかりやすく保育を伝えることが可能となり，開かれた保育の実践につながっている。ただし，保育を可視化することによって生じる個人情報保護の観点には，細心の注意が必要であることはいうまでもない。

　ドキュメンテーションには，目標が達成されたかどうかの成果よりも，子どもの生活・遊びのプロセスや子どもの体験から得た学びを読み取ることができる。そのため，保育者側にとっても自身の保育を客観的に振り返り，保育の質向上につなげていく取り組みにもなる。一方で，記録のために保育中に撮影をしたり，保育後に記録を整理したりして多くの時間が費やされることが課題となっている。記録づくりのための保育とならないように，何のために記録が必要なのか，その目的や意義，課題を理解しながら活用する必要があろう。

　以上のように，ドキュメンテーションの素材にはさまざまな種類があることを踏まえ，各園の方針に見合った記録の方法を選択していくことが大切である。

2　保育実践記録

　従前から存在する「保育日誌」は，クラス担任が，その日の活動の様子や出来事を書き留める記録である。書くことで，一人ひとりの子どもの理解を深め，1日の保育を客観的に振り返り，次の日の保育に生かしていくことができる基本的な記録といえる。一般的に，登園から降園まで時系列式に書いた日誌が多いが，1日のなかでとくに印象に残る出来事を「エピソード記述」（鯨岡・鯨岡，2007）として書く形式もある。エピソードとは，挿話や逸話を意味し，時系列型記録では書き表せない，具体的子どもの姿をモノやヒトとの関係性や過程を追って語られる逸話である。ただし，毎日全員の子どもについてエピソードを記すのは困難であるため，書かれるエピソードは保育者が抽出することになる。記録される子どもに偏りが生じないように留意する必要がある。そのため，日誌以外に一人ひとりの子どもの様子を記録する「個人記録」を併用することも多い。

　このように，実践の記録はさまざまあるが，その意義やメリット・デメリッ

トを理解して選択することが大切である。いずれの記録であっても，単なる過去の出来事の記録として終わらせず，子どもと保育者の生きた記録として，その後の保育に活かせるように開かれた記録であることが求められる。

③ 学びの記録

近年，さまざまなタイプの記録方法が保育界に紹介されている。その一つに「ポートフォリオ（Portfolio）」がある。日本語では，書類挟み，書類入れ，紙挟み式の画集などを意味する。一人ずつの子どもの記録をファイルすることによって，その子どもの経験の積み重ねを視覚的に育ちの軌跡として確認することができる。記録には，保育者側が記す記録や写真だけではなく，子ども自身が取り組んだ絵や作品などを入れ込むことも可能で，学びの過程が視覚的に明確となる方式である。

「ラーニング・ストーリー」は，ニュージーランドの保育施設ではじめられた子どもの学びの記録である。子どもが経験したことを丹念に追い，そこにどのような学びが存在するのかを読みとり，次の学びへの視点につなげていくものである。つまり，子どもを点で捉えるのではなく，ストーリーとして線でつなげていく記録といわれている。[16]

▷16 本書の第4章，第11章参照。

また，日本には小学校との連携を強化していく取り組みとして，記録による連携がある。これは，一人ひとりの在園中の育ちの公式記録として小学校へ送付することが義務づけられている。幼稚園では「幼稚園幼児指導要録」，保育所では「保育所児童保育要録」，認定こども園では「認定こども園こども要録」といわれる文書で，一般的に「指導要録」と呼ばれている。

4 保育における評価

① カリキュラム・マネジメント

保育におけるカリキュラムは，国の基準を踏まえ，各園独自の理念や方針，園立地の物的・人的環境を編み込んで編成する教育課程を柱に，日々，指導計画を立案し実践している。また，実践後は評価の観点から保育を振り返り，それを次の計画立案に反映させていく営みがなされている。

この循環的な営みは，保育の質向上を図る手法として用いられ，一般的に，PDCAサイクル[17]「計画（Plan）→実践（Do）→評価（Check）→改善（Action）」と呼ばれている。

保育の計画は，目の前の子どもの実態から望ましい子どもの育ちの姿に向けて，子どもが主体的に活動に取り組み，直接体験を重ねて成長していく過程を

▷17 PDCA
商品開発を目的とする経営学的評価モデルから発しているため，教育界では，PDSIサイクル「教育目標達成のための教育内容の編成・計画（Plan）→実践（Do）→評価（See）→改善（Improvement）」の言葉を使用することもある。つまり，計画どおりに実践することを是としない保育の特性上，随時，実践を見直す営みを重んじている（中留，2004，11ページ）。

仮説的に立案し，成長・発達に向けて螺旋的に循環させていく営みとなる。つまり，「子どもの姿にはじまり子どもの姿に終る」（待井，2004，285ページ）という保育マネジメントサイクルが日々繰り返されているのである。

　2017（平成29）年３月に告示された「幼稚園教育要領」には，「カリキュラム・マネジメント」という言葉が新たに登場した。この言葉の意味は，各園において，保育の目的・目標の実現に向けて，子どもや地域の実態を踏まえて教育課程（全体的な計画）を編成，実施し，評価，改善するPDCAサイクルを計画的，組織的に行っていくこととされている。^{◁18}

　評価の実施にあたっては，幼児の発達の理解に基づくことが大切で，「指導の過程を振り返りながら幼児の理解を進め，幼児一人一人のよさや可能性などを把握し，指導の改善に生かすようにすること。その際，他の幼児との比較や一定の基準に対する達成度についての評価，によって捉えるものではないことに留意すること」（第１章-第４-４-（１））と，到達目標を画一的指標とすることのないよう明記されている。

　昨今，各園では計画を再構築することの意義や重要性に鑑み，カリキュラム・マネジメントを通してカリキュラムをデザインしていく取り組みに注目が集まっている。

　よりよい保育のために，計画から実践にいたるすべてを振り返る取り組みは保育者の役割として重要である。この振り返り，つまり省察することの意義について，ショーンは，「行為についての省察だけではなく，刻々と変化する不確実な状況に対応していく実践者は，行為の最中に暗黙的に働く知をもって，その状況と対話しながら自らの行為や理解の枠組みを問い直し，状況を変容させるべく修正をしていくことが重要である」（ショーン，2007，349ページ）と述べ，実践知と実践的思考様式を備える者を反省的実践家として，教育職においても必要であるとしている。

▷18　中央教育審議会初等中等教育分科会において，学習指導要領等の理念を実現するために「カリキュラム・マネジメント」は必要な方策とされた（第100回会議　2015年９月14日）。

［2］　保育カンファレンス

　保育を振り返り，評価するという営みは，保育の質向上と保育者の専門性向上につながる。この振り返りを個々人のなかにとどめるのではなく，他者と意見交換していくと，園の理念や保育目標の捉え方，また，子ども観や保育観についての相違点や共通点が確認できる。保育者同士で共感し合い，新たな気づきを発見し合うことで保育者間の協働性も高められていく。こうした取り組みは，園内研修や実践研究の場で図られてきているが，近年では保育カンファレンスとして，保育を語り合うなかで，結果ではない過程から生まれる考察を重視するようになってきている。就学前の子どもの遊びや生活は，その日のねらいに基づいて展開されているが，その成果はみえにくい。成果よりも，過程の

なかで学んでいることを明確化するほうが，保育の特質に見合った検証となる。

　保育カンファレンスの目的は，保育者のあら探しをするものではない。「その子どもの見方」「行為の捉え方」をさまざまな保育者が語ることによって，子ども理解の精度を高め，より適切な保育者の援助を見出すことである。そのため，カンファレンスにおいては，ベテラン保育者が若手保育者に対して指導的立場で協議することのないよう留意したい。経験知のある者が常に正しいとは限らない。経験が浅いからこそ鋭い感性で新たな見方もできる。つまり，参加者全員が対等な立場で，誰もが語りやすい環境のなかで行うことが大切である。

▷19　児童福祉施設福祉サービスの第三者評価とは，保育所，児童養護施設，母子生活支援施設および乳児院で行われている福祉サービスを，公正で中立な第三者機関が，専門的で客観的な立場から評価するもの。利用者本位の福祉を目指すため，それぞれの児童福祉施設で行われている福祉サービスの質を向上させること，利用者が施設を選択する際に役立つ情報を提供することが目的（一般社団法人全国保育士養成協議会ホームページ。http://www.hoyokyo.or.jp/hyk/（2019年11月27日閲覧））。

③　外部評価・第三者評価[19]

　近年，幼稚園・保育所・認定こども園は，保育の評価を通して，その園全体の保育を外部からみやすくすることが社会的責任として求められている。保育は成果がすぐに現れるものではない。しかし，日々の保育を検証することは子どもの心身の健全な発達に適うものとなる。とくに，保育の多様化や制度の規制緩和により保育の量的拡大が進む現代，保育の質の確保や格差について人々の関心は高くなってきている。国外においても保育の評価に関する研究や議論が活発化し，保育の質向上のための適切な評価が，今問われている。

　日本においては，自己の保育の振り返りを日々の評価の基本とし，その妥当性や信頼性を高めるために園全体の自己評価も行われている。

　一方，園に対する公的評価もそれぞれの基準によって実施されている。保育所に対しては厚生労働省から「保育所における自己評価ガイドライン」（2009年）により，図9-2のように具体的評価方法が示されている。また外部調査

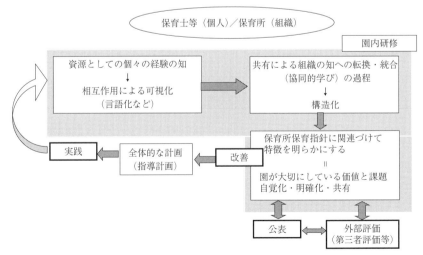

図9-2　保育所における自己評価の理念モデル
出所：厚生労働省（2009，8ページ）を一部改変。

機関による第三者評価も実施され，結果は順次公表されている。

　幼稚園における公的な自己評価は，文部科学省の「幼稚園における学校評価ガイドライン」(2008年) に示され，幼稚園はこの自己評価を実施し，その結果を公表するよう求められている。

　どちらも園全体の評価は，一人ひとりの保育者が行う日々の保育の計画，実践，省察，評価すべての専門的営みの総合評価となる。これらの基準による評価の実施率は決して高くはない。その理由として，日々業務に追われ，時間の確保が難しいことがあげられている。しかしながら，誰のための，何のための評価なのかを改めて認識し，子どもの健やかな育ちに還元していくための取り組みとして，積極的に評価を実施することが望まれている。

▷20　学校関係者評価の実施率は，2011年54.6% (公立75.0%，私立41.6%) である。

Exercise

①　〈事例1〉と〈事例2〉から，実際に指導案を立案してみよう。その際，本活動は全員が興味を示して参加した活動と仮定し，事例に書き表されていない部分は，各自の「ねらい」で立案してよい。

②　指導案作成の際，念頭に置くべき「日本国憲法」「児童憲章」「児童の権利に関する条約」の内容（条文）は何かについて調べてみよう。

📖次への一冊

河邉貴子『遊びを中心とした保育』萌文書林，2005年。
　　保育の場で子どもの遊びをどう理解し，どのように充実させ，何を育てるように保育を構想していくのか。これらについて，さまざまな実践記録から読み解く。
師岡章『保育カリキュラム総論』同文書院，2016年。
　　保育実践に連動した計画と評価のあり方，またその進め方を解説し，さまざまなカリキュラムを総合的に論じている。
汐見稔幸・久保健太編著『保育のグランドデザインを描く──これからの保育の創造にむけて』ミネルヴァ書房，2016年。
　　保育実践者である6名の園長と著者による「保育のグランドデザインを考える対談」がもとになっている。保育者と研究者の思いや願いが語られている。
宍戸健夫『日本における保育カリキュラム　歴史と課題』新読書社，2017年。
　　保育の質の一端を担う保育カリキュラムについて，保育の先人たちの探求力・創造力・実践力ある実践記録から学び，現代の課題を考えていく。

引用・参考文献

磯部裕子「保育における計画論」日本保育学会編『保育学講座3 保育の営み』東京大学出版会，2016年。

一般社団法人全国保育士養成協議会ホームページ。http://www.hoyokyo.or.jp/hyk/（2019年11月27日閲覧）

請川滋大・高橋健介・相場靖明・利根川彰博・中村章啓・小林明代編『保育におけるドキュメンテーションの活用』ななみ書房，2016年。

カー，マーガレット，大宮勇雄・鈴木佐喜子訳『保育の場で子どもの学びをアセスメントする』ひとなる書房，2013年。

加藤繁美『対話的カリキュラム上・理論と構造』ひとなる書房，2007年。

河邉貴子『遊びを中心とした保育』萌文書林，2005年。

鯨岡俊・鯨岡和子『保育のためのエピソード記述入門』ミネルヴァ書房，2007年。

厚生労働省『保育所における自己評価ガイドライン』2009年。

ショーン，D. A.，柳沢昌一・三輪建二訳『省察的実践とは何か——プロフェッショナルの行為と思考』鳳書房，2007年。

民秋言編『幼稚園教育要領・保育所保育指針・幼保連携型認定こども園教育・保育要領の成立と変遷』萌文書林，2017年。

中留武昭『カリキュラム・マネジメントが学校を変える』学事出版，2004年。

フィーニィ, S.・クリステンセン，D. & モラヴィック，E.，Who am I 研究会訳『保育学入門——子どもたちと共に生きる保育者』ミネルヴァ書房，2010年。

待井和江編『現代の保育学4 保育原理（第5版）』ミネルヴァ書房，2004年。

森上史朗・柏女霊峰編『保育用語辞典（第8版）』ミネルヴァ書房，2015年。

文部科学省「指導計画の作成と保育の展開」2004年。

第10章
幼児教育の専門性と研修

〈この章のポイント〉

　近年，幼児教育の専門性に対する社会的関心が高まっている。本章では，まず第一に，幼児教育の専門性を具体的な形で明示していこうというさまざまな試みや，幼児教育の専門性を捉える多様な視点について整理する。第二に，幼児教育の専門性を育て，維持していくための養成教育や現職教育（研修）の制度，幼児教育の専門性を担保する社会的な基盤について学ぶ。

1　幼児教育の専門性への注目

1　「保育士不足」「男性保育士おむつ替え論争」からみえてきたもの

　待機児童問題が一向に解決しないことの背景の一つに，近年，保育士不足という問題があることが知られてきた。保育所を開設したにもかかわらず，所定の数の保育士が確保できないため，定員数の子どもを受け入れられないケースが出てきている。そして，なぜ保育士が不足しているのか，とりわけ資格を取得しているにもかかわらず保育の仕事に従事していない「潜在保育士」がなぜ多数存在するのか，その背景について検討する議論のなかで，保育士の仕事の過酷さや給与・待遇の低さという問題が，社会的な注目を集めている。

　保育士という仕事の高い社会的ニーズからすると，この問題は，保育士の社会的地位や待遇の改善といった議論につながるのが当然であろう。実際一部にはそうした議論が喚起され，実行に移されている。しかし一方で逆の動き，すなわち待遇のさらなる悪化につながるような動きもある。例えば，国は，2015年に保育士不足を補うための方策として，配置に必要な保育士・保育教諭の一定割合を子育て支援員で代替できるという省令改正を行った。こうした資格要件の拡大・引き下げは，保育という仕事の専門性を軽視しているかのようである。

　また2017年には，「男性保育士活躍推進プラン」を策定した千葉市長のツイートをきっかけに，男性保育士に女児のおむつ替えをさせることの是非をめぐる議論が巻き起こった。性暴力加害者のほとんどが男性であるという現状を踏まえると，保護者の不安には根拠もあり，それなりの対策は必要となろう

▷1　子育て支援員
2015年開始の「子ども・子育て支援新制度」において，子育て支援の担い手となる人材とその質の確保のために「子育て支援員研修制度」が導入された。地方自治体で実施される「基本研修」と「専門研修」を全科目修了し，「子育て支援員研修修了証書」の交付を受けることにより，「子育て支援員」に認定される。「地域子育て支援」「地域保育」「社会的養護」「放課後児童」の4コースがある。

▷2　男性保育士活躍推進プラン
2017年1月に千葉市が作成した「千葉市立保育所男性保育士活躍推進プラン」。「男性保育士が活躍することで，男性も積極的に子育てをしていく環境が醸成され」るとし，男性保育士の登用目標を設定するとともに，「保育所の設備整備」や「男性保育士への理解促進」「キャリア形成のための人事異動」などの取り組みを行うもの。「性差に関わらない保育の実施」に関して，おむつ替えに関するツイートにつながった。

が，男性医師に対してはそうした議論が提起されることはほとんどないことを考えると，保育士に関しては，その専門性が本人の性カテゴリーよりも軽視されうるものと捉えられているのではないだろうか。

　これらの事例が意味するのは，結局のところ，保育士をはじめとする幼児教育に携わる人材については，社会的にその専門性が十分認識されているとはいえないということである。

2 専門職とは何か

　いわゆる専門職の定義はさまざまあるが，おおよそ専門職を構成する条件は，以下のようにまとめることができる。

　①専門的知識と技術，それが依拠する理論が体系化されている。
　②当該専門性が公益性，社会的意義を有しており，社会やクライアントに対する義務がある。
　③その権威について社会の承認（例えば法定化のほか，テストか学歴に基づく社会的承認など）がある。
　④養成課程が確立している。
　⑤専門職団体が存在し，職務遂行を自己統制する倫理綱領やガイドラインが定められている。
　⑥高い経済的報酬および社会的地位を獲得できる。
　⑦業務に専門的技術的裁量性がある。

　こうした専門職の基準に照らすと，保育者は専門職といえるだろうか。

　幼稚園教諭も保育士も，その資格は養成課程とともに，法律に規定されている。専門職団体も存在し，広く研究も進んでいるなど，ほとんどの項目であてはまっている。他方，学歴資格については従来の専門職よりもやや低く，経済的報酬も低い水準にとどまっている。何より，冒頭でもみたように，社会的に専門職として認知されていないという課題があるようだ。

　なぜ幼児教育の専門性は社会的に認められにくく，経済的報酬が低いままなのか。まず第一に，その専門的知識・技術がみえにくいという問題がある。柏女（2010）は，幼児教育の専門性が，「特定目的型の専門性」ではなく，「生活総合性の専門性」であると述べ，生活のなかで状況に応じてさまざまな方法を駆使しながら子どもの発達支援を行う，保育という実践の特徴が，その専門性をみえにくいものとしていると指摘する。

　また，日本社会に根強い性別役割分業意識も，専門職としての保育者像の確立にとって障壁となっている。性別役割分業構造のもと，子育て・子どもの保育は，ケア労働として女性によって無償で担われてきた長い歴史があり，専門性自体に「女性性」や「無償性」が刻印されている。田甫（2016）は，女性保

育者のライフコース研究において，「家庭人」としての生活を犠牲にした，つまり自分の子どもをもたなかったことで，「職業人」としての不完全さを感じざるをえなかったという，ある女性保育者のエピソード（時代的には以前のものだが）を紹介している。私生活のあり方によって専門性が減じるはずもなく，幼児教育の専門性についての特異性を示しているといえよう。

　また，職業としての保育者が，いまだ「若い女性が結婚前に従事する職業」としてのイメージを払拭できていない点も課題である。実際，保育者における女性の占める割合は90％を超える（2018年「学校基本調査」によると，幼稚園教諭の93.5％，認定こども園保育教諭の94.7％，2015年「国勢調査」によると保育士の97.1％が女性である）。しかも，2016年「学校教員統計調査」によると，勤務年数が5年未満の者が，幼稚園教諭で44.3％（平均勤務年数10.5年），認定こども園保育教諭で69.7％（平均勤務年数5.6年）を占める。2015年「社会福祉施設等調査」によると，保育所保育士についても，勤務年数が5年以下の者が31.7％，10年未満の者が45.6％に上る。これらとも関連して，女性の労働が家計補助的な位置づけを与えられる傾向や，それを背景とした労働市場において根強い男女の賃金格差も存在する。

　このように仕事自体の内容や責任の重さとは無関係に，「女性の仕事」であることが，待遇の低さ，ひいては専門性の確立の難しさにつながっている側面もあり，「ジェンダーの混成[▷3]」についても，今後議論されなくてはならないだろう。

3　質向上「戦略」としての幼児教育の専門性

　しかしながら近年，幼児教育の質の向上が，知識基盤社会における個人と社会の発展の重要な鍵であるとして，OECD や UNESCO といった国際機関の主要テーマとして取り上げられるようになっており（OECD, 2001, 2011, 2019；UNESCO, 2007），幼児教育の質の向上において必須となる幼児教育の専門性の向上が先進国に共通の課題となっている。

　OECD（2019）は，幼児教育の質を高めるための5つの「政策レバー[▷4]」をあげ，保育政策に関する議論を各国で活発化することを求めている。そして，「政策レバー」の一つとして，子どもと直接かかわる ECEC（Early Childhood Education and Care）職員の資格制度，養成と研修の質を高めること，労働条件を改善することをあげている。

　こうした背景においては，日本でも，幼児教育の専門性を保育の質を高めていくための「戦略的な概念」（矢藤，2013）として位置づけるべきではないか。幼児教育の専門性についての議論と研究を活発化し，その内実を明らかにしていくことが，保育者の仕事の意義と処遇改善の必要性を社会的に訴えていくことにつながるのである。

▷3　ジェンダーの混成
OECD 諸国においても，ECEC 職員の多くに女性が従事しており，「女性の仕事」とされていることが ECEC の社会的地位に影響を与えていることから，OECD では「ジェンダーの混成」を提言している。

▷4　政策レバー
幼児教育の質を高めることのできる「効果的な政策上のてこ入れの仕方(effective political levers)」のことであり，このほかに「質の目標と規制の設定」「カリキュラムと学習基準のデザインと実施」「家庭と地域社会の関与」「データ収集，調査研究，モニタリングの推進」があげられている。

また同時に，従来の専門職概念の捉えなおしも必要である。近年，専門職が知識・技術を占有することによってクライアントの疎外・分断を図り，専門職としての地位を維持してきたことに対する異議申し立てがなされている。イギリスの教育社会学者ウィッティは，これまで専門職から疎外されてきた構成員との間に連携を作り上げ，それを基盤とするような「民主主義的な専門職性」を，新しい教師の専門職像として提起している（ウィッティ，2004）。幼児教育においても，イタリアのレッジョ・エミリアのドキュメンテーション[5]や，ニュージーランドのラーニング・ストーリー[6]などにみられるように，自分たちの専門家としての実践を，保護者や市民，さらには子どもと積極的に共有することこそ専門職としてのあるべきふるまいとなっている。連携や協働は幼児教育においても新しい専門職像を考えるうえでのキーワードといえるだろう。

2　幼児教育の専門性とは何か

1　公的文書にみられる幼児教育の専門性

　幼児教育の専門性の具体的内容はどのようなものか。まずは文部科学省・厚生労働省が示す公的文書が，幼児教育の専門性をどのように定義しているのかみていこう。

　2002年，文部科学省は「幼稚園教員の資質向上について──自ら学ぶ幼稚園教員のために」を示し，幼稚園教員に必要な資質として，8項目（「幼児理解・総合的に指導する力」「具体的に保育を構想する力，実践力」「得意分野の育成，教員集団の一員としての協働性」「特別な教育的配慮を要する子どもに対応する力」「小学校や保育所との連携を推進する力」「保護者及び地域社会との関係を構築する力」「園長など管理職が発揮するリーダーシップ」「人権に対する理解」）をあげている。2014年の「幼稚園教諭・保育教諭のための研修ガイド──質の高い教育・保育の実現のために」では，この8項目に「多様な現代的課題に応じる力」が追加されており，現在はこの9項目が，文部科学省において，幼稚園教員に期待される専門的能力の構成要素と位置づけられている。

　一方，厚生労働省が求める保育士の専門性に関しては，『保育所保育指針解説』にみることができる。同書には，保育士の主要な知識及び技術として，①乳幼児期の子どもの発達を援助する知識及び技術，②子どもの自立を助ける生活援助の知識及び技術，③保育の環境を構成していく知識及び技術，④様々な遊びを豊かに展開していくための知識及び技術，⑤子ども同士や子どもと保護者の関係を構築するための知識及び技術，⑥保護者などへの相談，助言に関する知識及び技術の6つが示されている。

▷5　ドキュメンテーション
イタリアのレッジョ・エミリアの保育において，子どもたちの声や議論の記録，活動中の写真，作品その他の媒体物を通じて，子どもたちの活動と学びの過程を記録文書化したこと。本人や保護者はもちろん広く市民にも公開される。

▷6　ラーニング・ストーリー
「学びの物語」「学びの軌跡」と訳されるニュージーランドにおける，保育の記録かつ評価の方法。物語として子どもを描き出すことで，子どもを取り巻く環境や大人や仲間との関係を含んだホリスティックな観点から子どもの成長・発達を捉えることができる。写真や作品のコピー，子どもの声なども含め，ポートフォリオに記録される。

　公的文書ではないが，2003年に全国保育士会で採択された「保育士倫理綱領」も，保育士の専門性を示したものとして，養成課程などで広く活用されている。「保育士倫理綱領」は，保育者の責務として，①子どもの最善の利益の尊重，②子どもの発達保障，③保護者との協力，④プライバシーの保護，⑤チームワークと自己評価，⑥利用者の代弁，⑦地域の子育て支援，⑧専門職としての研修と自己研鑽をあげている。この「保育士倫理綱領」の考え方をもとに，全国保育士会は，2018年，保育士・保育教諭の専門性の構造を「専門職としての基盤」「専門的価値・専門的役割」「保育実践に必要な専門的知識・技術」「組織性」の4つに分類し，それぞれに求められる知識技術をリスト化している。

2 保育研究における幼児教育の専門性

　保育研究においても，幼児教育の専門性の内容は検討されてきた。

　まず，保育者の専門性を，保育の過程に即して，「計画・立案の専門性」「保育実践の専門性」「保育を反省・評価する専門性」の3つに定式化する議論がある（鯨岡，2000；榎沢，2016）。さらに計画や実践の前段階として「子ども理解」や「環境構成」の専門性が付け加えられることもある（中坪，2016）。

　専門性の確立を阻害すると危惧される一方で，やはり幼児教育における固有の専門性の基盤として捉えられてきた「人間性」を，専門性を構成する資質・能力として理論化する試みもみられる。関口（2001）は，幼児教育のねらいの変化に呼応して，幼児教育の専門性も，知識・技術として特定しうる知的（知識的）技術的専門性から，「気づく」「表現する」ことを重視する感性的専門性へと変化していると述べる。こうした感性的専門性は，「受信型保育技術」（柏女，2006），「知性に裏打ちされた感受性」（草信・諏訪，2009）としても検討されている。また秋田（2001）や大場（2007）は，ケアリング理論をもとに，「献身」や「没頭」や「専心」などと表現される子どもとの人格的なかかわりを，幼児教育の専門性の構成要素の一つとして捉えようとしている。

　一方，高山（2008）は，近年，資質・能力を表す概念として広く使われるようになったコンピテンシー概念を用いて，保育者の専門性の把握を試みている。コンピテンシーとは，ある職務において高い業績を示す人材に共通する特性を示したもので，インタビューや職務観察などを通して，ボトムアップで析出される（スペンサー＆スペンサー，2001）。このコンピテンシーの考え方をもとに，高山は，保育従事者や保育現場から収集した質的データのなかから，保育者のコンピテンシーを析出・構造化している。

　コンピテンシー概念を幼児教育の専門性の検討に導入することの意義は，それが抽象的な能力ではなく，具体的な行動レベルで示されるため，客観的な評価と能力の自己開発の指標として用いやすいという点にある。さらにその結果

▷7　ケアリング論
代表的な論者の1人，ノディングズ（1997）によると，ケアリングとは，「ケアされるひとのためにケアの行いに関与すること」「かれの実相に関心を持ち続けること」「関与の仕方を絶えず更新すること」であり，ケアする人の心理・態度，ケアされる人との関係性に重きを置く概念。

として，トップダウンではなくボトムアップのカリキュラムづくり，プロセスではなくアウトカム重視の評価につながることにあるという（高山，2008）。実証的に幼児教育の専門性にアプローチする一つの方法といえよう。

３ 幼児教育の新たな専門職像

　全国保育士養成協議会は，2005年に「保育士養成システムのパラダイム転換――新たな専門職像の視点から」をまとめ，そのなかで，今後望まれる専門職像として，「成長し続け，組織の一員として協働する，反省的実践家」（全国保育士養成協議会専門員会，2006）を示した。「成長し続ける保育士」とは，資格取得を専門職としてのスタート地点と位置づけ，ライフステージないしはキャリアパスに沿って，学び成長し続ける保育者像である。「組織の一員として協働する保育士」は，組織力の向上につながる「協働」と「同僚性」の発揮に資するような個人の資質に言及するものである。これらはいずれも近年，教師の専門職像として提起されているものと重なる。2012年の中教審答申「教職生活の全体を通じた教員の資質能力の総合的な向上方策について」では，これからの教員に求められる資質・能力として，社会変化のなかで知識・技能の絶えざる刷新を可能にする「学び続ける教員像」や，さまざまな課題に組織的かつ効果的な対応を行うための「同僚とチームで対応する力」があげられている。

　「反省的実践家としての保育士」もまた，近年，教師の専門職像として広く知られるようになった，ショーンの「反省的実践家（reflective practitioner）」（ショーン，2001）という専門職像を，保育者にもあてはめようとするものである。反省または省察と呼ばれる reflection とは，いわゆる保育実践の「振り返り」のことである。保育における「振り返り」の重要性については，以前から指摘されていたが，反省＝省察は保育実践との循環関係（中坪，2016）をより重視する概念である。反省＝省察によって，常に子ども理解や環境構成のあり方，さらには自らのアイデンティティを更新（update）し，新しい保育実践につなげることが重要なのである。

　反省的実践家としての専門職像が保育者にも適合的であるのには，既存の知識・技術を活用するだけでは変化に対応できないという現代的な理由に加え，矢藤（2017）は，保育者の専門知のあり方が関係していると述べる。保育という仕事においては一般的客観的な「科学知」だけでなく，個々の実践場面において状況に応じて動員される，経験に立脚した知識（「経験知」）が重視されるが，そうした経験知は日々の経験を反省＝省察するなかで蓄積されるものであるからである。経験知とその不断の更新，実践への適用を核とする反省＝省察を専門性と捉える専門職像もまた，「科学知」に基づく技術的合理性を核とする従来の専門職像からの脱却を示唆しているといえる。

④　新たな領域における専門性

①　子育て支援に関する専門性

　現在，幼稚園・保育所・認定こども園では，子育て支援がその業務の重要な一部となっている。「保育所保育指針」では，子育て支援において保育者に，「保護者とともに，子どもの成長の喜びを共有すること」「一人一人の保護者の状況を踏まえ，子どもと保護者の安定した関係に配慮して，保護者の養育力の向上に資するよう，適切に支援すること」を求めている。しかし，『保育所保育指針解説』において，子育て支援の専門性は，「子どもの保育の専門性を有する保育士」がもつ「保育に関する専門的知識・技術を背景とし」ているとあり，子育て支援固有の専門性とその根拠は示されていない。

　そこで，子育て支援の固有の専門性を明確化することが課題となっている。32の子育て支援者コンピテンシーを示した子育て支援者コンピテンシー研究会（2009），保育相談支援の26の技術項目を抽出した柏女ら（2009）などの具体的な専門技術もリストアップされてきている。ソーシャルワークやカウンセリングなどの援助技術，さらに福祉方法論の一つであるコミュニティワーク（地域援助技術）も子育て支援の専門性として取り入れていくべきだとする議論もある（柏女，2017，ほか）。今後はこうした議論をどう養成課程に組み込んでいくかが課題となるだろう。

②　認定こども園保育教諭に求められる資質・能力

　2006年，認定こども園制度がスタートした。2018年4月現在，その数は，全国で6160園まで増えている（うち幼保連携型認定こども園は4409園）。この新しい施設の広がりのなかで，幼児教育の専門性に変化は生じたのだろうか。

　認定こども園は，幼稚園利用（一号認定）の子どもと保育所利用（二号認定）の子どもがともに過ごす施設である。両者の保育時間の違いに配慮することも必要である一方で，そうした環境を，保育内容の制約と捉えず，その特質を生かす形での内容の見直しも検討されるべきであろう。

　また，認定こども園では，もともと幼稚園で働いていた職員と，保育所で働いていた職員が，ともに働くようになる場合も多い。そうした施設でしばしば現場から聞かれるのは，幼稚園と保育所の文化の違いをお互いが乗り越えることの重要性である。柏女（2017）は，「指導」という用語が出現する頻度が，「幼稚園教育要領」「幼保連携型認定こども園教育・保育要領」と「保育所保育指針」で，大きく異なることを指摘している。やはり幼稚園と保育所の文化の違いの存在は否めず，それぞれの文化の違いを乗り越え，一つのものとして融合していく必要があるだろう。

　認定こども園が固有の機能を果たしていくためには，単に幼稚園と保育所，

両者の機能を統合するだけでは十分ではない。高い質のレベルでの養護と教育
の融合，すなわちエデュケア（educare）の概念を具体化し，それを保育教諭の
専門性に反映させていくことが求められる。

3　幼児教育の専門性をどう育てるか

1　幼児教育に関する養成制度の課題

　幼児教育の専門性を培い，向上させていくのが，養成教育と現職教育（研
修）である。それぞれの現状と課題について述べていこう。

　幼稚園教員になるためには，教育職員免許法に基づく幼稚園教諭免許状が必
要である。免許状取得には，短期大学，四年制大学，大学院修士課程を卒業ま
たは修了し，短期大学士，学士，修士の学位を取得することと，教育職員免許
法に規定された科目の単位を修得することが条件となる。短期大学士の学位取
得と所定の31単位の修得で二種免許状，学士の学位取得と所定の51単位の修得
で一種免許状，修士の学位取得と所定の75単位の修得で専修免許状が授与され
る。

　一方，保育士になるには，児童福祉法に基づく保育士資格を取得する必要が
ある。厚生労働大臣指定の養成施設（短大，四年制大学，専修学校等）において，
所定の単位を修得して卒業するか，都道府県知事が実施する試験に合格し，保
育士登録を行うことにより保育士として仕事をすることができるようになる。

　第一種，第二種，専修と，資格が階層化されている幼稚園教諭と異なり，保
育士資格については，養成施設の学歴種別・年限にかかわらず1種類の資格し
かない。幼児教育の専門性の向上が叫ばれ，指定保育士養成施設において四年
制大学の割合が増えるなか，資格の再編が議論に上がることも少なくない。2
年で取得できる基礎資格に加えて，1年もしくは2年で取得できる専門資格を
創設する案や，幼稚園教諭と同様，短大，四年制大学，大学院で資格を段階化
する案などが示されている。また，保育士試験の存在についても議論されてき
た。多様な人材を確保するための方策としての評価もあるが，実習もスクーリ
ングもない現状の保育士試験をそもそも養成課程とみなすことができるのかと
いう疑問は広くみられる。

　保育士に関しては職階における課題もある。園長，教頭，副園長，主幹教
諭，指導教諭，教諭といった職階が存在する幼稚園教諭に比較して，保育士に
ついては，ステップアップの資格や職階がない。ほとんどの保育所に存在して
いる主任保育士という身分すら，実は法的に位置づけられていない。

　そのほかにも保育士の資格にかかわる問題として，「独自の資格法がない」

「更新制がない」などの問題が指摘されている。また保育士資格は，障害者・
児施設，児童養護施設などの施設で働くための資格でもあり，こうした施設保
育士としての資格をめぐっての議論もある。

　しかし，資格制度の改革や保育士試験の廃止，さらに国家試験の導入など，
保育士の専門性向上につながりうる改革は，保育士不足による待機児童問題が
未解決の現状では，量的確保の議論にかき消され，実現はおろか議論すら極め
て困難な状況となっている。

［2］　現職教育（研修）の実態と課題

　養成教育の修了にともない免許・資格は賦与されるものの，免許・資格を取
得するだけで幼児教育の専門家としてその職責を十分に果たすことができない
ことは明らかである。さらに，今日の社会変化のなかで生起する新たな課題・
ニーズに応えていくためには，職に就いてからも生涯にわたって新たな資質・
能力の獲得が求められる。幼児教育の専門性の獲得・維持向上において，現職
教育（研修）の重要性はさらに高まっているといえるだろう。

　保育者の研修は法的にどのように根拠づけられているのだろうか。幼稚園教
員に関しては，教育基本法第9条が適用され，「自己の崇高な使命を深く自覚
し，絶えず研究と修養に励み，その職責の遂行に努め」ることが義務づけられ
ており，「研修の充実が図られなければならない」とされている。さらに教育
公務員特例法でも第4章全体を通じて研修の義務と権利が示されている。

　一方，保育士については，「児童福祉施設最低基準」第7条や児童福祉法第
48条が，児童福祉施設職員や子育て支援者として「必要な知識及び技能の修
得，維持及び向上に努め」ることを求めている。「保育所保育指針」でも第7
章全体を通して，資質・能力の向上に対する個人の責任，施設全体で改善に向
かう体制づくり，体系的な研修計画の作成義務などが示されている。

　さて研修には，個人が自分の時間を使って個人的に行う「自己研鑽」，職場
を離れて行う「園外研修」，職場において組織的に行われる「園内研修」がある。

　園外研修に関して指摘される課題は，まず第一に，時間とお金に代表される
条件整備が十分でないことである。子ども・子育て支援新制度における「職員
の資質向上・人材確保等研修事業」など，国レベルで研修の条件整備も進めら
れているが，研修への意識や体制には，まだまだ園や自治体による格差が大き
いことが指摘されている。

　経験年数や役職などキャリア発達に即した研修の体系化も課題となってい
る。幼稚園教員については，前述の報告書「幼稚園教員の資質向上について」
において，新任教員・若手教員，中堅教員，管理職，指導力の向上が必要な教
員と対象を分け，それぞれに必要な研修が示されている。また，全日本私立幼

稚園幼児教育研究機構は，領域別・段階別の研修俯瞰図を作成するとともに，それに基づいて研修履歴を記録できる「研修ハンドブック」を発行している。

保育士についても，2017年に厚生労働省が「保育士等キャリアアップ研修ガイドライン」を作成し，研修受講と処遇改善やキャリアパスを結びつける仕組みを示している。それを受けて，日本保育士会は，2018年に「保育士・保育教諭の研修体系」を発行し，「階層別」，すなわち，初任者，中堅職員，リーダー的職員，主任保育士等管理的職員というキャリア段階別に求められる知識・技術を示し，それらを修得できる研修を体系化している。

このように今後は，保育者自ら，自身の経歴と将来をキャリアとして把握するとともに，キャリアのなかでの自身の課題やニーズを踏まえて主体的に研修を組み立てることが求められる。しかし，その前提として，研修に参加できる環境が整備され，研修と処遇改善やキャリアパスとの関連づけが実質化される必要があるだろう。

3　園内研修と組織

園のなかで組織的に行われる園内研修のプロセスは，個々の保育者にとっては，その専門性を高めていく学びと成長のプロセスであるが，園にとっても，保育の「質のマネジメント」にかかわる重要なものである（矢藤，2017）。

園内研修では，専門家による講習会などの従来の方法に加え，近年，保育カンファレンスという方法が広く活用されるようになってきている。保育カンファレンスとは，特定の保育場面や保育プロセスを取り上げ，子どもの姿や保育実践に関してお互いの見方を発信・交換し合うものである。実践を言語化し，他者の見方を知ることで，子ども理解が深まり，実践の捉え直しが可能になる。一方的な講義スタイルではなく，対話を重視することで，充実感も高まるという。また，保育者による実践研究への注目も高まっている。自らの問題意識から出発し，研究的な視点で保育を検討することによって，子どもや保育についての新しい見方につながるという。

こうした園内研修を通して，一人ひとりの保育者の専門性だけでなく，組織としての専門性を高めていくことも必要である。幼児教育の専門性の向上に，組織のあり方は極めて重要な意味をもつ（榎沢，2016）。そもそも保育実践自体が，他の保育者との関係のなかで行われるものであり，そうした他の保育者との関係のなかで専門性も育まれる。また，園に勤務する保育者は，組織の一員として保育にあたっており，組織の環境や組織文化が，その保育実践に大きな影響を与えることとなる。専門性は個人に備わるものというより，組織の問題として捉える必要があるのである。

それでは，組織や活動のどのような特徴が，幼児教育の専門性につながるの

か。中坪ら（2014）は，現場の保育者が成長を実感できる園内研修の特徴として，①「議論の流れが良くてやりとりに相互性がある」，②「話し合いや発言の質が高い」，③「雰囲気や関係性が良くて協議する対象に理解がある」，④「保育の振り返りや構想がある」という4つをあげている。園内研修では，安心して参加でき，本音で話し合い，感情を交わしあえることが重要だとするものだが，これは研修の場だけでなく日常の組織文化の課題でもあるだろう。

すでに学校組織に関しては，「学習する組織」[10]「学びの共同体」[11]「協働文化」[12]など，個々の教師の専門性を高める望ましい組織のあり方について研究の蓄積があり，そうした組織を機能させるリーダーシップについても検討されている。保育者の専門性の向上は，組織としていかに学び合える体制と文化をつくっていけるかにかかっている。そしてそれは，マネジメントやリーダーシップの問題でもあり，組織論・経営論的発想をもって取り組むことが必要なのである（矢藤，2017）。

以上，養成課程と現職教育についてそれぞれみてきたが，専門性の養成・維持向上においては，養成段階から採用・現職教育への一貫した流れを考える必要もあるだろう。例えば，上述の実践研究を行う力，すなわち自ら問いを立て，仲間とともに探求していく力を育てることは，まずもって養成課程の課題であるが，就職後についても，養成機関と保育現場との連携をより強化し，継続的なサポートを行っていく必要があるだろう。

4　社会のなかでの幼児教育

資格や職階における制度の見直し，また養成や研修の仕組みの整備などの課題をみてきたが，それらがいかに解決されても，保育者の待遇や社会的評価がともなわなければ，保育者を専門職として確立することは難しい。

冒頭で，労働者としての保育者が，その責任の重さにもかかわらず，低賃金，長時間労働という困難な条件に置かれていること，そのことが資格があっても保育の仕事に就かない「潜在保育士」という問題を生んでいることを述べた。2018年の賃金構造基本統計調査によると，保育士の平均年間収入は358.0万円，幼稚園教員は平均年間収入360.2万円で，全職種平均497.2万円の7割程度である。

アメリカでは，保育の質に関係する要因に，(1)プロセスの質（子どもと保育者の相互作用，保育環境の適切性など），(2)構造の質（子ども人数，大人と子どもの比率，保育者の専門性など）に加え，(3)大人の労働環境の質（保育者の賃金と福利厚生，満足度・ストレスなど）があることは共通認識となっているという（大宮，2006）。前述のOECD（2019）でも，ECEC職員の労働条件の改善が，保育の質

▷10　学習する組織
1990年代初めにMITのピーター・センゲが提起した概念で，その後組織マネジメントの領域で広く活用され，学校組織についても適用されている。

▷11　学びの共同体
東京大学名誉教授の佐藤学が，子どもたちが学び合い，教師が専門家として成長し合う，21世紀型の学校づくりのキーワードとして提起したもの。「学びの共同体研究会」の活動は，国際的にも展開されている。

▷12　協働文化
1980年代，イギリスの教育社会学者A．ハーグリーブスが，教職の個人主義と孤立に抗して提起した，学校の再文化化のキーワード。

向上のためのツールの一つと位置づけられている。しかし日本では，保育の質の観点から保育者の労働環境の質が議論されることはほとんどない。

　幼児教育の重要性，とりわけ個人や社会への投資効果の大きさについての社会的認知が広がり，保育者の社会的地位や待遇の改善が大胆に実施されること，そうした社会的・政治的な動きが，幼児教育の専門性の確立には不可欠である。

Exercise

①　もしも保育者の半数が男性になったら，保育者の仕事にどのような変化が生じるかを考えてみよう。
②　学校教育の専門性と幼児教育の専門性の共通点と相違点を考えてみよう。
③　OECD（2019）の「政策レバー 3 ：資格，養成・研修，労働条件の改善」のチェックリストで，日本の保育者の状況をチェックしてみよう。

📖次への一冊

ショーン，D. A., 佐藤学・秋田喜代美訳『専門家の知恵――反省的実践家は行為しながら考える』ゆみる出版，2001年。
　　現代の教師や保育者にとって最も重要な実践の一つとなっている反省＝省察を理解するための一冊である。
OECD，秋田喜代美・阿部真美子・一見真理子・門田理世・北村友人・鈴木正敏・星三和子訳『OECD 保育の質向上白書――人生の始まりこそ力強く：ECEC のツールボックス』明石書店，2019年。
　　幼児教育の重要性を訴え，政策の国際比較とアクションリストを示した過去のOECD 報告書に続き，質の向上に効果的な「政策レバー」と実施に役立つ資源（「ツールボックス」）が示されている。日本の幼児教育の質の向上のために何が必要なのか，現状分析と改善への議論のための格好の資料となる。
矢藤誠慈郎『保育の質を高めるチームづくり――園と保育者の成長を支える』わかば社，2017年。
　　保育の質を高めるための営みに対して，現実的に機能するような（「プラグマティクス」な），また技術的なアプローチを目指した本（「まえがき」より）。社会学，教育学，心理学，経営学などさまざまな分野の理論が援用・紹介されており，学生にとっても，現場の保育者にとっても，有益な一冊。

引用・参考文献

秋田喜代美「保育者とアイデンティティ」森上史朗・岸井慶子編『保育者論の探求』（新・保育講座 2 ）ミネルヴァ書房，2001年。

ウィッティ, G., 堀尾輝久・久富善之監訳『教育改革の社会学──市場・公教育・シティズンシップ』東京大学出版会, 2004年。

榎沢良彦「保育者の専門性」日本保育学会編『保育学講座4 保育者を生きる──専門性と養成』東京大学出版会, 2016年。

OECD, 秋田喜代美・阿部真美子・一見真理子・門田理世・北村友人・鈴木正敏・星三和子訳『OECD 保育の質向上白書──人生の始まりこそ力強く：ECEC のツールボックス』明石書店, 2019年。

OECD, 星三和子・首藤美香子・大和洋子・一見真理子訳『OECD 保育白書──人生の始まりこそ力強く：乳幼児期の教育とケア（ECEC）の国際比較』明石書店, 2011年。

大場幸夫『こどもの傍らに在ることの意味──保育臨床論考』萌文書林, 2007年。

大宮勇夫『保育の質を高める──21世紀の保育観・保育条件・専門性』ひとなる書房, 2006年。

柏女霊峰「子どもの生活を支える援助者として」網野武博・無藤隆・増田まゆみ・柏女霊峰『これからの保育者にもとめられること』ひかりのくに, 2006年。

柏女霊峰「保育相談支援の原理」柏女霊峰・橋本真紀『増補版 保育者の保護者支援』フレーベル館, 2010年。

柏女霊峰『これからの子ども・子育て支援を考える──共生社会の創出をめざして』ミネルヴァ書房, 2017年。

柏女霊峰・橋本真紀・西村真実・高山静子・山川美恵子・小清水奈央『保育技術の体系化に関する研究』こども未来財団, 2009年。

草信和世・諏訪きぬ「現代における保育者の専門性に関する一考察」『保育学研究』47(2), 2009年。

鯨岡峻「保育者の専門性とはなにか」『発達』第83号, 2000年。

子育て支援者コンピテンシー研究会編著『育つ・つながる子育て支援──具体的な技術・態度を身につける32のリスト』チャイルド本社, 2009年。

ショーン, D. A., 佐藤学・秋田喜代美訳『専門家の知恵──反省的実践家は行為しながら考える』ゆみる出版, 2001年。

スペンサー, R. M. & スペンサー, S. M., 梅津祐良・成田攻・横山哲夫訳『コンピテンシーマネジメントの展開』生産性出版, 2001年。

関口はつ江「保育者の専門性と保育者養成」『保育学研究』39(1), 2001年。

全国保育士養成協議会専門委員会「保育士養成システムのパラダイム転換──新たな専門職像の視点から」『保育士養成資料集』第44号, 2006年。

高山静子「コンピテンシー理論に基く保育士養成課程の考察」『保育士養成研究』第26号, 2008年。

田甫綾野「保育者のライフコース──保育者の事例から」日本保育学会編『保育学講座4 保育者を生きる──専門性と養成』東京大学出版会, 2016年。

中坪史典「保育実践と省察」日本保育学会編『保育学講座4 保育者を生きる──専門性と養成』東京大学出版会, 2016年。

中坪史典・秋田喜代美・増田時枝・安見克夫・砂川史子・箕輪潤子「保育者はどのような保育カンファレンスが自己の専門的成長につながると捉えているのか」『乳幼児教育学研究』第23号, 2014年。

ノディングズ, N., 立川善康・林泰成・清水重樹・宮﨑宏志・新茂之訳『ケアリング──倫理と道徳の教育──女性の観点から』晃洋書房, 1997年。

矢藤誠慈郎「『保育者の専門性についての調査』への問い（書評）」『保育士養成研究』
　　第31号，2013年。

矢藤誠慈郎『保育の質を高めるチームづくり――園と保育者の成長を支える』わかば
　　社，2017年。

OECD, 2001, *Starting strong: Early childhood education and care.* OECD Publishing.

UNESCO, 2007, *Education for all grobal monitoring report: Strong Foundation: Early
　　childhood care and education.* UNESCO Publishing.

第11章
子育て支援と幼児教育

〈この章のポイント〉

　今日の日本においては，子育て支援ということが一つの重要な社会課題であり，政策課題でもある。そして，そのことが幼児教育・保育の制度やそこで働く保育者の仕事のあり方にも大きな影響を与えている。本章では，子育て支援施策の発展の経緯や定義・理論，法的根拠や具体的な事業・実践を概観するとともに，今後の課題について学ぶ。

1　政策課題・研究課題としての子育て支援

1　政策課題としての子育て支援

　日本における子育て支援施策は，少子化対策と密接にかかわる形で展開してきた。高度経済成長期以降の育児不安・育児ストレスの社会問題化を受けて，乳幼児期の家庭教育支援や育児相談機能の強化を進める動きは，すでに1980年代からみられたが，「子育て支援」という言葉が政府の白書に初めて登場したのは，1990年3月に刊行された平成元年版『厚生白書』であり，同書は冒頭から出生率の低下に言及し，その背景や影響について考察している。

　その後，同年6月に前年の合計特殊出生率[1]が，1966年の丙午の年を下回る1.57となることが発表されたことにより，子育て支援施策は，より鮮明に，少子化対策という色合いを帯びるようになった。出生率発表の衝撃は大きく（1.57ショック），対策を求めて多くの審議会や会議が立ち上げられ，さまざまな提言や報告書が示された。そして，それらが1994年の「エンゼルプラン」，1999年の「新エンゼルプラン」へとつながっていったのである。

　「エンゼルプラン」の正式名称は「今後の子育て支援のための基本的方向について」であり，今日では子育て支援施策の起点として位置づけられている。内容は，育児休業給付の引き上げから学校週5日制の実施まで多岐にわたるが，中心的施策は，「仕事と子育ての両立支援」としての保育所保育の充実であった。「エンゼルプラン」を具体化したとされる「緊急保育対策等5か年事業」では，低年齢児保育，延長保育，一時的保育などにそれぞれ数値目標が掲げられた。この保育所保育の充実という重点化方針は，5年後の「新エンゼルプ

▷1　合計特殊出生率
1人の女性が一生の間に産む子どもの数を表す，人口統計上の指標。一般に年次比較・国際比較が可能なものとして，1年間の15〜49歳の女性の年齢別出生率を合計した期間合計特殊出生率が用いられる。1970年代後半から低下しはじめ，2005年に最低の1.26を記録。その後やや回復し，近年では1.4を上回る数値で推移している。

▷2 「育児をしない男を，父とは呼ばない」
1999年に厚生省（当時）がダンサーのSAMを起用して作成したポスターのキャッチコピー。賛否両論の反響が上がったが，父親の育児責任についての議論を喚起するきっかけとなった。市民団体「男も女も育児時間を！連絡会」では，このキャンペーンに対抗して，「お父さんでいられる時間を，もっと」と題したキャンペーンを行った。

▷3 イクメンプロジェクト
厚生労働省が2010年から行っているプロジェクト。キャッチフレーズは「育てる男が家族を変える。社会が動く。」。Web上での活動（「イクメン＆サポーター登録」，育児休業に関する情報，企業の事例・個人の育児体験談の掲載等）と各種イベントからなる。「イクメン」とは，広告会社のコピーライター長谷川潤が「イケメン」をもじって造った言葉であり，2010年の新語・流行語大賞にノミネートされた。

▷4 ワーク・ライフ・バランス
一般的には，「仕事と生活の調和」と訳され，仕事と家庭や地域における生活とのバランスをさす。2007年に政・労・使の合意により「ワーク・ライフ・バランス憲章」とそれに基づく行動指針が示された。そこでは，ワーク・ライフ・バランスが実現した社会を，「国民一人ひとりがやりがいや充実感を感じながら働き，仕事上の責任を果たすとともに，家庭や地域生活などにおいても，子育て期，中高年期といった人生

ラン」においても同様であり，前述に加えて休日保育の数値目標が設定された。

子育て支援策がその視点と守備範囲においてさらなる広がりをみせたのは，2002年の「少子化対策プラスワン」，2003年の「次世代育成支援対策推進法」および「少子化社会対策推進法」とそれを受けて2004年に示された「子ども・子育て応援プラン」からである。子育て支援施策に，「父親を含めた働き方の見直し」と「地域における子育て支援」という視点が加わり，父親（男性）と専業主婦という新たな層が，子育て支援の対象と位置づけられることとなった。

前者の「父親を含めた働き方の見直し」については，育児休業取得率の数値目標設定や，1999年の「育児をしない男を，父とは呼ばない」▷2キャンペーンから現在の「イクメンプロジェクト」▷3につながる男性の意識改革を図り，育児参加を促す施策，「ワーク・ライフ・バランス」▷4の考え方とも歩調を合わせて展開する，働き方や働く環境そのものの見直しを図る施策などがある。後者の「地域における子育て支援」とは，それまで子育て支援の対象として十分に位置づけられてこなかった「在宅子育て家庭」，すなわち専業主婦の子育てをも支援の対象に据えるものである。

その後，2005年の「少子化対策大綱」とその具体的な実施計画である「子ども・子育てプラン」，2006年の「新しい少子化対策について」，2010年の「子ども・子育て支援新ビジョン」などにも，保育所保育の充実と地域子育て支援，および働き方の見直しを柱とした少子化対策は引き継がれる。一方で，就学前教育のあり方の見直しも進められ，2012年の「子ども・子育て支援法」等3法，2015年の「子ども・子育て支援新制度」において，就学前教育・保育と，地域における子育て支援，さらには仕事と子育ての両立支援という3つの課題に一体的に取り組むこととなった。

2　子育て支援の法的根拠

子育て支援施策は，法的にどのように根拠づけられているのか。まず，理念としての根拠は，児童福祉法第2条第3項（「国及び地方公共団体は，児童の保護者とともに，児童を心身ともに健やかに育成する責任を負う。」）および子ども・子育て支援法第2条▷5に求められることが多い。

具体的な事業についてみると，保育所保育は1947年の児童福祉法，育児休業制度は2002年の育児・介護休業法によってはじまったが，それぞれ子どもに対する福祉や雇用者保護の観点から実施されていた。子育て支援が，その趣旨とともに法律に位置づけられるのは，2003年，2008年の児童福祉法改正，2012年の「子ども・子育て支援法」成立をまたねばならない。

幼稚園・保育所・認定子ども園に関連する諸法律においても，それらの施設を子育て支援の重要な拠点として，また幼稚園教員・保育士・保育教諭を子育

て支援を担う重要な人材として位置づけている。まず，1997年の児童福祉法改正で，保育所に地域住民に対する相談・助言機能が追加され，子育て支援の拠点としての位置づけがなされた。続く2000年改正で保育士資格が初めて法定化された際には，保育士の業務は「児童の保育および児童の保護者に対する保育に関する指導」と定義され，2003年改正では「保育所に勤務する保育士は，乳児，幼児等の保育に関する相談に応じ，及び助言を行うために必要な知識及び技能の修得，維持及び向上に努めなければならない」と規定された。一方，幼稚園においても，2007年の学校教育法改正にともない，その役割に「保護者および地域住民その他の関係者からの相談に応じ，必要な情報の提供及び助言を行う」ことが追加された。また認定こども園は，そもそも「満三歳以上の子どもに対する教育並びに保育を必要とする子どもに対する保育を一体的に行」うとともに，「保護者に対する子育ての支援を行うことを目的として……設置される施設」と定義されている（「就学前の子どもに関する教育，保育等の総合的な提供の推進に関する法律」第2条第7項）。

　「保育所保育指針」でも，2008年改訂以降，保育所の役割の一つに「入所する子どもを保育するとともに，家庭や地域の様々な社会資源との連携を図りながら，入所する子どもの保護者に対する支援及び地域の子育て家庭に対する支援等を行う役割」をあげ，「保護者に対する支援」の基本的視点と具体的な取り組み内容が示されている。「幼稚園教育要領」でも，2008年改訂以降，子育ての支援のための活動を具体的にあげ，それらの取り組みを通じて「地域における幼児期の教育のセンターとしての役割」を果たすことを求めている。

　このように，地域における子育て支援は，現在幼児教育・保育を担う施設や職員にとって，重要かつ日常的な業務の一部として制度化されているのである。

2　子育て支援とは何か——子育て支援の理論

1　子育て支援の定義

　「子育て支援」という概念の範囲は極めて曖昧である。前述のとおり，「エンゼルプラン」「新エンゼルプラン」における子育て支援とは，ほぼ保育所保育の充実と同義であったが，2003年の改正児童福祉法以降は，地域子育て支援事業と両輪で進められるものとなっていった。さらに近年では，こうした特定の施策・事業ないし活動をさすものとしてではなく，より包括的に子育て支援を捉えるようになってきている。2012年の子ども・子育て支援法では「子ども・子育て支援」を，「全ての子どもの健やかな成長のために適切な環境が等しく確保されるよう，国若しくは地方公共団体又は地域における子育ての支援を行

の各段階に応じて多様な生き方が選択・実現できる社会」と定義している。

▷5　子ども・子育て支援法第2条（基本理念）
「子ども・子育て支援は，父母その他の保護者が子育てについての第一義的責任を有するという基本的認識の下に，家庭，学校，地域，職域その他の社会のあらゆる分野における全ての構成員が，各々の役割を果たすとともに，相互に協力して行われなければならない」。

う者が実施する子ども及び子どもの保護者に対する支援」(第7条)と定義している。ここには担い手の多様性に加えて，社会保障から保育サービス，企業の両立支援策，地域の子育て支援活動など幅広い施策・事業ないし活動が包含されている。

研究者による子育て支援の定義も多様である。下夷 (2000) は，子育て支援の手段，すなわち子育てに必要な資源である「経済的費用」「ケアサービス」「時間」の保障という観点から子育て支援を捉え，検討している。一方，大豆生田 (2006) は，支援の主体，対象，目的による整理を試みている。そして，子育て支援という言葉の射程が広いことを認めつつ，さまざまな主体が子育てに支援的にかかわるという実践，子育てという営みを私的・個人的なものではなく公的・社会的なものとして捉えるという基本的視点，そして「安心して子どもを産み育てる環境を作るとともに，子どもの健やかな育ちを促す」(大豆生田，2006) という目的によって大まかに捕捉しうるものとしている。

子育て当事者にとって何が支援となるかは多様であるため，担い手の視点や目的によって子育て支援を同定するというやり方が適切かどうかは異論もありそうだが，それでも子育て支援の目的や視点について検討することは，子育てや家族，また社会のあり方への影響という観点からも重要なことであろう。

2 何のための子育て支援か──少子化対策？ 労働政策？

まず，子育て支援の目的について検討していこう。第1節で述べたように，日本における子育て支援施策は，少子化対策の一環としてはじまり，展開してきた。極端ないい方をすれば，子育て支援は少子化対策の手段として位置づけられてきたともいえる。

こうした状況について汐見 (2008) は，子育てという日常的営為に，政治的あるいは経済的な意味合いをもたせ，社会的な問題としての「探求と発掘のきっかけ」を作ったと意義づけ，少子化という背景がなければ「わが国の子育ての問題が政治的テーマになることはおそらくもっと遅れた」だろうと述べている。

一方近年，子育て支援は，女性の就労支援，仕事と子育ての両立支援としての色彩を濃くしている。女性の就労する権利の保障のために，仕事と子育てを両立する環境を整えることは重要だが，少子化にともなう労働者人口の減少を補う手段としての女性の就労奨励とそのための両立支援という本音が透けてみえる。

たしかに，子育て支援施策を推進するのに，それが少子化対策や労働者不足の解消につながるという主張は訴求力がある。近年では，柴田 (2016) が，子育て支援施策の政策効果を試算し，子育て支援施策が「労働生産性の上昇」と「出生率の上昇」を実現し，財政健全化をもたらすことを明らかにしている。こうし

た主張は，支援などなくとも立派に子育てしてきたと自負する先行世代に対しても，子育て支援を重点施策化することを説得するうえで効果があるだろう。

　しかし，子育て支援を少子化や労働者不足という問題と結びつける発想，やや大げさにいえば，少子化や労働者不足という社会的危機をもち出さなくては子育て支援の必要性を正当化できないということが，世代や子どもの有無や就労状況をはじめとする立場の違いによる対立をむしろ持続させる側面もあるのではないだろうか。ワーキングマザーと専業主婦の対立を煽る議論や，「独身税[6]」の導入を求めるような議論はその典型である。

　少子化対策や労働者不足解消の手段として子育て支援を位置づけることは，年金・医療・介護といった社会保障の，現在および将来の条件ないし手段として位置づけることである。そうではなく，子育て支援を，社会保障の一環としてあたりまえに位置づけることが必要である。年金・医療・介護と同列に社会保障の対象とする「全世代型の社会保障」，年金・医療・育児・介護の「四つ葉のクローバー」型社会保障（柏女，2008，2017）が求められている。

③　子育て支援の基本的視点──「子育ての社会化」をめぐって

　前述のとおり，大豆生田（2006）によると，子育て支援には，子育てを公的・社会的なものとして捉える基本的視点が求められるという。このように，これまで家族，とりわけ女性によって私事として担われてきた子育ての営みと責任を，社会的な営みとして外部化・共同化することは，「子育ての社会化」として，子育て支援施策の議論における重要な論点となってきた。

　しかし，「子育ての社会化」の現実化にはいまだ大きな課題が残る。というのも，「子育ての社会化」の議論は，近代社会における公的領域と私的領域の再編成，さらには近代家族[7]のあり方と密接にかかわっているからである。家族機能の多くが社会化・外部化されている今日，子育て機能こそが近代家族の「臨界」を構成するという議論すらある（松木，2013）。「子育ての社会化」の議論は，そうした重要な問題提起を孕んでいるだけに，子育ての責任を家庭と社会がどのように分けもつか，子育てにおける家族と社会のパートナーシップはどうあるべきかといった問題をめぐっては，現在においても，必ずしも社会的な合意形成がなされているとはいえないのである（下夷，2000；松木，2013）。とりわけ，日本では子育てを家族の責任とする価値観が根強く，政策的にも家族ケアを前提とする「日本型福祉社会[8]」推進路線が展開されてきたため，「子育ての社会化」をめぐっては，しばしば世代間の認識のギャップが露見し，問題となっている。1990年代から子育て支援施策と並行して進められている家庭教育支援施策[9]においては，親の養育責任を強調する，ある意味「子育ての社会化」とは矛盾する議論が行われることも少なくない。また，そうした状況下で

▷6　独身税
独身者に課される税金のこと。ブルガリアで1968～89年に少子化対策として導入したが失敗。日本では，2004年に自民党の子育て小委員会での提案，2017年石川県かほく市での市民と財務省官僚の意見交換会での発言が話題となった。

▷7　近代家族
家族の歴史的形態を考察する場合の一つの形態。前近代の家父長的支配関係から，互いの人格の尊重，愛情や信頼をもとにした関係に変化し，機能においても，生産機能中心から再生産機能中心へと変化したとされる。

▷8　日本型福祉社会
1970～80年代に示された，福祉の主体を国家とするのではなく，家族・企業，地域を福祉の主体とし，国家はその支援と最終的な保障だけを担うべきとする考え方。とりわけ家族に介護や子育てといった福祉の機能を担わせる「家族福祉イデオロギー」としての様相をもつ。1979年に自民党が示した『日本型福祉社会』には，「家庭，企業（および同業者の団体など，各種の機能的集団）が従来から福祉の重要な担い手であったという日本的な特色を今後もできるだけ生かしていく」とある。

▷9　家庭教育支援施策
2006年の教育基本法改正以降，新たに追加された第10条第2項に基づいて，国・自治体でさまざまな「家庭教育を支援するために必要な施策」がなされている。「家庭教育支援条例」を制定する自治体も少なくない。

現在の子育て支援が実践されているため，子育て支援の受け手と担い手の双方に大きなジレンマを生じさせているとの指摘もある（松木，2013）。

さらに「子育ての社会化」のなかで，親をどのように位置づけるかの議論も十分とはいえない。子育て支援は，「支援する―される」「教える―教えられる」という固定化した関係を生み出しやすく，容易に親の抑圧にもつながりうる。一方で，親をサービスの選択主体（「お客さん」）として位置づけることもまた異なる形で親の主体性を奪っているとの指摘もあり，親のエンパワーメント[10]という考え方が提起されている（中谷，2008ほか）。

ちなみにここでも，少子化対策を前面に打ち出しすぎることの問題が指摘できよう。子育て支援を少子化対策の文脈におくことで，親や子どもを子育て・子育ちの権利主体と位置づける視点を後退させかねないという点である。少子化という「社会的危機」の前に，子どもを産み育てることへの公的介入が進み，性と生殖に関する自己決定権や子どもの養育権が侵害されているのではないかという危惧は常に指摘されている。浅井（2004）も，子育て支援法制において，国民全体に協力要請がなされている一方で，親・保護者については，「子育てについての第一義的養育責任を有する」ことを強調するだけで，その権利についての規定がまったくなされていないことを問題視している。

「子育ての社会化」という理念や，そのなかで親を権利主体としてどのように位置づけうるかについては，より多くの議論が喚起される必要があるだろう。

④ 子育て支援の理論化と今後の課題——ジェンダー，格差，地域

そのほか，子育て支援の理論化において問われるべき論点についてみていこう。

まず第一に，子育て支援とジェンダーについてである。子育て支援を通じた「子育ての社会化」は，近代的な性別役割分業，すなわち，男性に生産労働，女性に再生産労働の役割を割り当てる規範に対する異議申し立てでもある。保育サービスの拡充は，女性の生産労働を，また男性の育児参加を促す施策は，男性の再生産労働を促すからである。

近年の先進諸国では，一定の条件下で，女性の労働力率[11]を上げることが出生率の向上にもつながることが示されている。内閣府の国際比較調査（内閣府，2006）では，この条件を具体化した「社会環境」指標を示しているが，そこには，「雇用機会の均等度」「家庭内役割分担の柔軟性」といった項目が含まれる。つまり，保育所保育の充実などの子育て支援策を少子化対策として機能させるためには，男女共同参画ないし性別役割分業からの脱却を同時並行的に実現していくことが必須なのである。

しかしながら，子育て支援の議論や実践においては，いまだに女性が子育て

▷10　エンパワーメント（empowerment）
直訳すると，力づけること，力を与えること。中谷（2008）によると，「抑圧や差別，搾取によって自己の可能性が押し込められている人たちが，共感，信頼，連帯，権利意識といった肯定的パワーによって本来誰もが持っているはずの潜在力や個性に気づき，自らのコントロールを取り戻すプロセス」である。

▷11　女性の労働力率
労働力率とは，15歳以上人口に占める労働力人口（就業者＋完全失業者）の割合。OECD諸国においては，15〜49歳の女性の労働力率と合計特殊出生率の関係が，1970年代には負の相関関係にあったが，1980年代半ばからこの関係が変化し，2000年以降のデータでは正の相関関係を示すようになった。

を担うことが前提とされ，子育て支援を母親支援と同一視するかのような議論や事業は少なくない。それらは母親の子育て責任を逆に強調することになり，母親を追い詰める結果になりかねないことに自覚的である必要がある。

　次に社会的格差との関連である。子育て支援を通じた「子育ての社会化」は，社会的格差の拡大の抑制につながりうるという議論がある。家族による子育ては，その置かれた経済的・文化的条件による影響を免れないが，子育て支援を活用し，「子育ての社会化」を実現することで，その影響を低減することができるというのである。欧米ではすでに質の高い公的な保育サービスを広く提供することが，格差拡大を防ぐ有効な手段であると指摘されている（エスピン＝アンデルセン，2001ほか）。日本においても柴田（2016）が，子育て支援施策が子どもの貧困率を下げる可能性について指摘している。

　しかし，日本の子育て支援施策には，一般的に格差・貧困対策という視点が不足している。2010年の「子ども・子育てビジョン」では，家族や親だけに子育ての責任を担わせることが「格差や貧困の連鎖にもつながる」との指摘もみられたが，一方で，前述の家庭教育支援施策のように，家庭の養育責任を重視することで家族間格差の拡大の流れに掉さす動きも少なくない。国際的にみても日本は，ひとり親，とくに母子家庭への公的支援が脆弱であることは知られている。子どもの貧困率の高さが問題となっている今日，格差・貧困の解消・抑制といった観点から子育て支援施策を検討することも必要ではないだろうか。

　最後に，地域づくりという論点との関連についても述べておこう。近年，子育て支援，とりわけ次節で取り上げる地域子育て支援には，地域づくり，まちづくりのきっかけとしての期待も寄せられている。地域子育て支援の考え方が，公的セクターによる当事者への「サービス保障」から，「住民自治の支援」へと変わりつつあるとの指摘もある（大豆生田，2006）。実際，子育て支援活動は，NPOほか地域のボランタリーな組織が担っているケースも多く，そうした「地域資源」の積極的な発掘やネットワーク化も奨励されている。

　こうした地域における子育て支援活動の活性化は，実際に子育てを支える力となるだけでなく，地域の社会関係資本の醸成に役立つものともなる。アメリカでは，社会関係資本が教育達成，児童虐待と相関関係をもつことが示され（パットナム，2006），国内の調査でも，社会関係資本と合計特殊出生率との相関関係が示唆されるなど（内閣府国民生活局編，2003），社会関係資本の豊かな地域では，子育ての環境も豊かになることが示唆されている。

　当事者による相互支援や自治を称揚しすぎることには，公的責任を曖昧にする危険性があることは認識しておく必要がある。しかし，地域の相互支援や自治の文化は，長期にわたって子育て・子育ちを支える要因となる。また，保護

▷12　エスピン＝アンデルセン，G（Esping-Andersen, Gøsta）
デンマーク出身の社会学者で「福祉レジーム」論で有名。著書『平等と効率の福祉革命』（2001年）において，「最も『私有化』されている」就学前の時期に，保育サービスを充実させることで，家庭の文化資本における格差の影響を緩和しうると述べている。

▷13　社会関係資本（social capital）
人々の社会的つながりの「資本」として価値に注目した概念で，人々が他者との相互行為や協調行動を活発化させることが，個人や共同体の生産性を高めるように機能することをさす。

者を支援の一方的な受け手としてではなく，相互支援や住民自治のネットワークのなかに位置づけることで，保護者を子育ての権利主体として位置づけ，エンパワーすることもできるだろう。

3　地域子育て支援の具体的な取り組み

1　地域子育て支援とは

　本節では，子育て支援施策においてとくに重要であり，保育所・幼稚園・認定こども園，また，幼児教育関係者の業務とも関わりの大きい，地域における子育て支援（以下，地域子育て支援）施策に焦点をあててみていく。

　地域子育て支援とは，柏女（2017）によると，「子育て家庭が生活を営む地域を基盤とし，子どもの健やかな成長発達に焦点をあて，家庭を構成する成員，特に親子の主体性を尊重しながら，家庭・個人を含めたすべての社会資源と協力しつつ関係機関や地域住民等が協働して子どもの育ちと子育てを支え，また，地域の子育て環境を醸成する営み」のことである。児童福祉法においては，「地域子育て支援拠点事業」すなわち，「乳児又は幼児及びその保護者が相互の交流を行う場所を開設し，子育てについての相談，情報の提供，助言その他の援助を行う事業」（児童福祉法第6条の3第6項）と定義されている。

　地域子育て支援事業は，1993年度からモデル事業として開始され，その後，1994年にファミリー・サポート事業，主任児童委員制度の創設などを経て，2003年の改正児童福祉法において，「地域における子育て支援事業」として法定化された。具体的事業としては，第21条の9に定める3事業（①地域子育て支援センターやつどいの広場などでの相談，情報提供，助言事業，②一時保育や幼稚園での預かり保育などの養育支援，③出産後の保健師の派遣など在宅での養育支援）および「放課後児童健全育成事業」「子育て短期支援事業」が法的に位置づけられた。さらに，2008年の同法改正において，「乳児家庭全戸訪問事業」「一時預かり事業」「地域子育て支援拠点事業」「養育支援訪問事業」，2012年の改正において「利用者支援事業」「子育て援助活動支援事業（ファミリー・サポート・センター事業）」が加わった。そして，2015年の「子ども・子育て支援新制度」が始まってからは「地域子ども・子育て支援事業」は13の事業で展開している。そのうち狭義の子育て支援7事業は，「利用者支援事業」「子育て短期支援事業」「乳児家庭全戸訪問事業」「養育支援訪問事業・子どもを守る地域ネットワーク機能強化事業」「地域子育て支援拠点事業」「一時預かり事業」「子育て援助活動支援事業（ファミリー・サポート・センター事業）」である。

2　「ひろば型支援」と「一時保育」の展開

　地域子育て支援事業のなかでも，保育所・幼稚園を基盤として行われること
が多く，一般の子育て家庭においても身近な施策であるのが「地域子育て支援
拠点事業」(「ひろば型支援」)と「一時預かり事業」(「一時保育」)である。

　「地域子育て支援拠点事業」いわゆる「ひろば型支援」とは，在宅で子育て
を行う親子，とりわけ幼稚園入園前の3歳未満児の子どもとその親に，交流の
場を提供し，子育てに関する相談援助，情報提供，講習などを行うものである。

　こうした「ひろば型支援」は，1993年に「地域子育て支援モデル事業」とし
てはじまった。その後，「少子化対策プラスワン」(2002年)では「子育て中の
親子が集まる『つどいの場』づくり」，「子ども・子育て応援プラン」(2004年)
では「地域における子育て支援の拠点」のなかの「つどいの広場」事業，「子
ども・子育てビジョン」(2010年)では「地域子育て支援拠点」のなかの「ひろ
ば型事業」として引き継がれてきた。前述のように，2003年，2008年の児童福
祉法改正で法定化され，「子ども・子育て支援新制度」の「地域子ども・子育
て支援事業」においても中核的な事業である。

　地域子育て支援拠点事業の実施箇所は年々増加し続けている。2016年度の実
施箇所は7063か所であり，0〜4歳人口1000人あたり事業所数が，全国平均で
1.4か所である。ただし神奈川県・福岡県は0.7か所，一方京都府は2.7か所と
地域による違いがあり，課題となっている。幼児教育施設が実施場所となって
いる割合をみると，保育所が40.6％と全体でも一番多くを占め，認定こども園
が8.3％，幼稚園が0.5％となっている。

　一方，「一時預かり事業」いわゆる「一時保育」とは，「家庭において保育を
受けることが一時的に困難となった乳児又は幼児について，……(中略)……
主として昼間において，保育所，認定こども園その他の場所において，一時的
に預かり，必要な保護をおこなう事業」(児童福祉法第6条の3第7項)のこと
で，2008年に法定化された。「子ども・子育て支援制度」では，「一時保育」
は，「一般型」「基幹型」「幼稚園型」「余裕活用型」「訪問型」に分類されてい
る。「幼稚園型」というのは，従来の幼稚園の「預かり保育」をさし，「一般
型」のなかに，保育所の一部において実施する「保育所型」が位置づけられて
いる。

3　地域子育て支援に関する研究動向と課題

　地域子育て支援に関する研究はどの程度進んでいるのだろうか。
　「ひろば型支援」についての研究では，利用者とスタッフとの関係性やコ
ミュニケーションの実態に関する検討が多く行われている。それらは，子育て

支援の目的・理念や，子育て支援に携わるスタッフの専門性の議論ともかかわっており，そこから「ひろば型支援」の「理論」が構築されてきている。

「ひろば型支援」が，親のエンパワーメントを実現するようなものであるためには，スタッフに，「教える―教えられる」「支援する―される」という固定化した関係を生み出すような専門性ではなく，「当事者性」を有する専門性，利用者との間に「対称性を生み出すための非対称な工夫」（松木，2013）を含むような専門性が求められるという（大豆生田，2006；中谷，2008；松木，2013）。また，中谷（2008）は「内発的発展を促進させる」こと，松永（2012）は「親子の居場所を創出する」ことを可能にするような「ひろば型支援」のあり方を，やはり，主にスタッフと利用者とのかかわりにおいて検討している。

「一時保育」については，その意義に関する理念的な論考が多く，実態に関する実証的な研究は多いとはいえないが，利用を促す要因に関する研究，利用の効果を子どもや親の自己評価のなかに見出す研究のほか，一時保育を利用するにあたっての保護者の葛藤について検討する研究がみられる。在宅子育て家庭において一時保育利用のニーズは高いが，親子がともに参加する「ひろば型支援」に比べて，子どものケアを一時的であれ完全に委託する一時保育は，保護者の責任意識との葛藤を引き起こすことが多く，「子育ての社会化」理念が試される領域である。

▷14　在宅育児家庭通園保育モデル事業
2015年から石川県ではじまった事業で，在宅育児家庭の満3歳未満児が，定期的に集団保育を受けられるよう支援する制度。具体的には，週1日以上，1日4時間以上を原則とし，私立認定子ども園での集団保育を行うもの。

一時保育に関する，より客観的な効果分析も必要である。「在宅育児家庭通園保育モデル事業」のような新しいモデルもスタートしており，これらについてはとくに綿密な効果分析が行われ，今後の実施に生かされることを期待したい。また，一時保育の課題である，子ども理解や子どもとの関係構築の不十分さのために生じるかかわりの難しさ，そのなかで，子どもがどのように園に適応していくのか，そのプロセスや環境要因についても，もっと具体的な研究が求められるように思われる。また，保育所や幼稚園での一時保育が，園やスタッフの業務，通常の保育に与える影響についても検討されるべきである。

幼児教育や保育の関係者や一般の保護者にとって最も身近な子育て支援だけに，より多くの「現場」研究が蓄積されることが期待される。

4　子育て支援の課題

１　「切れ目のない支援」と個別ニーズへの対応

子育て支援においては，福祉と教育に代表されるように，制度間のギャップが問題となることが多かった。また，子どもという支援対象の「始まり」と「終わり」，あるいは，乳幼児期，学齢期等，年齢段階にともなう制度間の

ギャップの問題も指摘されてきた。

　こうした背景のもと，2015年より「子育て世代包括支援センター」の整備が
はじまった。「子育て世代包括支援センター」とは，フィンランドの「ネウボ
ラ（neuvola）」をモデルに，妊娠・出産・子育ての切れ目のない支援を目指す
もので，「妊娠期から子育て期にわたるまでのさまざまなニーズに対して総合
的相談支援を提供するワンストップ拠点」（「まち・ひと・しごと創生総合戦略」
2014年）のことである。

　厚生労働省は，「子育て世代包括支援センター」の基本的な要件として，①
「妊娠期から子育て期にわたるまで，地域の特性に応じ，『専門的な知見』と
『当事者目線』の両方の視点を活かし，必要な情報を共有して，切れ目なく支
援すること」，②「ワンストップ相談窓口において，妊産婦，子育て家庭の個
別ニーズを把握した上で，情報提供，相談支援を行い，必要なサービスを円滑
に利用できるよう，きめ細かく支援すること」，③「地域の様々な関係機関と
のネットワークを構築し，必要に応じ社会資源の開発を行うこと」をあげてい
る。保健師等の専門職がワンストップで総合的相談を行うことを基本としなが
ら，具体的な内容は自治体の裁量に任されており，育児経験者ボランティアの
活用，宿泊型の産後ケア，親子それぞれの支援プランの作成等，多様な形で展
開している。

　「子ども・子育て支援制度」で新設された「利用者支援事業」もまた，個別
のニーズにきめ細かく対応することを目的とした制度である。「利用者支援」
の業務は，子ども・子育て支援にかかわるさまざまな社会資源を，利用者の
ニーズに対応する形で調整する仕事である。ソーシャルワークに近い業務であ
るが，「地域全体をエンパワー」（柏女，2017）するコミュニティワークとして
も期待されている。

［2］　子育て支援の専門性とその養成

　子育て支援において，スタッフの専門性とその養成は大きな課題である。現
在，「ひろば型支援」のスタッフについては，その大部分を保育士が担ってい
る。「保育所保育指針」においては，保育士が子育て支援の担い手となる根拠
として，「保育及び子育てに関する知識や技術など」の専門性をあげている
が，保育所の業務内容と「ひろば型支援」スタッフの業務内容は，基本的には
大きく異なるものである。さらに，前述のように，子育て支援においては，当
事者性を有する専門性という，通常とは異なる専門職像も提起されている。子
育て支援にかかわる専門性を明確にし，保育士の養成課程への位置づけや子育
て支援スタッフの養成・研修のシステムづくりが必要であろう。

　すでに「ひろば型支援」に関しては，スタッフに求められる専門性を「子育

▷15　ネウボラ（neuvola）
フィンランド語で「相談の
場」を意味する。一人の子
どもと家族に対し，かかり
つけの専門職が，妊娠期か
ら就学前まで切れ目なくサ
ポートする仕組み。

▷16　利用者支援事業
「子ども・子育て支援新制
度」において新設された事
業で，子育て家庭の個別の
ニーズを把握して，適切な
施設・事業等を円滑に利用
できるような支援（利用者
支援）と，地域の子育て支
援関係者のネットワークの
構築・不足している社会資
源の開発（地域連携）を内
容とする。

て支援者コンピテンシー」としてリスト化する試みもなされている（子育て支援者コンピテンシー研究会，2009）。相談・助言だけでなく，事業の企画運営や仲間づくりも業務であり，親の子育て力を育み，エンパワーメントを実現する子育て支援者には，保育者とは異なる専門性の獲得が必要になる。「子育て世代包括支援センター」や「利用者支援事業」の開始とともにより強調されるようになった，ソーシャルワークやコミュニティワークにかかわる専門性についても十分な検討がなされるべきであろう。

　今後，子育て支援の「現場」に関する研究を積み重ねるとともに，子育て支援実践や効果を評価する枠組みを整備していくことを通じて，子育て支援に関する専門性の議論を発展させていくことが期待される。

３ 改めて子育て支援はどうあるべきかの議論を

　実践が先行する形で展開してきた子育て支援だが，やはり子育て支援はどうあるべきかの議論は不可欠であり，重ねて課題として提起したい。

　まず第一に，子育ての社会化についての社会的合意を形成していくことである。また一方で，子育てにおける保護者の権利も明確にし，その消費者的なニーズに応えようとするだけでなく，親としての力量を高め，親としての自己決定を支える仕組みが必要である。そのためには，長く使われてきた「支援」という言葉を，「協働」「パートナーシップ」という言葉に置き換えることが検討されてもよいだろう。

　また，子育て支援においても「子どもの最善の利益」という観点が重要なのはいうまでもない。子育て支援施策において，子どもを産みやすい，子育てをしやすい，という親の視点やメリットだけが優先されているのではないかという懸念は，幼児教育や保育の関係者から繰り返し提起されている。子育ちという視点から子育て支援のあり方を検討することは肝要である。

　子育て支援という考え方は，幼児教育や保育の関係者の仕事に，大きなインパクトを与え，親支援，家族支援を意識し，地域や社会のなかに保育を位置づけることができるようになったと指摘される。少子化対策でも労働政策でもなく，子育てや子育ちの権利保障という観点からの子育て支援の意義が広く共有されるとき，幼児教育関係者も子育ての真の伴走者となりうるのではないだろうか。

Exercise

① みなさんの親御さんや身近な人に，自らの子育てにおいて，誰にどのような支援を受けている（きた）かをインタビューしてみよう。地域や世代によ

る違いについて検討してみよう。

②　みなさんの住む自治体における，子育てや子育て支援ニーズに関するアン
　　ケート調査報告書，子育て支援に関するプラン，「子ども・子育て会議」の
　　議事録を読み，自治体の子育て支援施策の現状（特徴）と課題を検討しよう。

📖次への一冊

柏女霊峰『これからの子ども・子育て支援を考える――共生社会の創出をめざして』ミ
　　ネルヴァ書房，2017年。
　　　長らく子ども家庭福祉の研究，実践，政策議論にかかわってきた著者が，現時点に
　　おける最新および今後の子ども・子育て支援の方向性について述べた論考がまとめ
　　られている。
松木洋人『子育て支援の社会学』新泉社，2013年。
　　　子育て支援の「現場」の営みが，育児の社会化に関する社会的言説や家族社会学の
　　理論に基づいて読み解かれる一方で，「現場」に携わる人の営みに添った提言がな
　　されている。
柴田悠『子育て支援が日本を救う――政策効果の統計分析』勁草書房，2016年。
　　　子育て支援施策の政策効果を統計的に分析した一つの試み。客観的なデータに基づ
　　いて政策決定することを訴え，財政健全化につながる労働生産性や出生率の向上
　　に，「保育サービス」が有効であるということを示している。

引用・参考文献

浅井春夫『「次世代育成」で変わる，変える子どもの未来』山吹書店，2004年。
エスピン＝アンデルセン，G.，大沢真理訳『平等と効率の福祉革命』岩波書店，2012年。
太田光洋「子育て支援と保育」日本保育学会編『保育学講座5　保育を支えるネット
　　ワーク』東京大学出版会，2016年。
大豆生田啓友『支え合い，育ち合いの子育て支援――保育所・幼稚園・ひろば潟支援施
　　設における子育て支援実践論』関東学院大学出版会，2006年。
萩原久美子「『子育て支援』のメインストリーム化」汐見稔幸編集代表『子育て支援の
　　潮流と課題』ぎょうせい，2008年。
柏女霊峰『子ども家庭福祉サービス供給体制――切れ目のない支援をめざして』中央法
　　規出版，2008年。
柏女霊峰『これからの子ども・子育て支援を考える――共生社会の創出をめざして』ミ
　　ネルヴァ書房，2017年。
子育て支援者コンピテンシー研究会『育つ・つながる子育て支援――具体的な技術・態
　　度を身につける32のリスト』チャイルド本社，2009年。
汐見稔幸「子育て支援，その成果と課題――少子化対策の意義と限界」汐見稔幸編集代
　　表『子育て支援の潮流と課題』ぎょうせい，2008年。
柴田悠『子育て支援が日本を救う――政策効果の統計分析』勁草書房，2016年。

下夷美幸「『子育て支援』の現状と論理」藤崎宏子編『親と子――交錯するライフコース』ミネルヴァ書房，2000年。

内閣府男女共同参画会議　少子化と男女共同参画に関する専門調査会『少子化と男女共同参画に関する社会環境の国内分析報告書』2006年。

内閣府国民生活局編『ソーシャル・キャピタル――豊かな人間関係と市民活動の好循環を求めて』2003年。

中谷奈津子『地域子育て支援と母親のエンパワーメント――内発的発展の可能性』大学教育出版，2008年。

パットナム, R.D., 柴内康文訳『孤独なボウリング』柏書房，2006年。

松木洋人『子育て支援の社会学』新泉社，2013年。

松永愛子『地域子育て支援センターのエスノグラフィー』風間書房，2012年。

第12章
連携と交流

〈この章のポイント〉

　近年,「小1プロブレム」問題の提起もあって, 幼児教育において「幼小連携」は重要なテーマとなっている。また, 児童福祉の領域において連携はキーワードとなっており, 子どもの育ちを包括的にサポートするうえで, さまざまな機関や個人の連携が課題となっている。一方, そもそも従来から, 乳幼児の保育・教育は, 家庭との緊密な連携のもとで行われており, 連携は古くからのテーマでもある。本章では, そうした古くて新しいテーマである連携を取り上げ, 現状と課題について解説する。

1　幼児教育と連携

1　乳幼児期の育ちと連携

　乳幼児期の子どもの生活と発達においては, 空間的・時間的な連続性を重視すべきと考えられている。これらはしばしば,「生活の連続性」「発達や学びの連続性」という言葉で表現されている。2005年の中央教育審議会答申「子どもを取り巻く環境の変化を踏まえた今後の幼児教育の在り方について」では,「家庭・地域社会・幼稚園等施設の間で, 幼児の生活は, 連続的に営まれる」ことから, 幼児教育を,「幼児が生活するすべての場において行われる教育」を総称するもの, 具体的には,「幼稚園における教育, 保育所等における教育, 家庭における教育, 地域社会における教育を含み得る, 広がりを持った概念」と定義している。また,「就園前における家庭や地域社会での生活を通した発達」から「幼稚園等施設の教育を通した学び」へ, さらには「小学校以上の学習」へと連続的につながっていくこと, すなわち発達や学びの連続性を確保することも重要であると述べている。

　近代化・産業化以前の社会においては, 労働, 教育・子育てをはじめとするさまざまな社会的機能は, 地域社会のなかで混然一体とした形で営まれていた(「融接型社会」(藤田, 1991))が, 近代化以降の社会では, 乳幼児の子育ては家庭で, 教育は学校で, 労働は職場でといったように, 機能ごとの分節化が進んでいる(「分節型社会」(藤田, 1991))。また教育については, さらに年齢によって区分された目的や文化の異なる学校に通うことが制度化されている。こうし

▷1　「融接型社会」「分節型社会」
藤田 (1991) は, 前近代の社会においては, 遊びと学習と仕事が同一空間で行われていたが, 近代以降それらは各々別の専用空間で行われるようになり, それにともないライフコースの分節化も生じてきたと述べ, 前者を「融接型社会」, 後者を「分節型社会」と名づけている。

た社会状況において，子どもの「生活の連続性」と「発達の連続性」を確保するには，それぞれの社会空間や諸機関がクロスオーバーするような何らかの作為が求められる。

　一方，従来から，就学前の子どもに対する支援は，教育・福祉・医療といった領域にまたがり，包括的な支援体制をとりにくいことが指摘されてきたが，今日，子どもを取り巻く問題が大きく，また多様なものになるに従い，それらに単独の組織で対応することはますます困難になっている。子どもや子育てにかかわる機関が，教育・福祉・医療といった従来の枠組みを超えて，協働し，連携することが今後さらに求められているのである。

2　連携とは何か

　まず，連携や関連する用語について整理しておこう。

　柏女（2017）は「連携」と「協働」という言葉を「異なる主体の対等な関係」を意味するものとして並列して使用する。そして，「協働・連携」においては，「相手を知る」こと，「ミッションと目標を共有する」こと，「対話と活動を重ねる」こと，「長所を生かし短所を補う（互いの資源を生かす）」こと，「それぞれの得意分野を生かし」，かつ，「それぞれの機関・施設の活動ののりしろ部分を増やす」こと，それぞれが「自在になる」ことが重要であると述べる。「協働」については，近年，行政と住民やNPOとの関係を表す言葉として頻繁に使用されているが，主体性，自律性，固有性をもつ複数の主体が，特定の目標を共有し，それぞれの役割を明確にし，特徴を生かしながら，協力することを表す言葉として広く認識されている（川野，2004；山縣・柏女，2014ほか）。

　「幼稚園教育要領」や「保育所保育指針」の仮英訳においては，家庭との連携については，主としてcooperation，まれにcollaborationという用語が使用されている（小玉編，2017）。小玉は，cooperationやcollaboration自体は，「協力」や「協働」として訳される普通の語だが，日本の文脈では幼児教育施設と親との関係は，「支援」「指導」という非対称的な関係を示す場合が多いことから，国際的には一般的な「パートナーシップ（partnership）」という語を採用し，その語が示す関係を目指すことを提案する。一方，北野（2009）は，園と親・家庭・地域との関係をさす言葉としては，involvementという語が一般的に使用されていることを指摘している。

　さて，「連携」や「協働」を実現するのが，ネットワークと呼ばれる組織である。ネットワークとは，目的を共有する複数の主体が対等な関係でつながる網目状の組織のことである。近年，ネットワーキングよりも自由度が高く，流動的，臨機応変につながったり，ほどいたりするような連携のあり方として「ノットワーキング（knotworking）」という関係性も注目されている。また，連

携の拠点として，あるいは「組織的アプローチの土台」として機能する空間やシステムを示す「プラットフォーム」という言葉が多用されている。この言葉には，組織を固定せず，空間もしくはルールと仕組みのみを共有する，より開放性や柔軟性，機動性に富んだ関係性が含意されている。

このように，関係性を表す用語に注目するだけでも，幼児教育をめぐるさまざまな主体相互の関係性において，それぞれの主体の自律性や自由度，あるいは主体的な関与のあり方が，より重視されてきていることがわかる。

2　幼小連携の実態と課題

［1］　幼小連携の課題化とその背景

近年，「幼小連携」は幼児教育における重要なキーワードとなっている。「幼小連携」とは，幼児教育と小学校教育の発達の連続性，幼稚園や保育所における生活と小学校における生活の連続性を確保するための，幼児教育施設と小学校の連携の取り組みをさす。

そもそも，この「幼小連携」というテーマが政策課題化した，一番大きな契機としては，「小1プロブレム」と呼ばれる問題が社会問題化したことがあげられる。「小1プロブレム」とは，小学校入学後，子どもたちが学校の環境に適応できないという問題，言い換えれば，幼稚園・保育所から小学校への移行・接続の失敗という問題である。1990年代後半から，主に小学校において「学級崩壊」の問題が社会問題化し，そのなかで「小1プロブレム」が注目されるようになった。「学級崩壊」に関して文部科学省が委嘱した専門家会議の最終報告書『学級経営をめぐる問題の現状とその対応』（2000）においても，「学級がうまく機能しない状況」の一つのケースとして，幼少の教員間の連携・協力が不足している事例をあげている。

移行・接続を難しくしている，幼児教育と小学校教育の差異とはどのようなものなのか。酒井（2010）は，その差異を，幼稚園・保育所の園文化と小学校の学校文化の違いと捉え，幼小連携とは「相異なる園文化と学校文化の間を橋渡しすること」であると述べる。

文化の違いは，例えば目標や方法の違いである。幼児教育では，「心情・意欲・態度」などの心理的な構えを「ねらい」としている。方法面では，「環境を通した保育」を通じて行われるもの，「遊びを通しての総合的な指導」が重視され，指導計画はあるがゆるやかなものである。一方，小学校教育では，より明確な指導目的のもと，「教科等を中心とした指導」を通じた計画的な指導が目指されている。主要な教材として教科書の使用もある。

▷2　学級崩壊

授業や学級経営においてこれまでの教師の指導がうまく機能せず，授業や学級活動が成立しづらい状況。1990年代後半から問題化した。本文にある専門家会議の報告書では，基準が曖昧かつセンセーショナルな響きをもつとの理由から，「学級崩壊」という言葉は使用せず，「学級がうまく機能しない状況」と表現している。

こうした文化の違いという視点に基づき，酒井（2010）は，幼小連携という課題は，個々の子どもの資質・能力の問題ではなく，構造的な問題として捉えられるべきであり，「移行の支援」という考え方のもと，幼小連携の取り組みが必要になると述べている。

［2］　「幼小連携」から「幼小接続」へ

　幼小連携はどのように教育・保育の施策やカリキュラムに位置づけられてきたのだろうか。

　前節でも参照した2005年の中教審答申では，「遊びを通して学ぶ幼児期の教育活動から教科学習が中心の小学校以降の教育活動への円滑な移行を目指し，幼稚園等施設と小学校との連携を強化する」との文言が示された。

　この方針は，まず2008年の「幼稚園教育要領」「保育所保育指針」および「小学校学習指導要領」の改訂で具体化した。「幼稚園教育要領」では，指導計画作成上の「特に留意する事項」として「幼稚園教育と小学校教育との円滑な接続のため，幼児と児童の交流の機会を設けたり，小学校の教師との意見交換や合同の研究の機会を設けたりするなど，連携を図るようにすること」が加えられた。また，「保育所保育指針」では，3歳以上の保育の実施にかかわる配慮事項として，「保育所の保育が，小学校以降の学習の基盤の育成につながることに留意し，幼児期にふさわしい生活を通して，創造的な思考や主体的な生活態度などの基礎を培うようにすること」と，「幼稚園教育要領」と同じ文言が加えられたほか，指導計画の作成においては，「特に留意すべき事項」として「小学校との連携」が加えられた。その内容は，「保育の内容の工夫」と「小学校との積極的な連携」，そして「子どもに関する情報共有」，いわゆる「保育所児童保育要録」の送付についてである。

　一方，2008年告示の「小学校学習指導要領」では，「指導計画の作成等に当たって配慮すべき事項」において，「小学校間，幼稚園や保育所，中学校及び特別支援学校などとの間の連携や交流を図る」と，さまざまな学校間の連携・交流の一環として，幼児教育との連携や交流を図ることが求められた。

　その後，2010年には，文部科学省に幼小連携を主たるテーマとする調査協力者会議が設置され，同会議の報告書「幼児期の教育と小学校教育の円滑な接続の在り方について」では，幼児期から児童期において，「三つの自立」――学びの自立，生活上の自立，精神的な自立を養うことが重要とされるともに，「学力の三要素」に関連した連携の取り組みへの期待が述べられている。さらに2018年改訂の「小学校学習指導要領」では，「幼稚園教育要領」「保育所保育指針」に「幼児期の終わりまでに育ってほしい姿」が新しく示されたことと連動し，「幼児期の教育を通して育まれた資質・能力を踏まえた教育活動を実

▷3　学力の三要素
2007年の学校教育法改正以降，幼稚園から高等学校まで一貫した資質・能力観のもと，教育が行われている。2018年改訂学習指導要領では，①生きて働く「知識・技能」，②未知の状況にも対応できる「思考力・判断力・表現力」，③学びを人生や社会に生かそうとする「学びに向かう力・人間性等」と表現されている。

施」するよう求めている。

　このように，当初小学校生活への個々の子どもの適応という側面から課題と
なっていた幼小連携は，次第に，幼稚園から高等学校までの連続性を重視した
教育がなされること，言い換えると，育みたい資質・能力における接続という
側面から課題とされるようになってきたといえよう。それに呼応する形で，
「幼小連携」に代わって「幼小接続[4]」という言葉でこの問題を捉えることも多
くなってきている。

③　幼小連携の実践と課題

　幼小連携の取り組みにはどのようなものがあるのだろうか。

　まず，最も初期の段階から行われてきたのは，教員相互の交流，幼児・児童
の交流である。幼児教育施設と小学校の教員が，お互いの施設を訪問し合い，
それぞれの文化や子どもたちの生活について学んだり，連絡会議などを設置し
て移行において必要な配慮を検討したりといった試みである。また，主に幼児
が小学校を見学したり，行事に参加したり，小学生と交流したりすることなど
を通して，小学校の生活に慣れ，入学への期待感を高めようという取り組みも
ある。

　第二に，幼児教育施設と小学校とで子どもの情報を共有し，教育の連続性を
確保しようという試みがある。2008年の「保育所保育指針」改訂にともない，
従来から幼稚園については作成・送付が課されていた「指導要録」を，保育所
についても「保育所児童保育要録」として作成・送付することが義務づけられ
た。これによって小学校は，入学するほぼすべての児童の就学前の保育の状況
の把握が可能となり，継続した指導ができるようになったのである。

　そして第三が，幼児期と小学校をつなぐ，移行期のカリキュラムの作成であ
る。幼児教育施設における小学校入学への準備カリキュラムは「アプローチカ
リキュラム」，小学校における導入カリキュラムは「スタートカリキュラム」
と呼ばれている。自治体により，さらには学校や園により，独自のカリキュラ
ムの編成・実施がなされていたが，スタートカリキュラムについては，2018年
の「小学校学習指導要領」改訂で，「特に，小学校入学当初においては，……
（中略）……生活科を中心に，合科的・関連的な指導や弾力的な時間割の設定
など，指導の工夫や指導計画の作成を行うこと」とされたことから，その編成
が事実上義務づけされることとなった。

　2001年からはじまったお茶の水女子大学附属学校園による共同研究は，「接
続期[5]」という新たな年齢区分を導入し，「ひとまとまりの特別な配慮を要する
時期」と捉えることによって，「幼小連携」の課題に取り組もうという試みで
ある。この共同研究では「なめらかな接続」だけでなく，「適切な段差」もま

▷4　幼小接続
幼少連携とほぼ互換的に用
いられるが，「連携」が主
として幼児教育施設と小学
校間における人の交流・か
かわりをさして使われる言
葉であるのに対し，「接
続」は教育内容や制度の設
計や変更というシステムの
あり方をさして使われる言
葉として，両者を区別する
考え方もある（秋田，
2010）。

▷5　接続期
お茶の水女子大学附属学校
園の共同研究では，接続期
を，年齢区分としては，幼
稚園年長の後期から小学校
1年1学期をさし，「人と
の関係や周囲の環境が大き
く変化することに伴い，子
どもたちの戸惑い・不安・
期待・緊張などを，教師が
丁寧に受け止め支えなが
ら，教師や友達との豊かな
関わりを基盤に，主体的に
学ぶ姿勢を育む時期」と定
義している。

▷6 新しい能力
PISA型学力，「生きる力」，コンピテンシーなど，グローバル化と知識経済の進展とともに重視されるようになった能力で「認知的な能力から人格の深部にまでおよぶ人間の全体的な能力を含」（松下編，2010）むことを特徴とする。

▷7 統合保育
心身に障がいのある幼児と障がいのない幼児を，同じ場所で一緒に保育する形態。1974年に文部省（当時）から「心身障害児幼稚園助成事業実施要綱」，厚生省（当時）から「障害児保育事業実施要綱」が出され，幼稚園・保育所において障がいのある幼児の受け入れが進んだ。

▷8 気になる子ども
知的に顕著な遅れは認められないが，「落ち着きがない」「感情をうまくコントロールできない」「他児とのトラブルが多い」などの特徴をもち，保育において課題になるような子どもたちのこと（本郷ほか，2003）。本人の行動面の課題に加えて，「気にする」保育者の側の問題（集団主義的・成果主義的な保育観や，保育者の配置基準や定員超過の常態化などの保育条件）として，また集団の関係性として捉えようとする視点（刑部，1998）もみられる。

▷9 発達障害
発達障害者支援法では「発達障害」とは，「自閉症，アスペルガー症候群，その他の広汎性発達障害，学習障害，注意欠陥多動性障害その他これに類する脳機能の障害であってその症状が通常低年齢において発現す

た重視している点に特徴がある（お茶の水女子大学附属幼稚園・小学校・中学校・子ども発達教育研究センター，2008；小玉編著，2017）。さらに，一連の研究が提起しているのは，接続期は親にとっての課題でもあるということである。子どもが小学校に入学するとき，親は，大きな環境の変化を経験すると同時に，「学校での成功や失敗」に初めて直面する。このように親にとっての接続期ということを考えるときには，接続期が問題となる社会的な文脈を理解することがとりわけ重要となり，小玉編著（2017）は，接続期そのものが，現代の子育て環境や社会状況を背景とした大人たちの不安によってつくられている側面があると指摘する。孤立化し，子育てスキルが継承されにくい子育て環境に加えて，「新しい能力[6]」と呼ばれる現代の能力観も，親たちをより不安にさせる要因になっているというのである。さらに，格差の拡大や再生産が社会問題化する現代においては，格差是正という観点から接続期の課題を検討することも重要であると述べる。

3 課題をもつ子どもの支援にかかわる連携

1 障害児保育，発達支援をめぐる専門職との連携

障がいのある子どもの幼児期の教育・保育については，わが国では，1970年代以降，主に一般の幼稚園・保育所での統合保育[7]が広く普及している。また1990年代から，とくに集団行動のなかで行動上の問題を示す「気になる子ども[8]」が，保育現場での課題として，また保育研究の対象として，多く取り上げられるようになってきた。2000年代に入って発達障害[9]という概念が紹介されると，これらの「気になる子ども」は，発達障害との関連で議論されるようになり，発達障害の障害特性の理解が進むとともに，個別の支援・配慮の方策も広く知られるようになった。

しかし，一般の幼稚園・保育所において，障がいや行動上の困難を抱える子どもたちに適切な保育を提供することは必ずしも容易ではなく，専門家や専門機関との連携が不可欠になる。1996年にはじまった「障害児（者）地域療育支援事業」や，2005年施行の発達障害者支援法など，近年，障がいをもつ子どもが，ライフステージを通して，地域における一貫した支援を受けられる体制が求められており，関係機関による緊密な連携が一層必要となっている。

幼児教育施設と専門家や専門機関との具体的な連携方法として最も広く行われているのは，子どもの発達や療育支援の専門家による巡回訪問型の発達相談である。専門家が幼児教育施設を訪問し，障がいのある子ども，「気になる子ども」の保育や必要な支援に関する指導・助言を行うものである。2007年から

は特別支援教育のスタートにともない，幼児教育施設への巡回相談は，各教育委員会の特別支援教育体制のなかに位置づけられた。また，2012年には，児童福祉法が改正され，「保育所等訪問支援」が法定化された。

　巡回相談では，子どもにかかわる情報の収集，カンファレンス，報告書の作成を通して，問題状況と支援方法を具体化していくことが基本的な過程になるが，浜谷（2005）は，この巡回相談の過程をコンサルテーションの過程として位置づけることを提案している。コンサルテーションとは，異業者の専門家同士の対等な関係によるもので，あくまでコンサルティが問題解決の主体であり，コンサルタントには，コンサルティの専門性と主体性を重視しながら，それらを生かした問題解決の方法を提案することが求められる。巡回相談をコンサルテーションとして位置づけるということは，相談員が，保育者の主体性と，保育という場の機能や特徴を尊重しながら，保育者自身が問題解決するための支援を行うことにつながるのである。また，巡回相談について保育者が高く評価するのは，障害理解や保育方針の作成への支援が得られることはもちろん，職員や保護者との協力関係を形成したり，保育意欲を高めたりすることであるという（浜谷，2005）。保育者の不安や疑問に答え，意欲や成長につながる巡回相談のあり方が求められているといえるだろう。

　ほかにも，子ども一人ひとりのサポートファイルを保護者が管理することで，関係機関の情報連携を実現したり，療育支援に関係する関係者が一堂に会して支援方針を検討するケース会議を，定期的に，あるいは必要に応じて開催したりといった連携事例もある。さらに近年では，東京都「ペアレントメンター事業」など，ピアな関係のなかでの相談や必要な情報収集のサポートを目的に，障がいをもつ子どもの養育経験のある親たちとの連携も図られている。

　乳幼児期には，こうした連携において，幼児教育施設がその中核となることが期待されている。まだまだ専門家による支援に抵抗感を示す保護者も少なくなく，信頼されかつ身近な存在である保育者がニーズを汲み取り，保護者との共通認識を深めながら，適切な専門機関に橋渡ししていくことは重要である。同時に，専門機関だけでは課題の解決が困難な場合も多く，日常的に子どもとかかわる保育者が，専門機関との役割分担のもと，課題の解決に貢献することが求められる。

　障がいをもつ人々の地域社会へのインクルージョン[10]は，これからの社会において最重要課題の一つである。すでに高齢者福祉領域においては，「地域包括ケア」という形で，地域社会のなかでさまざまな生活支援サービスを一体的に提供するための，医療・介護・福祉各部門の連携の体制づくりが進められ，一定の成果を上げている。障がい児・者についても地域社会における一体的な支援を行うため，関係機関の連携のさらなる充実が必要である。

るもの」（第2条）と定義されている。厚生労働省の2018年の調査（「生活のしづらさなどに関する調査」）によると，医師から発達障害と診断された人は推計48万1000人という。

▷10　インクルージョン
「包摂」と訳され，障がいのあるなしにかかわらず，すべての人々が社会のなかで当たり前に暮らせるように，制度や環境を整備していくこと。インクルージョンの考え方に基づいた教育をインクルーシブ教育と呼ぶ。

　子どもの虐待防止や対応をめぐっては，関係機関が対応しながらも虐待死につながる事例が相次ぐ現在，関係機関の連携が急務となっている。日常的に子どもや保護者とかかわる幼児教育施設も，重要な関係機関の一つであり，「保育所保育指針」には，保護者に不適切な養育などが疑われる場合には，市区町村や関係機関と連携すること，虐待が疑われる場合には，速やかに市区町村または児童相談所に通告することが求められている。

　地域の関係機関の連携の拠点として位置づけられているのが，要保護児童対策地域協議会である。要保護児童の早期発見・情報の共有・共通理解の形成と役割分担などを目的に設置されるもので，虐待を受けた子どもだけでなく，非行児童なども対象となる。2005年の改正児童福祉法で法定化され，2008年には設置が努力義務化された。厚生労働省の調査によると，2016年の段階で99.2%の自治体に設置されている。

　要保護児童対策地域協議会を構成する関係機関は各地域の実情に応じて決められることになっているが，同調査では，全体の84.5%において保育所が，62.0%において幼稚園が，関係機関として参加していることが明らかになった。保育士資格をもつ者が調整機関の担当となっている協議会も6.2%あった。子どもの発達支援の場であり，子どもと保護者の両方を視野に入れた家庭支援の場である幼児教育施設が，虐待の防止・対応において果たす役割への期待は大きいといえよう。

　2016年の児童福祉法と児童虐待防止法の改正にともない，中核市や東京都特別区においても児童相談所の設置が可能になり，必要な財政支援も得られるようになった。虐待防止・対応を，より地域に根差した形で強化していこうという流れであり，地域の関係機関の連携がより円滑に進むことが期待される。

4　家庭・地域との連携

1　求められる家庭・地域との連携

　第1節で述べたように，幼児期においては，幼児の生活の連続性を重視する視点から，幼児教育施設と家庭・地域とが連携することが重要な課題となる。さらに近年では，保育の質の向上の観点からも，家庭・地域との連携が求められている（池本，2014）。幼児教育施設の活動への親の参加が，子どもの学力達成や社会性の発達に大きな影響を与えること，幼児教育施設と地域のつながりがしっかりしている場合，子どもたちの社会情動的スキルや身体的・知的スキ

ルのすぐれた発達につながることなどのエビデンスも示されている（OECD,
2019）。

　OECD（2019）は，幼児教育の質を高めていくために，とくに「てこ入れ」
すべき政策として5つの「政策レバー」をあげ，加盟国に取り組みを促してい
るが，その一つに「家庭と地域社会の関与」がある。わが国の「幼稚園教育要
領」においても，「幼稚園運営上の留意事項」として「家庭や地域社会との連
携」をあげ，「幼児の生活は，家庭を基盤として地域社会を通じて次第に広が
りをもつものであることに留意し，家庭との連携を十分に図るなど，幼稚園に
おける生活が家庭や地域社会と連続性を保ちつつ展開されるようにする」こと
を求めている。また「保育所保育指針」では，そもそも保育所という機関が，
「保育に関する専門性を有する職員が，家庭との緊密な連携の下に」保育を行
い，「家庭や地域の様々な社会資源との連携を図りながら」子育て支援を行う
施設であることが明示されている。

［2］　家庭との連携とその方法

　幼児の生活と発達における連続性を確保するうえで，家庭との連携はとくに
重要である。OECD（2019）も，子どもの経験の連続性は，保護者と保育所が
一貫したアプローチをとることで維持されると述べている。

　園と保護者の連携においては，まず第一に，保育者と保護者とが子どもの情
報を交換し合い，情報共有を図ることが必要である。保育者は，家庭での子ど
もの様子に関して情報収集を行うとともに，幼児教育現場での保育を積極的に
保護者に発信する必要がある。園と保護者とのコミュニケーションである。
「幼稚園教育要領」にも，「家庭との連携に当たっては，保護者との情報交換の
機会を設けたり，保護者と幼児との活動の機会を設けたりなどすることを通じ
て，保護者の幼児期の教育に関する理解が深まるよう配慮すること」とある。

　情報交換の手段としては，古くからあるものに，保護者と交換する連絡帳
や，園だより，クラスだよりといった通信物がある。また，近年ではインター
ネットやSNSによる情報開示やメールによる情報交換，また，保育の様子を
Webカメラなどで中継するなどの取り組みも行われている。

　林（2015）は，1年間にわたる連絡帳のやりとりを分析し，連絡帳を通し
て，保護者と保育者の関係性が変化していく過程を描き出している。そして，
連絡帳での情報交換・共有を通して保護者と保育者の相互理解が進むことが，
保護者支援として有効であること，また双方が子どもの育ちを共有すること
が，子どもへの適切な保育の実施に寄与することを明らかにした。このよう
に，保育者と保護者の情報交換・共有は，それを通して，保育者と保護者の関
係性や保護者の子育てをいかに変容させうるか，そして，それらを通じて子ど

ものよりよい成長にどうつなげていけるかが重要である（鈴木ほか，2016）。「保育所保育指針解説」にも「保護者の子育ての自信や意欲を高めることにつながる伝え方を工夫」することが求められているように，保育の質や保護者のエンパワーメントにつながる情報交換・共有の内容や方法を工夫することは，保育者の専門性の一部を構成しているといえるだろう。

　さらにこうした情報共有は，近年新たな課題となっている保育の可視化という観点からも重要であろう。2018年改訂「保育所保育指針」には，保育者の社会的責任の一つとして，「地域社会との交流や連携を図り，保護者や地域社会に，当該保育所が行う保育の内容を適切に説明するように努める」ことが明示された。地域社会や保護者へのアカウンタビリティ[11]を高め，信頼を獲得していくことは，園のマネジメントの観点からも，よりよい保育を実現していくためにも必要なことであり，適切な情報共有はその重要な一歩である。

　近年，保育記録や保護者や地域社会への情報発信について，さまざまな手法が検討されている。海外からも，レッジョ・エミリア市幼児学校における「ドキュメンテーション」，ニュージーランドの「ラーニング・ストーリー」など新しい方法が紹介されている。今後も，どのような記録・発信の仕方が，家庭や地域との連携の効果を高めるのか，エビデンスをもとにした検討が望まれる。

　次に家庭との連携の方法として，「幼稚園教育要領」にも言及されているのは，「保育参加」である。「保護者が幼稚園生活そのものを体験することは，幼稚園教育を具体的に理解することができるとともに，保護者が幼児と体験や感動を共有することで，幼児の気持ちや言動の意味に気付いたり，幼児の発達の姿を見通したりすることにつながる」（『幼稚園教育要領解説』）という。また「幼保連携型認定こども園教育・保育要領」には，「教育及び保育の活動に対する保護者の積極的な参加」が「家庭や地域の子育てを自ら実践する力」を高め，子育てに関する「経験を継承」することにつながるとの記述もある。

　単なる「参観」ではなく，保育に「参加」して子どもとかかわるなかで，遊びの楽しさを共有し，ふだん家庭ではみられない子どもの姿に触れることができる。また教師のかかわりを間近にみることで，子どもへのかかわりを学んだり，保護者同士が仲間意識を感じたりすることもできる。さまざまな経験が不足し，不安や孤立感のなかでの育児を強いられている保護者を，園の活動に巻き込んでいくことは，子育て支援の視点からも有益であるというのである。

　第三に，OECD（2019）が，保護者と子どもの両者によい影響のある取り組みとして紹介しているのが，「子どもの家庭での学びを促すはたらきかけ」である。具体的には，育児能力や子どもの発達と学習に関する知識の向上を図る目的で，保護者向けに実施される講座やイベントプログラムのことで，とくに貧困家庭における効果が実証されてきた。日本でも，食事，就寝・起床，排泄

▷11　アカウンタビリティ
「説明責任」と訳され，事業・活動のプロセスや成果について，社会に広く説明する責任のこと。

などの基本的生活習慣の確立に関する連携の取り組みは，比較的効果がみえやすいことから頻繁に行われてきた。園や自治体主催の一般的な子育て講座などもさかんだが，個別家庭に向けた指導，ましてや継続的な家庭訪問のプログラムなどは，あまり行われてこなかった。家庭訪問を含む取り組みの有効性は「ペリー就学前プロジェクト[12]」などで実証されており，今後，貧困対策などを本格化していくならば検討される可能性はあるが，日本の保育文化には良くも悪くも馴染むものであるかは疑問である。

　家庭との連携の機会と方法には，そのほかに PTA 活動などへのボランティア参加もある。OECD（2019）によると，これらは，子どもの学業成績にはほとんど影響しないが，親の満足度や園の保育者の支援につながると評価されている。PTA 活動を通じた連携は，クラスを超え，学年を超えた親同士のつながりが形成できる点，園と保護者の両者から求めあって連携がなされるという点で，保護者の主体性が発揮されやすいといえる。また，PTA 活動の一環として地域の行事などに参加する機会も多くあり，その場合は，保護者にとっても，園にとっても，地域との連携のきっかけになるだろう。

▷12　ペリー就学前プロジェクト
1962〜67年にアメリカ・ミシガン州で実施された，幼児教育の効果に関する社会実験的研究。貧困層の子どもへの質の高い幼児教育がどのような効果をもたらすのか，長期間にわたって調査したもの。

③　家庭との連携における課題

　家庭と園の関係においては，近年，子育て支援ということが大きなテーマとなっている。北野（2014）は，子育て支援は保護者の家庭保育を直接支援するものであるのに対し，幼児教育における「家庭との連携」は，幼児教育施設における保育の質の向上を図るために行われるものとして，両者を区別して捉えようとする。そうした議論を踏まえつつ，大豆生田（2016）は，子育て支援の一つとして家庭との連携を位置づけること，すなわち，連携や協働を含むものとして子育て支援を捉え直すことが必要であるとしている。

　冒頭で触れたように，小玉編著（2017）も，日本の幼児教育における保護者との関係においては，「支援する―される」「指導する―される」といった一方向的で非対称的な関係が内包されているのではないかと指摘している。そして，イギリスやドイツの就学前教育のガイドラインでは，保育者と親とのパートナーシップが強調されていることや，ヨーロッパの多くの国で親が幼児教育施設の運営に参画していることをあげながら，日本における園と保護者との関係を見直すことを提案している。保育者と保護者が，子育てという共通の目標に向けて，対等な立場でともに取り組んでいくような関係である。

　今日の社会状況・労働環境のもとでは，保護者自身に余裕がないことは事実である。また，子育ての私事化・市場化が進行し，園と保護者の関係が，サービスの提供者と消費者という関係へと変容しているという指摘もあるなかで，保護者の園への依存度はより高まっているといえる。しかし，園と保護者との

関係は，保護者を支援やサービスの一方的な受け手とするものではなく，連携・協働のパートナーとしてエンパワーメントするものにしていくことが求められるのではないだろうか。

４　地域のなかの幼稚園・保育所・認定こども園

　乳幼児期の子どもは，家庭や園だけでなく，地域社会のなかで育つ。また，子どもを地域社会の一員として育てることも幼児教育にとって重要である。第２節でみた，特別のニーズをもつ子どもたちだけでなく，すべての子どもたちにとって，地域社会のさまざまなサービスが連携して子育てにかかわることは重要である。

　「幼稚園教育要領」には，「地域の自然，高齢者や異年齢の子供などを含む人材，行事や公共施設などの地域の資源を積極的に活用し，幼児が豊かな生活体験を得られるように工夫する」とある。また「保育所保育指針」にも，同じ地域の資源の積極的な活用を通じて，「豊かな生活体験をはじめ保育内容の充実が図られるよう配慮する」ことが求められている。

　連携が求められる地域関係機関・施設には，行政の各課はもとより，地域子育て支援拠点，保健センター，ファミリー・サポート・センター，児童館，療育機関，社会福祉協議会，民生委員・児童委員，自治体，NPO団体，子育てサークルなど，さまざまなものがある。連携の内容についても，情報共有・相互交流，学習や事業上の連携などさまざまなレベルがあるが，連携を図っていくことで，例えば，関係諸機関で地域の情報交換・共有を図り，地域の課題について共通認識をもつことができたり，他機関の役割や機能，社会資源の特徴を理解し，必要に応じて橋渡しを行うことができたりするなど，総合的な地域の子育て力の向上につながるであろう。

　幼児教育施設こそが，そうした地域の子育て力の向上のための拠点となるべきという議論もある。地域の自然や文化を保育に取り入れたり，地域の人材を園に招いたりすることで，逆に園やそこに子どもを通わせる保護者たちへの地域の理解が進んだり，地域の活性化の契機にもつながったりするというのである。

　「コミュニティコーディネーター」という地域とのかかわりを専門に行う職員を有する「まちの保育園」代表の松本理寿輝は，保育と「まち」（地域）との関係には，保育に地域資源を活かすという視点に加え，園自体がまちづくりの拠点になるという視点が必要であると述べる（秋田ほか，2016）。例えば，幼児教育施設は，保護者がほぼ毎日通ってくるため，若い世代のネットワークを育みやすい性質をもっている。したがって，その性質を活かし，幼児教育施設が，高齢者が中心となりがちな町会や自治会との橋渡しをすることも可能だと

いうのである。保育所の新規建設に際し，地域住民からの反対運動が展開されるなど，幼児教育施設が地域との共生に課題を抱えることもある今日だからこそ，「地域のインフラ」として積極的に幼児教育施設を位置づける視点は重要かもしれない。

5　連携のこれから

　以上みてきたように，保育および子どもの発達支援の充実を図っていくためには，さまざまな主体との連携が不可欠であり，今後もより効果的な連携のあり方が模索される必要がある。

　まず，効果的に連携を図るためには，連携の窓口となり，必要な調整を行う人材の養成が急務である。そして，そのためには，まず連携を支える専門性とはどのようなものかが追求されなくてはならない。専門職を置くことが困難である以上，その役割は管理職が担うことになるかもしれないが，個々の保育者においても，連携・協働の関係を構築する力が求められるだろう。

　また，より有効な連携のための制度・組織のあり方を検討する必要もある。

　2014年にはじまった「子育て世代包括支援センター」は，フィンランドのネウボラを参考に，関係機関の連携を図りながら，産褥期からの「切れ目のない支援[13]」をワンストップで実現していこうというものであり，新たな連携の拠点として期待されている。全国社会福祉協議会（2014）も，子育て支援のための地域基盤となる「プラットフォーム」，すなわち「子ども・子育て支援に関する事業者団体，当事者組織などさまざまな組織・団体がそれぞれの活動理念や特性を発揮しながら，互いに連携しあい課題の解決にあたる共通の土台」を構築することを唱えている。柏女（2017）は，こうしたプラットフォームと制度とがつながることによって，「切れ目のない支援」が可能になると述べている。

　小玉編著（2017）でも，接続期という幼保小の縦の連携が必要とされる際に，保護者や地域との横の連携が役立つことが示されている。子どもの発達のそれぞれの時点において縦と横のつながりを豊かにすることが，子どもの育ちをよりよく支えていくことにつながるのである。

▷13　切れ目のない支援
子育て世代包括支援センター事業のキーワードで，子どもの年齢，所管部署によって支援の「切れ目」が遍在していた状況を改め，妊娠・出産期から就学に至るまで，地域のなかで一貫した支援を行っていこうとするもの。

Exercise

① 「幼稚園教育要領」と「小学校学習指導要領」を読み，それぞれの特徴を比較しよう。
② 「子ども虐待対応の手引き」（厚生労働省雇用均等・児童家庭総務課）における幼児教育施設の役割や連携の意義について確認しよう。

③　自分の住んでいる地域に，子どもや子育て支援にかかわる行政機関・NPO
団体などにどのようなものがあり，それぞれの役割や活動はどのようなもの
か，調べてみよう。

📖次への一冊

酒井朗・横井紘子『幼保小連携の原理と実践――移行期の子どもへの支援』ミネルヴァ
書房，2011年。
　　単なる理念的な掛け声や実践例やノウハウに偏りがちな幼児教育施設と小学校の連
　　携について，その背景・現状・課題が丁寧に議論されている。とりわけ，「連携」
　　が問題となる社会的・構造的背景や，実施していくうえでの制度的な課題を明らか
　　にしており，理論的実践的示唆に富む。
小玉亮子編著『幼小接続期の家族・園・学校』東洋館出版社，2017年。
　　幼児教育から初等教育にかけての移行期を「接続期」と捉え，その課題を検討し
　　た，お茶の水女子大学附属学校園の共同研究の成果の一つ。接続期は，幼小の連携
　　と家庭と学校の連携の2つの連携のクロスする地点であると捉え，接続期の子ども
　　の親および親と園・学校の関係に焦点を当てる。調査に基づき，親の困難や不安の
　　実態や社会的背景を分析するとともに，接続期の親子を支えようとする園・学校の
　　努力を紹介する。
池本美香編『親が参画する保育をつくる』勁草書房，2014年。
　　12か国を対象として行った，幼児教育施設における親の参画の現状についての国際
　　比較調査に基づいた書。日本では，保育の質の改善の議論において，親の参画が議
　　論されることはほとんどないが，諸外国の実践からは，親の参画により大きな意義
　　や可能性があることを実感させられる。
秋田喜代美・松本理寿輝・まちの保育園『私たちのまちの園になる――地域とともにあ
る園をつくる』フレーベル館，2016年。
　　幼児教育施設の活動に地域資源を活かすという発想を超え，幼児教育施設そのもの
　　が地域資源となることを目指して，園と地域のつながりを模索する取り組みを紹
　　介。「まちづくり」の拠点となりうるような幼児教育施設の環境，職員の役割につ
　　いても検討している。

引用・参考文献

秋田喜代美「幼稚園，保育所と小学校との円滑な接続の意義」『初等教育資料』第856
号，2010年。
秋田喜代美・松本理寿輝・まちの保育園『私たちのまちの園になる――地域とともにあ
る園をつくる』フレーベル館，2016年。
池本美香編『親が参画する保育をつくる』勁草書房，2014年。
OECD，秋田喜代美・阿部真美子・一見真理子・門田理世・北村友人・鈴木正敏・星三
和子訳『OECD 保育の質向上白書――人生の始まりこそ力強く：ECEC のツールボッ

クス』明石書店，2019年。

大豆生田啓友「家庭との連携と保育」『保育学講座5　保育を支えるネットワーク』東京大学出版会，2016年。

お茶の水女子大学付属幼稚園・小学校・中学校・子ども発達教育研究センター『接続期をつくる――幼・小・中をつなぐ教師と子どもの協働』東洋館出版社，2008年。

柏女霊峰『これからの子ども・子育て支援を考える――共生社会の創出をめざして』ミネルヴァ書房，2017年。

川野祐二「協働，パートナーシップ，ネットワーク」田尾雅夫・川野祐二編著『ボランティア・NPOの組織論』学陽書房，2004年。

北野幸子「保護者に対する子育て支援」伊藤良高・中谷彪・北野幸子編『幼児教育のフロンティア』晃洋書房，2009年。

北野幸子「家庭との連携と保育者の専門性」伊藤良高編『教育と福祉の課題』晃洋書房，2014年。

刑部直子「『ちょっと気になる子ども』の集団への参加過程に関する関係論的分析」『発達心理学研究』第9巻第1号，1998年。

小玉亮子編著『幼少接続期の家族・園・学校』東洋館出版社，2017年。

酒井朗「教育方法からみた幼児教育と小学校教育の連携の課題――発達段階論の批判的検討に基づく考察」『教育学研究』第81巻4号，2010年。

鈴木智子・矢藤誠慈郎・森俊之・石川昭義・西村重稀・青井夕貴・野田美樹・森美利花・舘直宏「保育の協働性に対する保育者と家庭の意識に関する研究」『保育科学研究』第7号，2016年。

全国社会福祉協議会『子どもの育ちを育む新たなプラットフォーム――みんなで取り組む地域の基盤づくり』2014年。

浜谷直人「巡回相談はどのように障害児統合保育を支援するか――発達臨床コンサルテーションの支援モデル」『発達心理学研究』第16巻第3号，2005年。

林裕子「保護者と保育者の記述内容の変容過程にみる連絡帳の意義」『保育学研究』第53巻第1号，2015年。

藤田英典『子ども・学校・社会』東京大学出版会，1991年。

本郷一夫・澤江幸則・鈴木智子・小泉嘉子・飯島典子「保育所における『気になる』子どもの行動特徴と保育者の対応に関する調査研究」『発達障害研究』第25巻1号，2003年。

松下佳代編『〈新しい能力〉は教育を変えるか』ミネルヴァ書房，2010年。

山縣文治・柏女霊峰（編集委員代表）『社会福祉用語辞典〔第9版〕』ミネルヴァ書房，2014年。

第13章
グローバル化時代の幼児教育

〈この章のポイント〉

国境を越えて人やものが自由に行き交うグローバル化の現代，多様な文化的背景をもつ親子が日本の幼稚園や保育所に在園し，保育者側にも多文化に対する理解や知識が求められている。国外の子どもたちが置かれているさまざまな状況や，日本とは異なる育児文化に目を向けることで，保育は人間の文化的営みの一つであり，保育にこそ多文化共生の営みが必要であることに私たちは気づく。

本章では，発展途上国の子どもの状況を概観し，子どもの福祉や権利保障の視点をもって，保育の人道的支援の側面と文化の多様性について学ぶ。

1　途上国の子どもを取り巻く状況

1　生きる権利の格差

地球上には，74億3266万人（2016年）の命があり，人々は197の国と地域のなかで，それぞれ独自の文化を営みながら暮らしている。国といってもその成り立ちは実にさまざまで，土地・民族・宗教などが複雑に織りなす歴史的覇権争いのうえに現在の国家がつくられてきた。人間が創造と破壊を繰り返して築いた文明は，今や，市場主義経済と国益を是とする世界観をつくりあげ，その結果，富める国とそうではない国に二分されることになった。先進諸国は今もなお，経済圏を拡大し続け世界経済を牽引している。しかしながら，実はこのように富める国はごく一部で，150か国以上，つまり世界の約8割の国々が途上国といわれる経済的貧困のなかにある。

途上国の多くは貧困の問題を抱え，医療・教育・雇用の機会にも乏しく，社会的な不安と相まって紛争を招くなど，負の連鎖から抜け出しにくい状況にある。世界がグローバル化した現在，途上国で進む環境破壊，蔓延する感染症，より深刻化する紛争などの問題は，地球全体を脅かす要因にもなっている。

途上国で起きているさまざまな問題による影響は，まずは弱者である子どもたちに及ぶ。子どもは，生まれた国によって命が危機にさらされるのか，あるいは，豊かに成長していくのか，子どもの生きる権利にも格差が起こっている。20世紀は児童の世紀として，児童中心主義を掲げたケイの思想や，子ども

▷1　二宮書店編集部（2017）によるデータ。

▷2　世界銀行では，2016年世界銀行が発表した世界開発指標（World Development Indicator）から開発途上国（Developing Countries）と先進国（Developed Countries）のカテゴリーがなくなった。この背景には，時代とともに開発途上国というカテゴリーが意味をなさなくなってきたこと，持続可能な開発目標（SDGs）が開発途上国だけでなく，すべての国を対象としており，開発途上国を維持する意味がなくなったことがあげられる。今後は，「高所得国」「低所得国」といったカテゴリーが使われることとなり，経済規模の大小に関する分け方は維持される（https://www.jica.go.jp/activities/schemes/finance_co/about/standard/class2012.html　（2019年11月28日閲覧））。

▷3 エレン・ケイ（Ellen Key, 1849〜1926）
スウェーデン生まれ。『児童の世紀』（1900年）では20世紀は子どものための世界、子どもの人格の自由が保障され、子どもの福祉が実現される世界とならなければならないことを提起した。

▷4 ヤヌシュ・コルチャック（Janusz Korczak, 1878〜1942）
ポーランド生まれ。本名はヘンリック・ゴルドシュミット。作家・教育者・医者。ユダヤ人家庭に生まれ、ペスタロッチの影響を受け、第二次世界大戦中は孤児院ドム・シロットの院長としてとして活躍。『子どもをいかに愛するか』（1918年）は、児童の権利条約の草案となった考え方が示されている。「子どもはだんだんと大きくなるのではなくすでに人間である」「子どもは今日を生きる」など。

を愛すること、子どもはどこに生まれてもよい環境のなかで育てられなければならない、という子どもの権利条約の草案者となったコルチャックの思想は、子どもの生きる権利を守る思想として現代に引き継がれている。

　図13-1は、栄養指標による先進国と途上国の分布図である。世界のわずか2割の先進諸国は、8割を占める貧しい国々に目を向けないわけにはいかないことが一目瞭然であろう。世界では、およそ7億9500万人（9人に1人）が十分な食料が得られず、サハラ砂漠以南アフリカでは、4人に1人が栄養不良であり、途上国の子どもの6人に1人は低体重という状況がある。

2　連鎖する子どもの諸問題

　途上国の根本問題に、貧困がある。貧困によって、生まれながらに必要な栄養が得られず、そのため感染症にかかりやすく、加えて適切な治療も受けられないなど、子どもにとって最善の利益である発達が阻害されている状況がある。少しでも体力があれば、子ども自身が、家族のため、生きるために労働を選択する。学校に行くよりも明日食べる食料を得るために働くことを選ぶのである。児童に不適切な労働であっても生きるために仕事をする。児童労働は、子どもにとって過剰労働になるだけではなく、誘拐や人身売買の対象として知らないうちに少年兵や性的搾取につながる労働を強いられていく危険性をはらんでいる。子どもは家族から離れ、あるいは分離され、ストリートチルドレン

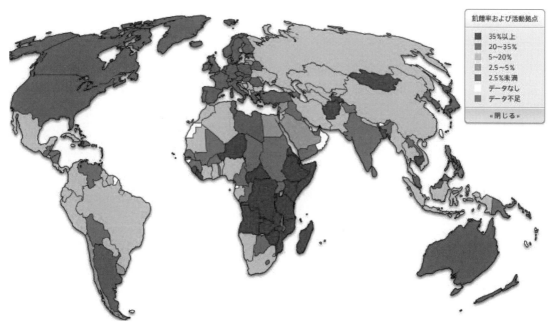

図13-1　国別栄養不足度

出所：国連世界食糧計画（2018）。

となっていくこともある。まさに，子どもにとって「生きる」ために必要な手段が，途上国の子どもの諸問題を引き起こしている。その現実は，表13-1の統計的数値の比較からもみてとれよう。

　5歳未満児死亡率は，子どもの福祉の極めて重要な指標の一つである。出生1000人あたりの死亡数で表されており，医療が進んでいる日本とサハラ以南アフリカとでは，25〜27倍もの差がある。その死亡原因は，肺炎17％，下痢9％，マラリア7％，周産期の問題（早産や合併症，分娩時の問題）25％であり，とくに，肺炎，下痢，マラリアは途上国の子どもの三大疾患といわれている。これらは，先進国では予防可能な病気であるが，途上国では栄養不良の状況と重なり，5歳未満児の死亡原因の約半数に及んでいる。

　一方，生後1か月間は生命を維持するのに極めて重要な時期である。新生児の死亡原因の多くは十分ではない母乳育児が関係しているとみられている。生後6か月間を母乳のみで育てられた子どもは，母乳以外で育てられる子どもよりも，生存の確率が14倍以上も高くなることも明らかになっている。

　HIV小児感染者も途上国地域は先進国よりも桁違いに多く，親がエイズで亡くなり孤児となる数も非常に多い。まずは，生命の危険と対峙しなければならない状況下にある乳幼児が，地球上に多くいる事実がある。

▷5　児童労働は学校教育の妨げとなり，よくないことで撲滅すべきという考えがある一方で反対の意見もある。「町の中で物売りしてお小遣いを稼いでいる子ども，それを児童労働と呼ぶかどうかは議論に値するが，その姿には日本の子どもには見ることができない自立心のようなものを感じる。アフリカの社会や教育のシステムが十分に整っていないからともいえるが，問題解決能力，自分の力でたくましい生き方をしている」等の意見もある（亀井伸孝「第4回アフリカ子ども学の試み――そのねらいと展望（1）」2014年4月26日講義録より）。

▷6　「ユニセフ」https://www.unicef.or.jp/osirase/back2013/1309_02.html（2019年11月28日閲覧）

表13-1　途上国を含む地域と日本の乳幼児に関する統計比較

	サハラ以南アフリカ	中東と北アフリカ	南アジア	東アジアと太平洋諸国	ラテンアメリカとカリブ海諸国	ヨーロッパと中央アジア	日本
5歳未満児死亡率（5歳未満の死亡率，出生1000人あたりの死亡数）	78	24	48	16	18	14	3
乳児死亡率（1歳未満の死亡率，出生1000人あたりの死亡数）	53	20	39	14	15	8	2
新生児死亡率（生後28日以内の死亡率，出生1000人あたりの死亡数）	28	14	28	8	9	5	1
出生児の平均余命（年）	60	74	69	75	77	75	84
15〜24歳の識字率（％）（男／女）	79/72	91/88	88/80	99/97	98/99	—/—	—/—
就学前教育総就園率（％）（男／女）	31/32	35/34	22/21	77/77	76/76	76/75	—/—
初等教育純就学率（％）（男／女）	82/78	93/91	90/89	93/93	93/93	96/96	100/100
小学校への入学児童が最終学年まで残る割合（％）（男／女）	55/56	91/90	80/79	—/—	90/92	95/95	100/100

　出所：UNICEF『世界子供白書2017』より関連項目を抽出，筆者作成。

▷7 UNICEF（United Nations Children's Fund）『世界子供白書2017』。

この状況をくぐり抜けた子どもは，次に，生きるために必要な知識を得るための教育を受けることが重要となってくる。教育指標によれば，就学前教育を受ける子どもは，途上国では少なく，初等教育においてはいまだ就学率は100％に届かない状況で，男女差もわずかながらある。小学校に入学しても卒業まで在籍している割合も低い。適切な時期に適切な教育を受けていれば，知識によって途上国の問題を少しずつ解決していくことができると考えられるが，実際に，教育を受けるよりも，明日を生きるために仕事を選択する子どもや，紛争などの危険な状態で学校に通えない子どもがいる。

国連児童基金（UNICEF）では，「一人ひとりの子どもに公平なチャンスを」をキャッチフレーズに掲げている。一人ひとりの子どもの人生において，社会全体がどれだけ公平な機会を提供できるのか，公平性の促進を訴えている。どこに生まれても，公平な人生のスタートが保障されること，そのことは現代に生きる大人の責任であることはいうまでもない。

▷8 UNRWA（United Nations Relief and Works Agency for Palestine Refugees in the Near East）

③　子どもと紛争

途上国には，栄養不良や疾病によって命を落とす危険以外に，子どもとはまったく関係のないところで引き起こされる紛争によって命を落とす現状がある。

また，戦闘から逃れるために故郷をやむを得ず離れ，家族ともども難民となる子どももいる。難民問題が国際社会の問題として取り上げられるようになったのは，第一次世界大戦後，ロシア革命やトルコ帝国崩壊によって大量の難民が発生して以来といわれる。第二次世界大戦後には，さらに大量かつ広範な地域で難民が発生し，国際社会は国連を中心に難民問題に取り組むことになった。

▷9 UNHCR（United Nations High Commissioner for Refugees）

▷10　クルド難民とは，1991年湾岸戦争直後にイラク北部で起きたクルド人による反政府運動の弾圧から逃れるためにトルコやイランに流出した難民。ルワンダ難民とは，1994年4月大統領特別機が撃墜された事件をきっかけに，大統領親衛隊および民兵などの多数派フツ族過激派による少数派ツチ族への大虐殺が起こったが，ツチ族の大攻勢により虐殺報復を恐れたフツ族が隣国へ逃れ難民となった。コソボ難民とは1998年2月〜1999年3月にかけて行われたユーゴスラビア軍およびセルビア人勢力と，コソボの独立を求めるアルバニア人の武装組織コソボ解放軍との戦闘によって発生した難民。東ティモール難民とは，1999年ハビビ大統領が独立を決定したが，独立を阻止しようとする残留派は西ティモールへ逃れた。

1949年には，中東のパレスチナ難民の救済を目的とした国連パレスチナ難民救済事業機関（UNRWA）が設立され，翌1950年には国連難民高等弁務官事務所（UNHCR）が設立された。1951年，より深刻化した難民問題を国際協力によって対処するために「難民の地位に関する条約」も作成されたが，この条約は1951年1月1日以降に発生した難民には適用されないことから，1967年，条約を補足する「難民の地位に関する議定書」が採択された。先の条約とこの議定書をあわせて，一般に「難民条約」と呼ばれている。

第二次世界大戦によって生じた難民以降は，イデオロギーや民族・宗教などに起因する紛争が世界各地で勃発し，難民問題はますます大規模化している。とくに，1990年代の地域紛争により発生したクルド難民，ルワンダ難民，コソボ難民，東ティモール難民などは，難民問題に新たな局面をもたらした。

近年の難民問題は，自然災害や経済危機など複合的な要因が絡んで長期化する傾向がある。また，国内避難民の増加も重要課題となり，人権や人道的見地から，国際社会は難民同様に国内避難民の保護・支援に乗り出している。2011

年1月のアラブの春[11]と呼ばれる中東における民主化の動きは，今や中東を分断し，多くのシリア難民が海を渡って世界に漂流している。2018年5月現在，大国の主導権争いも絡み，当地域はいまだ混沌とした状況下にある。

2　国際教育協力

1　国際教育協力の変遷

　国際教育協力とは，文字どおり教育分野における国際的（主に途上国に対する）援助である。日本の政府開発援助（ODA）[12]においては，当初，職業教育や高等教育分野への援助を中心に実施してきたが，その内容が変化したきっかけは，1990年にタイのジョムティエンで開催された世界教育会議における「万人のための教育世界宣言（Education for All：EFA宣言）」であった。この宣言を機に，世界的にも途上国に対する基礎教育拡充への支援が増加し，「すべての人に教育を」を提供することを国際的な共通政策目標として，国際教育協力が強化されてきた。

　EFA宣言の後，各援助機関は途上国の基礎教育拡充への援助に力を入れてきたが，実際には，2000年までにEducation for Allの目標は達成されなかった。そのため，2000年にセネガルのダカールで開催された世界教育フォーラムにおいて，EFA実現のために「ダカール行動指針」が採択され，6つの目標が示された。その目標の1つ目におかれたのが，「最も恵まれない子どもたちに特に配慮を行った総合的な乳幼児のケアおよび教育（ECCE）[13]の拡大及び改善を図ること」である。つまり，誕生前から就学前の乳幼児に対する適切なケアと教育が，その後の人生の基盤をつくることが強調され，目標とされたのである。

　その後，西暦2000年の新たなミレニアムを迎えた9月，国連ミレニアム・サミットで採択された「国連ミレニアム宣言」のなかで，「開発と貧困」「アフリカのニーズへの対応」「環境の保護」との関連において，「ミレニアム開発目標（MDGs）」（表13-2）が2015年を達成年限とし策定された。具体的には，8つの目標と21のターゲット，そして達成度を測るための60の指標が設定された。

　MDGsは，それぞれに進展がみられた一方で，多くの課題が残され，目標達成には地域差がみられた。例えば，目標1のターゲットである「収入が1日1.25ドル未満の貧困人口の割合を1990年38％から2015年19％にまで半減する」は，中国とインドは達成でき，中国の影響を受けた東アジア，インドの影響を受けた南アジアも半減以下となった。しかしながら，サハラ以南アフリカではほとんど達成されなかった（田中・三宅・湯本編，2017，61ページ）。

▷11　アラブの春
2010年12月18日にチュニジアで起こったジャスミン革命を発端として，アラブ世界に波及した反政府デモや騒乱の総称である。

▷12　ODA（Official Development Assistance）

▷13　ECCE（Early Childhood Care and Education）

173

表13-2　ミレニアム開発目標（MDGs）

目標1	極度の貧困と飢餓の根絶。
目標2	初等教育の完全普及の達成。
目標3	ジェンダー平等推進と女性のエンパワーメント。
目標4	乳幼児死亡の削減。
目標5	妊産婦の健康の改善。
目標6	HIV/エイズ，マラリア，その他の疾病との闘い
目標7	環境の持続可能性の確保
目標8	開発のためのグローバルなパートナーシップ

出所：国際連合広報センターホームページ。

　2015年9月に開催された国連総会では「我々の世界を変革する：持続可能な開発のための2030アジェンダ」が採択された。先のMDGsに代わり，2030年を達成年限とする「持続可能な開発目標（SDGs）」（表13-3）が合意された。SDGsは，17の目標と169のターゲットで構成されている。

　これら17の目標のなかで，とくに乳幼児に関連する「目標3　保健目標」と「目標4　教育目標」のターゲットは，表13-4と表13-5に示したように，具体策が定められ，現在実施に向けた取り組みが進行中である。

表13-3　持続可能な開発目標（SDGs）

目標1	あらゆる場所のあらゆる形態の貧困を終わらせる。
目標2	飢餓を終わらせ，食糧安全保障及び栄養改善を実現し，持続可能な農業を促進する。
目標3	あらゆる年齢のすべての人々の健康的な生活を確保し，福祉を促進する。
目標4	すべての人に包摂的かつ公正な質の高い教育を確保し，生涯学習の機会を促進する。
目標5	ジェンダー平等を達成し，すべての女性及び女児の能力強化を行う。
目標6	すべての人々の水と衛生の利用可能性と持続可能な管理を確保する。
目標7	すべての人々の，安価かつ信頼できる持続可能な近代的エネルギーへのアクセスを確保する。
目標8	包摂的かつ持続可能な経済成長及びすべての人々の完全かつ生産的な雇用と働きがいのある人間らしい雇用を促進する。
目標9	強靱なインフラ構築，包摂的かつ持続可能な産業化の促進及びイノベーションの推進を図る。
目標10	各国内及び各国間の不平等を是正する。
目標11	包摂的で安全かつ強靱で持続可能な年及び人間居住を実現する。
目標12	持続可能な生産消費形態を確保する。
目標13	気候変動及びその影響を軽減するための緊急対策を講じる。
目標14	持続可能な開発のために海洋・海洋資源を保全し，持続可能な形で利用する。
目標15	陸域生態系の保護，回復，持続可能な利用の推進，持続可能な森林の経営，砂漠化への対処ならびに土地の劣化の阻止・回復及び生物多様性の喪失を阻止する。
目標16	持続可能な開発のための平和で包摂的な社会を促進し，すべての人々に司法へのアクセスを提供し，あらゆるレベルにおいて効果的で説明責任のある包摂的な制度を構築する。
目標17	持続可能な開発のための実施手段を強化し，グローバル・パートナーシップを活性化する。

出所：国際連合広報センターホームページ。

表13-4　保健目標のターゲット

3-1	2030年までに，世界の妊産婦の死亡率を出生10万人当たり70人未満に削減する。
3-2	すべての国が新生児死亡率を少なくとも出生1000件中12件以下まで減らし，5歳以下死亡率を少なくとも出生1000件中25件以下まで減らすことを目指し，2030年までに，新生児及び5歳未満児の予防可能な死亡を根絶する。
3-3	2030年までにエイズ，結核，マラリア及び顧みられない熱帯病といった伝染病を根絶するとともに肝炎，水系感染症およびそのほかの感染症に対処する。

出所：国際連合広報センターホームページ。

表13-5　教育目標のターゲット

4-1	2030年までに，すべての子どもが男女の区別なく，適切かつ効果的な学習成果をもたらす，無償かつ公正で質の高い初等教育および中等教育を修了できるようにする。
4-2	2030年までにすべての子どもが男女の区別なく，質の高い乳幼児の発達・ケアおよび就学前教育にアクセスすることにより，初等教育を受ける準備が整うようにする。

出所：国際連合広報センターホームページ。

2　日本による教育援助

　日本が第二次世界大戦後，1954年にコロンボ・プランに加盟し，アジア諸国に対して技術協力を開始して以来，日本のODAは，国際社会の責任ある立場として世界のさまざまな課題への取り組みに貢献してきた。とくに，1989年に日本は世界最大の援助国となったが，国内の経済状況の悪化にともない，2014年には第5位と後退した。日本のODAの実施機関である国際協力機構（JICA）[14]は，多くの途上国に対し教育分野の援助を行ってきている。

▷14　JICA（Japan International Cooperation Agency）

　文部科学省によれば，国際教育協力の意義は，①途上国の人々の潜在的な能力開発を通じた持続的発展，②考える力の育成，③他者が他文化を理解する力，国際協調の精神を重んじる態度の育成，④わが国の経験の貢献，⑤途上国の人々とのつながりを通じた途上国との共生の深まり，⑥内なる国際化，⑦わが国の教育の質的向上，⑧国民によるODA理解の増進，にあるとしている。

　とくに，幼児教育・保育分野における協力は，文部科学省の調査研究協力者会議による報告で，幼稚園教諭の資質向上において研究活動や国際経験などの活用が有効であると指摘されている（文部科学省，2002）。

3　途上国の乳幼児発達支援

1　Early Child Development（ECD）の概念

　保育を意味する英語には，Early Childhood Care（ECC），Early Childhood Education（ECE），Early Childhood Care and Education（ECCE），Early Childhood Education and Care（ECEC）のほかに，Pre-primary Education, Preschool

Education, Infant Education, Nursery Education など，いろいろな名称が使われている。一般的に，Care は幼い子どもをもつ母親の就労支援としての福祉サービスを含む養護活動を意味し，Education は認知的発達を促す教育的観点からの活動を意味している。また，Early Childhood には，出生から就学前段階の小学校への移行期を含めた時期と解釈される。先進諸国の集まりであるOECD（経済協力開発機構）では教育的機能を重視して ECCE を用いているが，ここでは途上国の乳幼児発達支援で使用されている Early Child Development（ECD）についてみていく。

　ECD は，「受胎期もしくは出生から初等教育就学前後（6～8歳）までの幼い子どもの身体的，認知的，社会的，情緒的発達を包括的に促すために，乳幼児やその保護者に対して行われる教育，保健，衛生，医療，栄養，保護などの複数の分野にわたる活動を指し，フォーマル，ノンフォーマル，インフォーマルな環境を通して支援されるものである」と定義される（浜野・三輪，2012，21ページ）。

　また，三輪は ECD を図13-2 のように図解し，ECD の特徴を3つあげている。1つは，発達の多面性や発達支援の包括性から複数分野（マルチセクター）にわたる支援の必要性があること，2つ目には，支援の対象が乳幼児だけではなく，妊婦や保護者を含めるため，ノンフォーマル，インフォーマルな方法でサービスを提供していること，3つ目に，多くの援助機関が小学校低学年8歳までを支援の対象としていることから，就学前から小学校への移行，すなわち，就学レディネスを重要課題とし，子どもの多様なニーズに沿った学習環境を提供すること，の3点を特徴としている。つまり，途上国の乳幼児の発達支援に関しては，マルチセクター，多様なアプローチ，小学校への移行段階に着

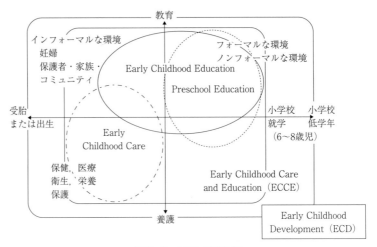

図13-2　ECD の概念図
出所：浜野・三輪（2012，22ページ）。

目した取り組みが行われている（浜野・三輪，2012）。

2　途上国の保育内容と方法

　途上国における保育・幼児教育は，各国固有のニーズによって出現し，その過程において，ECD の考え方のもと国際的な援助を受けながら実施されている場合が多い。被援助国の政策としては，初等教育の就学率を上げることが最優先されているため，保育・幼児教育への優先順位は高くはなく，保育の専門領域も確立していないのが現状である。そのため，実際の途上国の現場では，保育（ケア）として世話をするか，幼児教育（教育）として小学校 1 年生のように，文字や数字を集団で教えるか二分されている。子どもの発達を理解した乳幼児期にふさわしい内容や方法が確立しているわけではなく，子どもの遊びに対する考え方にも，援助国と被援助国には相違がある。

　途上国の保育の特徴としてあげられることは，第一に国によって決められたカリキュラムが重視されることである。年齢別に時間割表が作成され，読み書き，計算など，就学準備としての学習が授業形式，教師主導で実施されている。教え方も小学校のように，直接的に教え込み，一斉に復唱させたりするなど暗記中心の方法であることが多い。音楽や造形・描画のような個の自由な表現活動はほとんどみられず，行われていたとしても，教師のお手本どおりに模倣させる指導が行われる。遊びに対する考え方も異なっているため，遊びをとおして学ぶという日本のような考え方はなく，休み時間に遊ぶ，家に帰ってから遊ぶというように，子どもの遊びは余暇的な意味が強い。

　次に，途上国の保育の具体的な様子をシリア・アラブ共和国の例から取り上げる。その際，保育がいかにその国の歴史的・文化的・宗教的土壌のうえに成り立っているのか，保育の文化的側面と人道的支援の側面から捉えていく。

3　シリア・アラブ共和国への幼児教育支援

　2011年 1 月の中東地域における民主化闘争以降，シリアは，テロ組織 IS[15] の出現や大国による覇権争いの様相によって，いまだ出口のみえない紛争地となっている。

　シリアは，日本からみると西アジアの端，イスラームが興ったアラビア半島の付け根にある。現在の国家になる前は，肥沃な三日月地帯を含む大シリアを統治していた。そこには明確な国境はなく，広大な砂漠を遊牧民が水を求めて移動し，イスラームの教えに基づく平穏な生活を営む人々が住む地域であった。第一次世界大戦後，英仏の三枚舌外交[16]によってアラブの統一は断たれ，国境が線引きされた後，シリアはフランスの統治を受け，1946年に独立した。国民の約85％がアラブ人，ほかはクルド人・アルメニア人・パレスチナ人などで

▷15　IS
イスラミック・ステート（イスラーム国）といわれるアルカイダから分派した国際的過激派組織。

▷16　三枚舌外交
第一次世界大戦中に中東問題についてイギリスが結んだ 3 つの矛盾する協定。1 つは「フセイン・マクマホン協定」で中東のアラブの独立を約束したもの，2 つ目は「サイクス・ピコ協定」で英仏露による中東分割協定，3 つ目は「バルフォア宣言」でパレスチナにおけるユダヤ人の居住協定。その後の中東地域の混乱の発端となっている。

構成される。また約85％がムスリム（イスラーム教徒）であり，キリスト教徒・ユダヤ教徒・ギリシャ正教徒等とも共存している。

▷17　クルアーン
イスラームの聖典であり，預言者ムハンマドに下されたアッラーの啓示である。日本ではコーランと呼ばれることが多い。

▷18　ハディース
預言者ムハンマドが日常生活のなかで語った言葉や，その行動についての証言をまとめた言行録である。

　この地域の教育は，もともとイスラームの知識伝達を目的とし，クルアーン[17]やハディース[18]を伝えていく行為からはじまった。その伝統的教育は，クッターブといわれる場所ではじまり，初等教育の場となっていた。9～10世紀には世界を牽引するほどの学問が発展し，マドラサといわれる高等教育機関が定着していった。その後，第一次世界大戦後に西欧の近代教育制度が入ってくると，国家戦略としての西欧的教育とイスラーム的価値観による伝統的教育が併存するようになる。第二次世界大戦後は，西欧の影響を受けた6-3-3教育制度のもとで教育が行われている。

　就学前教育を実施する機関としては，教育省管轄下に公立幼稚園，シリア女性連盟などの半官半民幼稚園，そして私立幼稚園がある。日本のODAによる幼児教育支援は，1996年に開始され，以降2011年までの15年間に46名の青年海外協力隊員による計画的な支援活動が実施されてきた。当初6％だった就園率は，2011年には30％近くにまで拡大していた。

　シリアの教育の目的は，かつての伝統的なイスラーム知識の習得というよりも，豊かな経済的発展をもたらす近代国家建設のために科学的知識を得ること，就学前教育については小学校に入る前に文字や数字を教えてもらう場所，つまり高学歴を得るための最初の教育の場として捉えられている。シリアには，ユニセフの協力で作成された幼稚園教育指導書が存在するが，実際の現場では小学校1年生を意識した文字指導や初歩的な算数指導が保育内容の中心にある。それらを教える方法としては，復唱式・暗誦式の教授法がとられ，教師の後に続いて何度も同じ言葉や文章を復唱し，黒板に板書したものを書き写すなど，伝統的な教育の方法がとられている。

　ECDの取り組みとしては，乳児・幼児の発達を理解し，発達にふさわしい教育方法を展開することであった。とくに，「遊びをとおして学ぶ」ことをテーマに，シリア幼児教育関係者は，日本研修で保育を学び，自国では周辺国を交えた研修を実施し，幼児にふさわしい保育を目指すようになっていった。地域によっては，青年海外協力隊（幼児教育）との協働によって「遊びの保育室」がつくられたり，子どもに寄り添う姿の保育者が現れたり，大きな変化をみせはじめていた。現在は，日本からの支援は中断され，発展しつつあった幼児教育の先行きは不透明となり，シリアの子どもたちは厳しい状況下に置かれている。

図13-3　シリアの幼稚園

4　日本における多文化共生

1　宗教と日本の保育

　日本には，主に，神道・仏教・キリスト教などの宗教があるが，誕生のとき
と結婚のときは神道に，死と向かい合うときには仏教にといったように，神棚
と仏壇が同居する神仏習合の傾向が強い。保育の現場においても，本来，神事
である秋祭り（収穫祭・神輿）や七五三・正月・節分など，仏事である盆踊り
（御霊祭り）などは日本の伝統的行事として，また，母の日・ハロウィン・クリ
スマスのようなキリスト教や西欧文化に親しむ行事も行われている。4月から
翌年3月までの年間カリキュラムのなかに，これらの行事を四季折々の保育の
題材として取り入れている。

　欧米人からみると，日本人は宗教に熱心ではないと捉えられることが多い
が，日本人の宗教観は他国の宗教観とは異なる形で表現され，むしろ自発的に
宗教を融合し，宗教どうしを調整させ，宗教的イデオロギーに根差した文化モ
デルは，幼稚園を含む社会生活のあらゆる場面に広く浸透しているとの見方も
ある（ハロウェイ，2004，161ページ）。

　このように，日本における保育文化のなかには，宗教的営みがはっきりして
いるところと，和洋折衷と混在しているところがあるのが現実であり，海外か
らは不思議な感覚でみられることもある。

2　多文化保育とその課題

　多くの外国人が来日する現代，日本の人口1億2677万人（2017年2月）のう
ち，在留外国人は256万1848人（法務省統計，2017年末）であり，仕事・留学・
研修などの理由で，長期に留まる外国人家族が多くなった。表13-6は，在留
外国人全体に占める出身国地域の割合であり，アジアは突出して多くなってい
る。上位10か国は，中国・韓国・ベトナム・フィリピン・ブラジル・ネパー
ル・台湾・アメリカ・タイ・インドネシアであり，経済的に発展途上にある国
も多く，異なる宗教や文化をもつ。在留外国人の増加とともに，日本の保育施
設には多様な文化的背景をもつ親子が多く在園する時代になった。表13-7
は，外国にルーツをもつ子どもを受け入れている保育者が感じる異文化に対す
る戸惑いの意見である。言葉の壁以上に，育児文化や子どもに対する考え方の
相違が壁になりやすいかがわかる。

　日本は，もともと朝鮮半島・中国・アイヌ・沖縄などを背景にもつ人々が共
存する多文化社会であったが，戦後，それらの民族は日本社会への同化を強い

表13-6　在留者の出身地域
（％）

アジア	83.0
南米	10.0
ヨーロッパ	3.0
北米	2.8
オセアニア	0.6
アフリカ	0.6

出所：法務省（2017）。

表13-7　保育者が遭遇した文化の相違エピソード

食文化の相違	・弁当の習慣がないため，説明に困った。
	・日本人より間食の回数が多い。
	・食事の時間帯が異なり，朝食を園で食べさせてほしいという。
	・茶碗を左手で持たない。手を器に添える習慣がない。
	・離乳食の与え方や内容が異なる。
	・豚肉や豚のエキスが入ったものは食べてはいけない（イスラーム教徒）。
	・手で食べる習慣がある。
	・冷たいものは食べない。
衣文化の相違	・厚着である。
	・毎日衣服を着替えない（下着も）。
	・衣服の着せ方が異なる（肌着を着せない）。
	・おむつやパンツをはかせない（股割れパンツの着用）。
	・小学生まで着脱を手伝う。
	・靴について，外履きと上履きの違いを説明する必要がある。
その他の相違	・ミサンガ，ピアス，マニキュアを身に付けてくる。
	・サンダルで通園する。
	・七夕や運動会の行事の理解を得るのに困った（由来の説明）。
	・鬼の絵を描かせないでほしいといわれた。
	・医者にかかるタイミングが異なる。病院に対する考え方が違う。
	・発熱の捉え方が異なる。平熱が異なる。
	・浴槽につかる習慣がない。沐浴時に皮膚が赤くなってしまった。
	・子どもの頭をなでたり，触れたりしないでほしいといわれた。
	・手作りの布製袋や個人持ちの教材が多いといわれた。
	・一つひとつの教材に名前を付けることへの理解が難しかった。
	・男児と女児が同じ部屋で着替えないでほしい（イスラーム教徒）。
	・男性保育士は，女児の世話をしないでほしい（イスラーム教徒）。

出所：駒沢女子短期大学「多文化と向き合う保育現場の現状と課題」2008年，保育者養成協議会学生研究発表，星順子「日本におけるムスリムの子どもの保護者支援」乳幼児教育学会シンポジウム発表より筆者作成。

られ，高度経済成長のもとで単一民族国家であるような錯覚を生んだ。1972年，中国との国交回復により残留孤児や婦人の帰国者が増加し，1980年代のボートピープルに加え，ニューカマーとしてフィリピン・韓国・台湾・タイなどから興行ビザで入国する女性や，欧米諸国からはビジネスマンが流入し，1990年代初頭のバブル経済期には，バングラデシュ・パキスタン・イランなどから観光ビザで入国して就労する労働者が急増した。その後，新たな形での外国人労働者の受け入れがはじまり，日系人の国内就労が可能となったことで，ブラジルやペルーなどから日系人労働者が増加した。2006年，地方自治体は外国人住民に対してどのような支援を行うのかの行政サービスとして「多文化共生推進プログラム」を作成し，文部科学省は「外国人児童生徒教育を充実するための方策」を提言した。2008年にはインドネシア，フィリピン，ベトナムと２国間のEPA（経済連携協定）に基づく看護師，介護福祉士候補者の受け

入れがはじまった。現在，国の政策としては，世界で活躍できる人材育成のためのグローバル戦略は推進されているが，国内の多文化共生の視点，多文化社会の市民を育成する視点は教育課程に位置づけられていない。日本は島国であるがゆえに，人種問題の関心は高くなく，グローバル化にともなって急激に変化する多文化への受容の準備はできていない。

　保育においても，多文化共生社会を支える市民を育成することが，今後の課題となっていくだろう。

Exercise

①　貧困が引き起こす乳幼児を取り巻く状況について，「健康」と「教育」の分野からその原因と結果を具体的・視覚的に調べ，論じてみよう。

②　保育が文化的営みの一つであることから，異なる文化的背景をもつ国を一つ取り上げ，日本と異なる子育てについて調べてみよう。

📖次への一冊

磯部裕子・山内紀幸『幼児教育知の探求1　ナラティヴとしての保育学』萌文書林，2007年。
　　本書は，保育学はさまざまな学問分野が含まれることに気づかせてくれる。第1部第3章には世界の子育てについての語りがある。文化的営みとしての保育を知る手がかりとなる。

浜野隆・三輪千明『発展途上国の保育と国際協力』東信堂，2012年。
　　途上国の保育とその国際協力について，国連機関の動向と日本国のかかわりについて概観できる。援助の実績や支援事例から途上国の乳幼児を取り巻く状況や保育の現状を知ることができる。

ハロウェイ，スーザン・D.，高橋登・南雅彦・砂上史子訳『ヨウチエン──日本の幼児教育，その多様性と変化』北大路書房，2004年。
　　日本の幼児教育の現場について，外国人研究者である著者の視点から文化的特徴について知ることができる。文化的要素として，宗教面・しつけ面・経済階層面からの多様性を分析している。

冨田久枝・上垣内伸子・田瓜宏二・吉川はる奈・片山知子・西脇二葉・名須川知子『持続可能な社会をつくる日本の保育』かもがわ出版，2018年。
　　日本における乳幼児期の ESD の取り組みが概観できる。基本的な ESD の理念や国際的動向，また，持続可能な社会をつくる地域で創造されてきた保育の実践について解説されている。

引用・参考文献

外務省ホームページ　http://www.mofa.go.jp/mofaj/press/pr/wakaru/topics/vol70/（2019年12月 1 日閲覧）

杏林大学大学院国際協力研究科「中東イスラームの子どもの教育──シリア・アラブ共和国を事例として」『杏林大学大学院論文集』第 1 号，2002年。

国際協力機構ホームページ　https://www.jica.go.jp/aboutoda/whats/cooperation.html（2019年12月 1 日閲覧）

国際連合広報センター　2015　Time For Global Action　https://www.unic.or.jp/activities/economic_social_development/2030agenda/global_action/mdgs/（2019 年 12 月 21 日閲覧）

国際連合広報センター　2030アジェンダ　https://unic.or.jp/activities/economic_social_development/2030agenda/（2019年12月21日閲覧）

国際連合広報センター　ニュースプレイス　https://unic.or.jp/news_press/features_backgrounders/31737/（2019年12月21日閲覧）

国連世界食糧計画　2018　https://ja.wfp.org/hunger_map（2019年12月 1 日閲覧）

小松太郎『途上国世界の教育と開発──公正な世界を求めて』上智大学出版，2016年。

菅原ますみ編『子ども期の養育環境と QOL』金子書房，2012年。

世界銀行　https://www.povertist.com/ja/wdi-developing-countries/（2019年12月 1 日閲覧）

田中治彦・三宅隆史・湯本浩之編『SDGs と開発教育』学文社，2017年。

二宮書店編集部『データブック オブ・ザ・ワールド2017（Data Book of the World）──世界各国要覧と最新統計 Vol.29』二宮書店，2017年。

浜野隆・三輪千明『発展途上国の保育と国際協力』東信堂，2012年。

ハロウェイ，スーザン・D.，高橋登・南雅彦・砂上史子訳『ヨウチエン──日本の幼児教育，その多様性と変化』北大路書房，2004年。

法務省　2017　www.moj.go.jp/housei/toukei/toukei_ichiran_touroku.html（2019年12月 1 日閲覧）

松尾知明『多文化教育の国際比較──世界10カ国の教育政策と移民政策』明石書店，2017年。

文部科学省　「国際教育協力懇談会・最終報告」2002年。www.mext.go.jp/b_menu/shingi/chousa/kokusai/002/toushin/020801.ht（2019年12月 1 日閲覧）

UNICEF『世界子供白書 2017』。

ワイカート，デイヴィッド・P.，浜野隆訳『幼児教育への国際的視座』東信堂，2015年。

砂　場

　『人生に必要な知恵はすべて幼稚園の砂場で学んだ』というタイトルの本がかつてベストセラーになったほど，幼児期における砂場での経験の意義は高く評価されている。その理由として一つには，砂という素材のもつ柔軟性や，砂と水が混ざったときの性質の変化のおもしろみがあり，他方で，子どもが試行錯誤を重ねて一つの作品を作りつつ，それがまたほかの作品にも発展していくという，探索的活動が充実しやすいことがあげられよう。さらには，砂場で展開される他者とのかかわりを通した学びの深さもある。砂遊びは，数の限られた遊具の貸し借りをしたり，他者のスペースや作品を尊重したり，あるいは協同作業が発展したりする，身近なきっかけを提供する。型抜き，泥水遊び，山づくり，泥だんごづくり，あるいは泥を塗り合い感触を楽しむことまで，砂場はさまざまな遊びと学びが実現する場である。

　幼児教育において，「砂場」が一般的になった経緯とはどのようなものだろうか。笠間（2016）によれば，日本の幼稚園における砂場は，明治30年代半ばから徐々に普及し，1926年「幼稚園令施行規則」において初めて，幼稚園が砂場を設置すべきことが定められた。1948年の「幼稚園教育要領」では，「遊具」として，室内外1か所ずつの砂場の必要性が述べられている。また同年の「児童福祉施設最低基準」では，満2歳以上の保育所に「砂場」を設けるべきことが示されている。

　1956年の「幼稚園設置基準」では，「備えなければならない園具及び教具」として，「すべり台」「ぶらんこ」とともに，「砂遊び場」が示された。なお1995年には，「幼稚園設置基準」の大綱化にともない，「備えなければならない園具及び教具」として具体的な項目が示されなくなり，現在では砂場は必置ではなくなっている。また砂場の維持には，衛生面での管理の難しさなど大きな課題もある。しかし今なお，砂場は，「環境を通して教育する」という幼児教育原理の根幹を支えるものとして，多くの幼児教育の場で設置されている。

　幼児教育における砂場の設置は，日本に限らず，諸外国でもみられるが，同じように活用されているとは限らない。例えば乾燥した地域では，白くさらさらした砂を室内で楽しむ例もみられる。そこでは，水を加えたり，そこに足を踏み入れて全身で楽しむような活動の展開はみられない。また，砂漠地帯に日本式の幼稚園を導入して砂場を設置したところ，子どもたちが寄りつかなかったという話もある。

シリア・ダマスカス市内の幼稚園——園庭に作られた砂場
（2006年撮影）

　　屋根付きで日差しを遮ることはできる。が，日中は熱風に
見舞われ外で遊ぶことはない。外に設置した砂場は数年後に
は消滅した。砂遊びの意義まで伝えきれなかったことも理由
にあげられるが，日本とは自然環境が大きく異なり，シリア
では春先は砂嵐に見舞われ外に出ることもできない。日常生
活のなかで，砂は時に視界を遮り，部屋に入り込んでくる
「やっかいもの」である。おまけに，日中に外で子どもが遊
ぶ姿はみられない。日が暮れてからの夜の公園は，子どもと
家族連れでにぎわうお国柄である。文化・風習と幼児教育は
つながっている（写真提供，説明：小山祥子）。

　こうした砂場のあり方は，わたしたちの砂遊びへの評価が，黒い泥まみれに
なって夢中で楽しむことに「子どもらしさ」を感じるという，大人の感覚に基
づいたものであることに気づかされる。砂遊びに対する評価は，その地域の気
候と，そこでの子ども観と強く結びついている。

　本田（1982）は，「どろどろ」「べとべと」したものとして表象される，大人
にとっての「異文化」としての「子ども」観を提示した。「清潔」という大人
社会の規範に反して，戸外で「どろんこ」になって遊ぶ子どもとは，大人が想
定する子どもの理想像の典型であり，それを見出しやすいのが，砂場なのでは
ないだろうか。

参考文献

笠間浩幸「保育環境と施設・設備の変遷」日本保育学会編『保育学講座１保育学とは
　　問いと成り立ち』東京大学出版会，2016年。
フルガム，R.，池央耿訳『人生に必要な知恵はすべて幼稚園の砂場で学んだ』河出文
　　庫，2016年。
本田和子『異文化としての子ども』紀伊國屋書店，1982年。

第14章
幼児教育の課題と展望

〈この章のポイント〉

　幼児教育は時代とともにその姿を変えてきた。また，地域によって求められる課題はそれぞれ異なっている。現代社会はたくさんの課題を抱えており，幼い子どもたちは社会の変動とは無縁ではなく，今まさに刻々と変貌する社会のフロントランナーとして生きている。変化する現代社会のなかで，子どもや幼児教育がどのような課題に直面しているのか。本章では目の前の子どもたちの今を，マクロな社会の動向から幼児教育の課題と展望について解説する。

1　社会のなかの子ども

　将来，子どもたちが社会に出て困らないように，とか，あるいは，将来よりよい生活ができるようにとか，子どもたちの将来ために今何が必要なのか考えてあげよう，と考える大人たちがいる。他方で，今，子どもたちが幸せに過ごせるように，配慮して，保護してあげる必要があると考える大人たちもいる。将来か，今か。どちらか二者択一的に選べるというわけでもないし，どちらも，一方だけを重視するとしたら，それが子どもたちにとって必ずしもよいわけではないと思われる。落としどころとしては，両方を視野に入れつつ，度を越さないというところになるのかもしれない。

　とはいえ，こういった考え方の背景には，どちらも共通して，子どもの世界と大人の社会を切り分ける発想があるのではないだろうか。将来，大人になって社会に出ていくために，という言葉の背後には，今，子どもたちはまだ社会には出ていないという含意がある。子どもに配慮して子どもを保護するという言葉の背後には，今の社会から守ってあげる，というニュアンスがある。いずれも，社会と子どもの生きる世界を区別して考える，思考がある。

　こういった考え方をたどっていくと，近代以降の教育の原点を示したルソーにまでさかのぼることができる。ルソーには，子どもを周囲の社会の悪から守ってあげる，という発想があった。また，ルソーの思想を受け継いだペスタロッチは，子どもを将来の社会の担い手にするために，子どもを家庭のなかの暖かい居間で育てることが重要であると考えた。両者とも，今の社会であれ，将来の社会であれ，子どもを社会から切り離した空間で教育するという発想で

ある点で共通している。近代において子どもを社会から切り離す装置として，家族と学校が圧倒的な力をもつようになっていった。すなわち，家族はそれまでのように共同体のなかに埋もれていた存在ではなく，子どもを中心に閉鎖的に構成されるようになり，時を同じくして，学校はそれまでのように学びたい人がやってくるところではなく，一定の年齢の子どものための組織となっていった。そして，子どもを通わせなくてはならないという義務就学制度が広く普及することになる。

　たしかに，現代の子どもの多くが，主として家族と学校という2つの点を往復する生活を送っているともいえるし，多くの子どもたちがその親がどのように働いているのかをみることもなく，家庭と学校という塀で囲まれ隔離された空間で成長していく。

　しかし，子どもの世界は大人がどんなに隔離しようとしても，大人の社会とは切り離されることはない。目の前にいる小さな子どももまた，激動する社会の只中にいる。むしろ，子どもたちは社会の変動に直接に影響を受けて成長しているのではないか。この点を踏まえて幼児教育を考える必要があるのではないか。本書の最後に，現在，社会の特徴として注目されているグローバリゼーション，格差，知識基盤型社会，情報化社会にスポットを当てながら，幼児教育のこれからについて改めて考えてみたい。

2　グローバリゼーションと子ども

1　ロボットとピストル

　「僕たちはピストルを作らないとけないんだ」と一人の幼児が語ったという事例がある。ストックホルムの移民の居住地域にある就学前学校で，地域の人たちに贈り物をするというプロジェクトのなかで，一つのグループの子どもたちが，まちの人々への贈り物にロボットを作っていたときに語られた言葉である。ピストルという言葉を幼児が語るということをどのように考えたらいいのだろうか。幼児にとってふさわしくないともいえるピストルは，マスメディアやおもちゃを通じて幼児に認識されているのかもしれない。

　しかし，この事例を取り上げたスウェーデンの幼児教育の研究者であるダールベリはむしろ，この言葉に重要な子どもの力をみている。この事例で，なぜ，子どもが「ピストル」という言葉を持ち出したのかということを子ども自身の次のような言葉から説明する。「そのロボットは食べ物を打ち出すピストルをもっていて，卵，ミルク，パンケーキを撃ち出す。それを必要とする貧しい国にあげられるように，ピストルが必要なのだと。また，そのロボットには

たくさんの耳が必要だ。ザンビアやパレスチナといった遠くの人たちの声が聞こえるように，たくさんの耳をつけないといけない。それから，みる人々を幸せにするような，うれしい気持になる色でそのロボットを作らないといけないし，その言葉をそのロボットがいえるようにしなければいけない」。この事例へのコメントでダールベリは，「子どもは，すでにグローバル・コミュニティにかかわっている存在であり，その参加者なのだ」と論じる（ダールベリ，2018，27ページ）。ここでは，グローバリゼーションは子どもたちの世界の外で進行していることや，子どもには関係のないことではなく，幼児教育の実践のなかで進行していることなのである。

　子どもたちにとって，ピストルもロボットも物語や空想の世界のことなのかもしれないし，ひょっとしたら移民・難民の子どもたちにとって，ピストルは現実的なものなのかもしれない。しかし，少なくとも，ここではスウェーデンで生きる子どもたちが，パレスチナやザンビアといった困難を抱えた人たちへの思いを語っていることに，注目する必要がある。

　グローバリゼーションは，地球規模で人の移動を可能にした。紛争地域からの難民や，貧困地域からの出稼ぎ移民など，困難な地域からより安定した地域へと人々は移動するようになった。大人たちが移動するとき，子どもたちもともに移動するし，新しい場所で暮らす家族には移民や難民の背景をもった子どもたちがいる。移動してきた人々がそれまでの環境とは異なる地域で暮らすためにはさまざまな援助が不可欠であるが，子どもたちへの援助はまさに喫緊のものとなる。子どもをサポートする体制がなければ，大人の生活をつくっていくこともまた困難となる。幼児教育は，まさに，この点を担う重要な役割をもっていることが強調される必要があるのではないか（小玉・小山，2019）。

　子どもたちは，変動するグローバル社会の影響にさらされ，いわばグローバル化する社会の最前線で生きているともいえよう。人の移動は，移動する人たちの問題ではなく，すべての社会にとって課題であるという理解がグローバル化する社会で求められている。

②　マクドナルド化

　グローバル化する社会では，地球規模な人の移動がなされるようになっただけではない。モノもまた地球規模で広がっている。子どもたちの世界もまた，地球規模で移動するモノによって取り囲まれている。

　例えば，マクドナルドやケンタッキーフライドチキン，といったファストフードはもはや子どもたちの食生活にとって日常ともいえるものとなっているが，これらは，すべてグローバル企業によって子どもたちの手元にやってきたものである。マクドナルドのメニューは1枚のシートに収められ，幼い子ども

の目でも一目で見渡すことができる。きれいな写真で映し出された単純なメニューは，詳しい説明がなくてもその内容は直ちにわかるようになっている。注文すればすぐに提供される食事は，柔らかく，口当たりがよく，そしておいしいと感じさせてくれる。商品は，どの店舗であっても，どの国にであっても，同じ味が保証されている。予想が裏切られることはほとんどないため，安心して注文し，安心して口にすることができる。そのうえ，子ども用のメニューも作られていて，子どもたちにとって楽しいおまけもつけられている。

　国境を越えるマクドナルドによって，世界で同時に，同じ世代の子どもたちが同じものを食べている。食は文化であるといわれるが，ここでは，文化の多様性ではなく，文化の均一化が起こっているともいえる。幼い頃に馴染んだ味は成長後にも影響力があるといわれているが，世界中の子どもたちがマクドナルドの味を故郷の味のように感じるようになる，というのも言い過ぎではないような状況が起きている。

　このようなマクドナルドに代表されるようなファストフードのグローバルな展開が，単に食事の問題ではないことは，社会学者のリッツア（1999）がマクドナルド化という言葉で論じて以降，たびたび議論されるようになっている。リッツアによると，マクドナルド化とは，効率性（efficiency），計算可能性（calculability），予測可能性（predictability），制御（control）から構成されているとされる。効率性とは，目的の達成が最短でなされるということをさし，マクドナルドでは注文すれば直ちに商品が提供されることを私たちは知っている。計算可能性とは，量と時間に関して定量可能性が重視され，量が質に取って代わられることを意味するもので，マクドナルドでは商品とコストの対応関係が明白に示される。予測可能性とは，どこでも均一の消費とサービスが提供されることを意味し，マクドナルドでは注文したときの従業員の応答も商品の提供も，消費者が予測したものと齟齬があることはない。統御とは，非効率生や計算不可能性や予測不可能性を，AI などの技術やマニュアル手順といったものによってコントロールすることを意味するもので，マクドナルドでの AI による商品のコントロールとマニュアルによる従業員の徹底した訓練はよく知られているところである。こうして，マクドナルド化された社会においては，合理化と均質化が進められ，そのプロセスで発生するノイズが徹底的に排除されていく。

　子どもたちは，マクドナルドで食べ慣れたハンバーガーを食べるということだけではなく，自らの欲求が，最短で合理的で均一なものによって満たされることを経験し，それが当たり前のことと認識するようになる。同時に，大人たちもまた，最速で保証されたものが提供されるシステムを望ましいものと考える社会での生活を当然のこととみなすようになる。

3　ディズニー化

　このようなマクドナルド化という言葉と同様に，モノや文化のグローバル化を示す言葉に，ディズニー化（ブライマン，2008）がある。東京ディズニーランドとディズニーシーの入場者は，ここ数年3000万人前後で推移しており，1983年に東京ディズニーランドが開園して以降，累計で7億5000万人を超えたという。日本人の人口が現在1億2000万人程度であることを考えると，東京ディズニーランドやディズニーシーに訪れる人たちがいかに多いかがわかる。

　マクドナルド化が国境を越えて，合理的に商品やそれを生み出すシステムを普及させたのであるとすると，ディズニー化はそこにさらに，テーマ化，さまざまな消費産業を組み合わせたハイブリッド消費，マーチャンダイジングと呼ばれる関連商品やライセンス契約，パフォーマティブ労働が付け加える。

　ディズニーランドでは，雑然とアトラクションがあるのではなく，そこには，宇宙旅行や西部開拓といったテーマの下に物語が作られ，空間や環境，商品が統一的に演出される。このようにテーマ化された環境で，娯楽施設だけでなくレストランやホテルといった異なる消費形態がハイブリッドに構成される。そして，テーマとなる物語のキャラクターに関連する商品がライセンス契約によって計画され作られる。これによって，ディズニーランドに行かなくても，子どもたちはディズニー商品を通してディズニーの世界にふれることになる。子どもたちはディズニーの作る映画や音楽，絵本などだけではなく，さまざまな子ども用品にディズニーのキャラクターを目にする。

　さらに，ディズニーランドでは，従業員はキャストで，訪問客はゲストと呼ばれ，オンステージとかバックステージといった言葉もまた使われていることはよく知られている。これらの言葉は，劇場の言葉であることが象徴的に示しているように，ディズニーランドで行われる労働は劇場的パフォーマンスに類似したものになる。そしてそのパフォーマンスで求められるのは，「笑顔」にほかならない。「アイコンタクトと笑顔を忘れずに」と，従業員には感情労働が求められる。徹底的に管理された商品だけではなく，従業員の感情も管理される。こうして合理的に管理された虚構の空間において，訪れる人たちは，物語の参加者として関与するのである。

　マクドナルドとディズニーの両者に共通しているのは，子どもと家族をターゲットにして構成されている点である。もちろん，両者とも大人だけで訪れることもあるだろうし，1人で訪れることもあるだろう。しかし，例えば同じくファストフードを提供するグローバル企業のスターバックスが子どもをターゲットとしていないのとは，対照的である。ここでは，グローバリゼーションが，「子どもから」進行しているということができる。子どもたちにとって，

▷1　株式会社オリエンタルランドによると2018年度入園者数は3010万人で，1983年4月以来の2パーク累計入園者数は7億5322万1000人になるという（オリエンタルランド・ニュースリリース　2019年4月1日「東京ディズニーランド®・東京ディズニーシー®2018年度入園者数（速報）」オリエンタルランドホームページ。http://www.olc.co.jp/ja/index.html（2019年8月31日閲覧）

▷2　感情労働
アメリカの社会学者ホックシールド（A. R. Hochschild）の提唱した労働で，顧客に対して自身の感情をコントロールし，常に適切な言葉・表情・態度で応対することが求められる労働のことをさす。従来用いられてきた単純な「肉体労働」や「頭脳労働」に当てはまらない労働のことをさす。具体的には，自らの感情にかかわりなく常に笑顔を求められる旅客機の客室乗務員をはじめとする接客業のほか，介護職，教職などがあげられる（ホックシールド，1983）。

楽しいこと，うれしいことが，システムの合理化や均質化，あるいは，従事者たちの感情労働をともなってグローバル化している。子どもたちはグローバル化の最先端に位置づけられているのである。

3　広がる格差と子どもの困難

1　格差とその背景

　グローバリゼーションが世界に合理的で均質なシステムを拡大させている一方で，均一のシステムにすべての人がアクセスできるわけではない。東京ディズニーランド，ディズニーシーに訪れる毎年3000万人もの人々のうち，リピーターが多いことはよく知られるところであるが，ディズニーランドに行くことのできない子どもたちはたくさんいる。マクドナルドのハンバーガーは外食産業のなかでは安価なものとして位置づけられるが，例えば，家族全員で訪れるとしたら，それほど安価なものではなくなる。ディズニーやマクドナルドについて情報はあふれていても，そこにアクセスできる子どもとできない子どもがいる。均質なシステムが普及していく一方で，社会のなかの格差は拡大している。

　現代社会において，子どもたちの間に違いがあるということは前提となっている。それを差異というのか格差というのかで意味は異なってくる。教育格差を論じた教育社会学者の耳塚は，格差という言葉には，「優劣の価値をとうまなざし」と「告発性」と「行動欲求」があると指摘する（耳塚, 2014）。子どもたちの間にみられる違いは，差異の性質によっては，子どもの個別性ということもできる。しかし，他方で，その違いは学力の違いであったり経済的な違いであったり，何らかの優劣をともなっていることを直視する必要がある。そして，それを当然の優劣ではなく，解消すべきものとして認識されるとき，それを格差と呼ぶ，という議論である。例えば，幼稚園でたくさんの文字をかける子どもがいる場合，そのことは，当該の子どもにとってうれしいことであるとか，もっと覚えたいと思うのかもしれない。ここで目を向けたいことは，そのこと自体の善悪ではない。そうではなくて，この背景には，家庭や社会にそれを優劣と捉えるような眼差しがあるということである。家庭の文化資本が豊かで，日常的に本が提供され文字にふれることのできる子どもとそうでない子どもがいる。あるいは，大人から文字にふれることを応援してもらえる子どもと，そうでない子どもがいる。もちろん，文字に対する興味は子どもの個性である場合もあるが，子どもたちの背景を含めて考える必要がある。

　近代以降の社会は，身分制を廃止してメリトクラシーをその社会の理念とし

▷3　文化資本（cultural capital）
金銭にかかわる経済資本とは異なる個人が所有している学歴や教養など文化的な側面のものをさす。これにはさまざまな定義があるが，フランスの社会学者ピエール・ブルデュー（Pierre Bourdieu）によれば，文化資本には言葉づかいなどの身体化されたもの，絵画や書物などの物として客体化されたもの，学歴や資格として制度化されたものなどがある。

▷4　メリトクラシー（meritocracy）
イギリスの社会学者・政治家のマイケル・ヤング（Michael Young）によって，1950年代に作られた造語で，業績主義や能力主義と訳されることもある。

てきた。そこでは，生まれや身分ではなく，能力に努力を加えたメリット（業績）をもった者たちが成功するというものである。能力のあるものが努力をしてよい学校に入り，よい成績をとってよい会社に入るということが平等な社会を支えているという理念である。

　しかしこれに対して，市場化が進んだ社会は，必ずしも「業績」に基づいて子どもたちが選抜されるメリトクラシーに基づく社会ではなく，ペアレントクラシー[5]によって社会的成功がなされていることが指摘されている。つまり，個人の成功は「能力＋努力＝業績」というメリトクラシーではなく，その親の「富＋願望＝選択」というペアレントクラシーに沿って獲得されるというものである（耳塚，2014）。すなわち，個々の業績ではなく，子どもにとっては生まれた家がどの程度経済的にゆとりがあるか，また，子どもの親が子どもの高成績や出世をどのくらい願望し，それに沿って子どもたちをエンカレッジするのかによって，子どもの将来の社会的ポジションが左右されるというものである。

　子どもたちの違いが，子ども自身の力を超えた財力や親の意識に左右されるのだとしたら，そうしてうまれた格差に対する対応が求められるべきではないか。

② 貧困と孤立

　子どもの貧困という言葉は今ではよく知られるところであるが，かつて「一億総中流」という言葉があったように，日本において貧困とは，例外的な状況であるとみなされていた。第二次世界大戦後日本は経済復興を果たし，高度成長期には，GNPが世界で第2位になり，人々の生活が安定するとほとんどの人たちが中流の生活ができていると考えるようになっていった。そのようななかで，1987年に札幌で一人の母親が餓死するという事件[6]が起こった。この事件は，豊かになり福祉制度も整っていると思っていた日本の社会に衝撃を与えた。また，貧困の問題を社会の問題として捉えるきっかけとなった事件の一つであったともいえる。

　とりわけこれがシングルマザーの事件であったことを見過ごすことはできない。のちに，子どもの貧困が社会の注目を集めるようになったとき，シングルマザーの家庭で貧困が深刻であることに社会が気づくことになるのだが，この問題は，すでに1980年代には浮上していたといってもいいだろう。

　2000年に入ってOECD（経済開発協力機構）の発表した相対的貧困率[7]の国際比較は，日本において相対的貧困率がOECD加盟諸国に比べて高いことを明らかにするもので，その現状は現在も続いている（図14-1）。

　このうちとくに，母子世帯での貧困率の高さが著しいことが明らかになって

▷5　ペアレントクラシー（parentocracy）
イギリスのカーディフ大学教授フィリップ・ブラウン（Phillip Brown）が1990年に提起した造語。子どもの教育機会・教育達成度や職業的・社会的地位や報酬が，親の子どもの教育レベルに関する希望とそのための積極的な教育支援（家庭や学校外での学習環境の整備充実や，学校情報の収集・提供と助言など）によって左右される社会の仕組みや規範をいう。

▷6　1987年に札幌で3人の子どもをもつ母親が餓死して発見された事件。この事件の詳細については，久田（1999）および水島（2014）を参照のこと。

▷7　相対的貧困
その国の等価可処分所得（世帯の可処分所得を世帯人員の平方根で割って調整した所得）の中央値の半分に満たない世帯のことをさす。

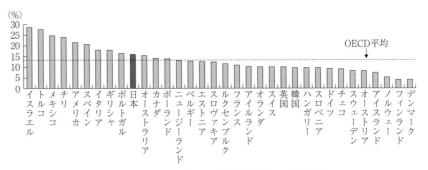

図14-1 子どもの貧困率：相対的貧困率の国際比較
出所：内閣府（2014, 30ページ）。

いる。例えば，厚生労働省による「平成16年の国民生活基礎調査」によると，児童のいる世帯の平均所得は702.6万円であるのに対して，母子世帯では224.6万円で，かつ，200万円未満が57.0％と半数を超えている。

▷8　子どもの貧困対策の推進に関する法律
2014年1月に子どもに対する教育の支援，生活の支援，就労の支援，経済的支援などの施策を推進し，子どもの将来がその生まれ育った環境によって左右されることのない社会を実現することを目的として施行された法律。

　現在，経済的な困難を抱える家族のもとで過ごしている子どもたちへの支援のために，「子どもの貧困対策の推進に関する法律」が制定され，行政や民間の力によって，さまざまに試みられてきている（湯浅，2017）。経済的困窮は，時に家族や個人の居場所を喪失させ，孤立を促す。別のいい方をすると経済資本の縮減は外部とのつながりをさす社会関係資本の縮減ともなる。孤立したなかで，子どもたちが声のあげ方がわからないとき，子どもの近くにいる大人たちの役割は重要となろう。幼児教育に携わる者は，そういった子どもたちの最も身近にいる大人である。子どもたちの置かれた社会への視点を抜きに，子どもにかかわることはできない時代になってきている。

4　情報，メディア，そして AI

1　マスメディアと子ども

　グローバリズムによって，子どもたちの周りに合理的で均質なシステムやモノが普及してきたが，他方で，それへのアクセスはすべての子どもにとって可能なものとはなっていない。社会のなかで，均質で合理的であることが当然のこととして認識される一方で，それを享受できるかどうかについての格差が進行している。一方で均質化を促し，他方で格差を拡大させるという，子どもたちの世界を矛盾する2つの方向をそれぞれ強化させているのが，情報化社会の進展である。

　情報化社会という言葉それ自体は，それほど新しいものではない。電話，ラジオ，テレビといった，電子媒体を通じた情報伝達の普及はもはや一世紀を超える歴史をもつ。子どもの世界もその例外ではなく，マスメディアは子どもの

世界の環境として大きい影響力をもってきた。電子メディアが子どもたちにとって馴染みのあるものとなっていくにつれて，そこで流される疑問のある内容をもつ子どもの心への悪影響を問題にする議論や，長時間の視聴による子どもの体への悪影響に注意喚起するメッセージが一方で議論され，他方では，教育番組に特徴的なようにマスメディアは学校教育においても利用されてきた。

　幼児の世界もまた電子メディアが普及している世界である。日本では，「おかあさんといっしょ」という番組を目にすることのない子どもはほとんどいないのではないか。1959年に開始されたこの番組は，現在の幼児のみならず，その親世代も祖父母世代もみてきた，テレビ番組のなかでは圧倒的な長寿番組である。登場するおねえさん，おにいさんたち，そして着ぐるみのキャラクターは数年ごとに入れ替わってきたが，歌や体操といったコンテンツや番組のコンセプトには大きなブレはなく，登場するキャラクターごとの役割分担やその設定の構成には一貫性がみられる。さらに，登場する大人たちは年代が変わってもその表情や発声は驚くほど類似しており，それは，大人たちの間では通常みることのないコミュニケーションスタイルとなっている。その限りで，「おかあさんといっしょ」という番組に登場する大人は，世代を超えて接してきた，均質化した「子ども向けの大人たち」になってきたともいえる。

　近年テレビ離れがいわれているが，それでも内閣府消費動向調査（2018年）によると世帯全体のテレビ所有率は95％に上ることを考慮するなら，「おかあさんといっしょ」はほとんどすべての幼児たちの目にするものであることに変わりはない。

　他方で，日本でもよく知られているアメリカのテレビ番組の「セサミストリート」は幼児向けの番組であるが，「おかあさんといっしょ」とは異なり，一様な視聴者ではなく，視聴者の階層の違いを念頭に置いた番組として制作されてきた。低所得階層の就学前の幼児たちへの支援を目指したヘッドスタート計画[9]と理念を同じくして作成された番組である。そこでは，英語や数字を知り学ぶことが目的とされたが，とくに，必ずしも学校で用いられるような英語ではなく，いわゆる俗語のような言葉を話す階層や英語にふれることが困難な移民の子どもたちへの幼児教育の機会を提供することが目指されている。エルモやビックバードといった主要なキャラクターの変化はないにもかかわらず，番組のなかには，階層やエスニシティの違いといった社会的背景にある課題への眼差しが強くうち出されているところに特徴がある（田辺，2004）。加えて，障がいやさまざまな多様性をもつ新しいキャラクターも追加されている。子どもたちは，セサミストリートによって，異なる人々の情報をさまざまに目にすることができる。日本も含め世界中でセサミストリートが翻訳され放映されている点を踏まえれば，マスメディアによる番組によって，身近にあるなしにかか

▷9　**ヘッドスタート計画**（Head Start）
アメリカ合衆国でジョンソン大統領のもと「貧困との戦い」の一環として，1965年代から行われている幼児とその家族を対象としたプログラムで，低所得者層を主たるターゲットとしたもの。

わらず，人々の多様性の存在を子どもたちは知ることができることは重要なことではないだろうか。

　たしかにマスメディアは，子どもたちの身の回りからは得られない情報を得ることを可能にした。しかし，多くの問題点も指摘されてきた。例えば，同じコンテンツを同時に大量の人に届けることを可能にしたが，その，均一な情報や理念を広く普及させ，時に，それを強化する方向に働かせることもある。例えば，「おかあさんといっしょ」は，おにいさんとおねえさんの両方を均等に配置したことで，ジェンダーセンシティブな番組制作を目指しているものといえる。しかし番組のなかでの位置づけは男女で異なり，結果的に，新たにジェンダー分業を強化するものとなっているという点は否めない（田辺，2004）。他方で，幼児に文字や数字の学習ツールと位置づけられるセサミストリートは，一方的に情報を注入するものであるために，たとえ楽しさに力点が置かれたとしても教育効果に疑問が示されるものであるという批判は避けられない。

２　「入って来てしまった」コンピュータと AI

　情報化社会におけるマスメディアの限界は，さらなる情報化社会の展開によってやすやすと乗り越えられることになる。それが，コンピュータであり，超小型化したスマートフォンなどの電子ディバイスの普及である。マスメディアが情報を一方通行で提供するメディアであったのに対して，コンピュータとインターネットは，人々を単なる情報の受信者から，発信者になることも可能にした。コンピュータは登場するやいなかあっという間に教育現場に「入って来てしまった」（佐伯，1992）。その勢いは早く，子どもにとってのコンピュータの是非の議論が進行するペースを軽々と追い抜いて，たちまち，学校だけでなく幼児の周りにもコンピュータやスマートフォンが手に届くものとなった。

　しかし，インターネットを通じて，すべての人々が等しく情報を得ることが可能になったといっても，すべての人が等しくそれにアクセスしているわけではない。デジタル・ディバイドという言葉があるが，コンピュータをどの程度使いこなせるかで，情報の取得やコミュニケーションの格差は広がる一方である。ある人には瞬時に届く情報も，ほかの人にはまったく情報から取り残されるということもある。情報技術（information technology）を意味する IT という言葉は日本語になったともいえるが，技術を使える人と使えない人の格差は生活の質さえも左右するものとなってきた。

　加えて，ネット社会のなかに，いくつものコミュニティが形成されるようになっているが，こういったコミュニティが閉じたコミュニケーションが展開されることもある。しかも，そういったコミュニティからの阻害や孤立などネット上での排除の構図も問題となってきている。ネット上で行われるいじめとい

う問題はすでによく知られるようになった。

　ネット上では匿名での発信や匿名の者同士のコミュニケーションが可能となったことで，世界が広がっていくこともある。これは，発信の自由度がましたともいえるが，このようなかかわりが広がる一方で，個人の特定も容易になされ，具体的な個人への攻撃もなされることもよく知られるようになった。大人も含めて，ネット社会で不可欠な倫理的判断についての知識や教育は不可欠であるが，いまだ十分だとはいえない。

　課題は多い。しかし，繰り返しになるが，コンピュータはすでに身近なツールであり，ネット社会を抜きに生活できない状況がある。だとするなら，これらに動かされるのではなく，これらを動かしていく主体になることが求められているのではないか。子どもたちに対してこういったデバイスへの接触を規制したり，安易に電子デバイスを使う親や教師のあり方を告発したりするだけでは，問題は解決しない時代に私たちは生きている。

　そして，さらに，現在では，AI（artificial intelligence：人工知能）が加速的に進化している。すでに，人間の仕事は機械化されてきているが，それ以上にAIが，これまで人間が行ってきた仕事の多くを行う時代がくるといわれている。幼児教育においても遅かれ早かれAIが現場を変えていく時代がくるのではないか。そういう時代にAIに動かされるのではなく，こちらがAIをどう動かし，使っていくことができるのか，私たちの挑戦が求められている。

5　みんなと一人ひとり

　今，世界は一方で，一斉に等しくという均質化の方向に進む力が働き，他方で，格差が広がり，良くも悪くも多様化する方向に進む力が働いている。言い換えるなら，みんなと同じでなければならないという方向と，一人ひとり違うという方向と，異なるベクトルが同時に動いている。

　目の前にいる子ども一人ひとりの背後には，家庭があり社会がある。子どもたちは，親との関係，家族との関係，友だちとの関係，先生との関係，そして，何より社会の動きのなかで生きている。それだけではなく，私たち大人たちもまたさまざまな背景と諸関係のなかで，それに影響されながら，あるいは，それを調整しながら生活をしている。時代によって，社会によって幼児教育に求められるものは異なってきた。これまでのやり方がこれからも同じように求められているとは限らない。

　とはいえ，現在のところ，子どもに接する私たちには，いくつかの手がかりがあるようにも思う。その一つに，「子どもの権利」があるのではないだろうか。近代社会はすべての人が人権をもっているという理念のもと作られてきた

が，その人権を子どももまたもっていると考えられるようになったのは，それほど昔のことではない。国連で子どもの権利条約が宣言されて以降，まだ半世紀も経ってない。しかし，子どももまた大人と同様に権利の主体であること，そして，何より，子どももまた自らの意思を表明する権利をもっていることは，今では広く認められるようになってきている。

　子どももまた，自らの考え，自らの意見をもっているという理解は，「子どもは豊かな（rich）存在」である（レッジョ・チルドレン）とみなすことであり，子どもをリスペクトすることにほかならない（ワタリウム美術館編，2012）。一人ひとりの子どもをリスペクトすることは，子どもたちを取り巻く諸関係をまたリスペクトすることでもあろう。激動する社会のなかにあって，子どもをどのように理解するのか，子どもたちにどのように対応するのか，幼児教育には常にその姿勢が問われている。

Exercise

①　子どもたちの背後にある困難に対応している組織や機関にどのようなものがあるのか，身近な地域のものを調べて，できるなら，見学に訪れてみよう。

②　パソコンやインターネットはどのような利用が可能か，あるいは，どのような利用は避けるべきか，保育者が使用する場合と子どもが使用する場合とに分けて何に配慮する必要があるのか，考えてみよう。

📖次への一冊

耳塚寛明編『教育格差の社会学』有斐閣，2014年。
　　家庭教育を重視する近年の教育改革によって，階層による教育格差が拡大していることを，学力のみならず，就職，逸脱，福祉，ジェンダーなどの多様な課題から議論した著作。
湯浅誠『「なんとかする」子どもの貧困』角川新書，2017年。
　　子どもたちの置かれた困難な状況に，具体的にどのようなことがなされているのか，実態を知るうえで重要な一冊。

引用・参考文献

厚生労働省「平成16年　国民生活基礎調査の概況」。https://www.mhlw.go.jp/toukei/saikin/hw/k-tyosa/k-tyosa04/index.html（2019年10月16日閲覧）
小玉亮子・小山祥子「幼児教育」北村友人・佐藤真久・佐藤学編『SDGs時代の教育

すべての人に質の高い学びの機会を』学文社，2019年，95〜108ページ。

佐伯胖「コンピュータで学校は変わるか」『教育社会学研究』51，1992年，30〜52ページ。

ダールベリ，G.「幼児教育，スウェーデンの事例——すべての子どものための包括的で体系的・ホリスティックな幼児教育構築の物語」幼児教育史学会編『幼児教育史研究』第13号，2018年，16〜28ページ。

田辺和子「カルチュラル・スタディーズ：幼児向けテレビ番組におけるポストモダニティー——地球規模化時代における『セサミストリート』を中心に」『日本女子大学紀要　文学部』(54)，2004年，13〜28ページ。

内閣府『平成26年版子ども・若者白書』2014年。

久田恵『ニッポン貧困最前線——ケースワーカーと呼ばれる人々』文春文庫，1999年。

ブライマン，A.，能登路雅子・森岡洋二郎訳『ディズニー化する社会——文化・消費・労働とグローバリゼーション』明石書店，2008年。

ホックシールド，A. R.，石川准・室伏亜希訳『管理される心——感情が商品になるとき』世界思想社，1983年。

水島宏明『母さんが死んだ——しあわせ幻想の時代に』ひとなる書房，2014年。

耳塚寛明「学力格差の社会学」耳塚寛明編『教育格差の社会学』有斐閣，2014年。

湯浅誠『「なんとかする」子どもの貧困』角川新書，2017年。

リッツア，G.，正岡寛司監訳『マクドナルド化する社会』早稲田大学出版会，1999年。

ワタリウム美術館編『子どもたちの100の言葉——レッジョ・エミリアの幼児教育実践記録』日東書院，2012年。

子育てアプリ

　誰でも気軽にスマートフォンを手にする時代である。多くの情報を得られる機器として，今や子育て中の親には必須アイテムとなっており，電車や公園で使用している親子の姿をよく目にする。

　子育てアプリも豊富で，育児記録や予防接種記録，授乳時計や離乳食メニュー，フォトアルバムや子育て情報，絵本など，その種類は増加の一途である。子どものしつけに関するアプリのなかには，「悪い子には鬼から電話が来るぞ」と怖い鬼の画像が表示されたり，本当に電話がかかってきたりするものがあり，いやいや期の子どもを静かにさせる手段に使う親もあるという。

　ベネッセによる「乳幼児の親子のメディア活用調査」（https://berd.benesse.jp/up_images/publicity/press_release20171016_2media.pdf 2019年11月29日閲覧）によれば，0歳児後半のスマートフォンに接する頻度は，2017年44％（2013年13.9％）と急増し，1歳児は64.6％（2013年44.5％），2歳児は80.4％（2013年65.1％）とどの年齢においても使用頻度が増加している。子どもがスマートフォンに接している時間は，平日1日あたり15分未満が70.2％，30分くらいが8.3％である。使用の内容としては，「写真を見せる」が0～6歳児で84.4％，「親や子どもが撮った動画を見せる」が76.2％，「You Tubeなどで検索やダウンロードした動画を見せる」が52.3％，「写真を撮らせる」が49.3％，「音や音楽を聴かせる」が45.0％と，映像や音楽が子育ての多くの場面で用いられ，親子のコミュニケーション手段として一定の役割を担うようになったことが明らかになっている。また，子どもがスマートフォンを使用する場面は，1位が「外出先での待ち時間」，続いて「子どもが使いたがるとき」「子どもがさわぐとき」「自動車，電車などで移動しているとき」「親が家事で手を離せないとき」となっている。動画や画像を見せることについてのメリットは，1位「歌や踊りを楽しめる」，2位「知識が豊かになる」，デメリットは，1位「目や健康に悪い」，2位「夢中になりすぎる」であり，親は子どもの過度な利用について懸念を示しながらも使わせている現状が明らかになっている。

　「テレビに子守りをさせないで」というフレーズで，一方的な映像刺激による乳幼児の発達への弊害が心配された時代もあったが，今や「スマホに子守りをさせないで」と，その効用ついて注視していくことが求められている時代である。

ひとりでスマートフォンを操る幼児の姿

索　引

あ行

アイザックス, S.　99
アカウンタビリティ　162
アクティブラーニング　91
預かり保育　39, 115
遊び歌　24
アタッチメント　70, 72
アフォーダンス　90
アプローチカリキュラム　157
アリエス, Ph.　67
安全　62
アンチバイアス・カリキュラム　46
育児・介護休業法　140
育児不安・育児ストレス　139
イスラーム　177
一時預かり事業　146, 147
一時的保育　139
一時保育　147, 148
1.57ショック　36, 139
1日指導計画（日案）　113-115
一斉保育　104
一般ドイツ幼稚園　20
異年齢保育　104
イマージェント・カリキュラム　105, 114
インクルージョン　159
ヴァン・デン・ベルグ, J.H.　71
ヴィゴツキー, L.S.　72-74
ウェルビーイング　63, 64
栄養教諭　58
エスピン＝アンデルセン, G.　145
エデュケア　132
エピソード記述　118
『エミール』　15, 16, 68
エリクソン, E.H.　72, 101
園外研修　133
園行事　117
園具　58
エンゼルプラン　139, 141
園長　58, 132
延長保育　139
園内研修　120, 133-135
エンパワーメント　144, 150, 164
オウエン, R.　17-19, 21, 43
大型遊具　106
オープン保育　105

か行

恩物　20, 24, 98

カーソン, R.　98
解体保育　104
外部評価　121
カイヨワ, R.　100
科学知　130
格差　145, 169, 186, 190, 192, 194
学習指導要領　111
学力の三要素　156
隠れたカリキュラム　64
学級崩壊　155
学校教育法　6, 7, 32, 36, 81, 82, 115
家庭教育支援施策　143
家庭の保育　57, 83
　　──者　57
カリキュラム・マネジメント　115, 119, 120
環境構成　89
感情労働　189
感動ポルノ　64
期間指導計画（期案）　113, 115
危機管理　62
気になる子ども　158
キャリアパス　58
教育改革国民会議　38
教育課程　111, 114, 115
教育基本法　36, 81-83, 115, 133
教育刷新委員会　37
教具　58
教職員免許法　132
教頭　58, 132
協同遊び　100
協働文化　135
ギリガン, C.　74-76
キリスト教保育連盟　91
切れ目のない支援　148, 165
緊急保育対策等5か年事業　139
近代家族　21, 22, 68, 143
近代学校　68
倉橋惣三　25, 37, 87, 90, 91, 98, 103
クルアーン　178
グローバリゼーション　43, 50, 186, 187, 190
ケアの倫理　76
ケアリング　129

ケイ, E.　169
経験知　130
ケイパビリティ　78
月間指導計画（月案）　113, 115
ケラー, H.　1-6, 9-11
合計特殊出生率　139
構成的遊び　101
構造改革特別区域法　36
コーナー保育　105
コールバーグ, L.　72, 74, 75
国際教育協力　173
国際協力機構（JICA）　175
国連難民高等弁務官事務所（UNHCR）　172
個人記録　118
子育て援助活動支援事業（ファミリー・サポート・センター事業）　146
子育て支援　131, 139
子育て支援員　125
子育て世代包括支援センター　149, 165
子育て短期支援事業　146
ごっこ遊び　101
固定遊具　106
言葉かけ　103
子ども・子育て応援プラン　140
子ども子育て関連3法　38, 59
子ども・子育て支援新制度　40, 55, 59
子ども・子育て支援法　140, 141
子どもの権利　195
子どもの最善の利益　114, 150
子どもの発見　68
子どもの貧困対策の推進に関する法律　192
子ども理解　104
個別ニーズ　148
コミュニティワーク　131
5領域　8
コルチャック, J.　170
コンサルテーション　159
コンピテンシー　129, 131, 150

さ行

在宅育児家庭通園保育モデル事業 *148*
桜井女学校附属幼稚園 *91*
サポートファイル *159*
ジェンダー *127, 144, 194*
自己中心性 *73*
自己評価 *121*
次世代育成支援対策推進法 *140*
施設長 *57*
持続可能な開発目標（SDGs） *47, 174*
指導案 *111*
児童委員 *164*
児童館 *164*
児童虐待防止法 *160*
指導教諭 *58, 132*
指導計画 *113, 115*
指導計画立案 *114*
児童憲章 *114, 115*
児童手当法 *6*
児童の権利に関する条約 *114, 115*
児童福祉施設最低基準 *59, 87, 133*
児童福祉施設の設備及び運営に関する基準 *59, 63*
児童福祉法 *6, 7, 33, 57, 82, 83, 115, 132, 140, 141, 160*
児童養護施設 *133*
指導要録 *119*
事物の教育 *15*
社会関係資本 *145, 192*
社会的事実 *4, 5*
社会福祉協議会 *164*
シュア・スタート *46*
就園奨励費 *61*
就学レディネス *45, 176*
週間指導計画（週案） *113, 115*
自由保育 *104*
主幹教諭 *58, 132*
シュタイナー，R. *92*
シュタンツの孤児院 *17*
主任児童委員制度 *146*
主任保育士 *57, 132*
シュミランスキー，S. *101*
シュラーダー＝ブライマン，H. *23*
巡回相談 *159*
小1プロブレム *155*
障害児（者）地域療育支援事業 *158*
小学校学習指導要領 *156, 157*

小規模保育 *40, 57, 83*
少子化 *39, 40, 142, 144*
少子化社会対策推進法 *140*
少子化対策（大綱） *36, 139, 140*
少子化対策プラスワン *140, 147*
情報化社会 *186, 192*
ショーン，D. A. *120, 130*
ジョーンズ，E. *114*
食育基本法 *105*
食育計画 *115*
嘱託医 *57*
女性の労働力率 *144*
四六答申 *37*
新エンゼルプラン *139, 141*
神社保育 *92*
スタートカリキュラム *157*
ストリートチルドレン *170*
スピッツ，R. *71*
性格形成学院 *18*
正義の倫理 *76*
精神的母性 *23*
政府開発援助（ODA） *173, 175*
生理的早産 *70, 74*
設置基準 *58*
セン，A. *78*
全体的な計画 *112, 113, 115*
全米乳幼児教育協会（NAEYC） *8, 11, 12, 46*
総合規制改革会議 *36*
相対的貧困率 *191*
ソーシャル・ペダゴジー *45*
ソシュール，F. *3, 4*

た行

ダールベリ，G. *186, 187*
待機児童 *57*
第三者評価 *121*
多文化保育 *179*
探索活動 *98*
地域子育て支援拠点 *164*
──事業 *146, 147*
地域子育て支援事業 *146*
知識基盤型社会 *186*
中央教育審議会 *36-39, 153*
津守真 *102*
ディケンズ，C. *18*
ディズニー化 *189*
低年齢児保育 *139*
デイリープログラム *113*
デジタル・ディバイド *194*
テ・ファリキ *46*
デュルケーム，É. *4*

東京女子師範学校附属幼稚園 *25, 32*
──園則 *111*
当事者性 *148*
道徳性 *75*
同年齢保育 *104*
同僚性 *12, 130*
ドキュメンテーション *49, 93, 117, 118, 128, 162*
特定地域型保育事業 *40*

な行

難民 *187*
難民問題 *172*
日本型福祉社会 *143*
日本国憲法 *114, 115*
乳児家庭全戸訪問事業 *146*
乳幼児突然死症候群（SIDS） *62*
ニューラナーク *18*
認可外保育施設 *39, 57*
認可保育所 *39*
『人間の教育』 *20, 22*
認証保育所制度 *57*
認定こども園 *38, 59, 82, 83, 112, 115, 146*
認定こども園こども要録 *119*
認定こども園保育教諭 *131*
認定こども園法 *82, 115*
ネウボラ（neuvola） *149, 165*
年間指導計画 *113*
年齢段階 *68*
ノットワーキング *154*
ノディングズ，N. *129*

は行

パーテン，M. B. *100, 101*
パートナーシップ *150, 154, 163, 174*
ハーロウ，H. F. *71*
ハインツのジレンマ *75*
ハウ，A. *91*
ハヴィガースト，R. J. *103*
発達障害 *76, 78, 158*
発達段階 *72, 75*
──論 *72*
パットナム，R. D. *145*
ハディース *178*
母の愛 *21*
『母の歌と愛撫の歌』 *22*
母の歌 *22*
反省的実践家 *120, 130*
万人のための教育 *43*
──世界宣言 *173*

ピアジェ，J.　72-74, 101
ビオトープ　106
非対称的関係　10
非認知的能力　50
評価指標　48
ひろば型支援　147-149
貧困　145, 170, 191
　　──地域　187
ファミリー・サポート・センター
　　164
フィーニィ，S.　99
フィラデルフィア万国博覧会　24
副園長　58, 132
仏教保育　91
フレーベルの思想　23
フレーベル，F. W.A.　17, 19-23,
　　25, 26, 42, 43, 46, 91, 98
プログラム　114
プロジェクト　93, 105, 118
文化資本　190
文化的営み　49
ペアレントクラシー　191
平行遊び　100
ペスタロッチ・フレーベル・ハウ
　　ス　23
ペスタロッチ，J. H.　16, 17, 19-22,
　　26, 69
ヘックマン，J. J.　50
ヘッドスタート　46, 50, 193
ベビーホテル　57
ヘファナン，H.　87
ペリー就学前プロジェクト　49,
　　50, 163
保育課程　113
保育カンファレンス　120
保育教諭　60
保育参加　162
保育士不足　55, 125
保育所児童保育要録　119, 157
保育所等訪問支援　159
保育所保育指針　7, 8, 34, 38, 57,
　　62, 64, 81, 82, 85, 86, 88, 96, 99,
　　111-113, 115, 128, 131, 133, 141,

149, 154, 156, 157, 161, 162, 164
『保育所保育指針解説』　162
保育士倫理綱領　129
保育日誌　118
保育補助教材　109
保育マネジメント　120
保育要領　87
保育料　61
放課後児童健全育成事業　146
ボウルビィ，J.　70-72
ポートフォリオ　119
保健計画　115
保健センター　164
母性剝奪論　70
保幼小連携　115
ホリスティック　45
ポルトマン，A.　69, 70, 96

ま行
マクドナルド化　187
学びの共同体　135
三つの自立　156
ミレニアム開発目標（MDGs）
　　173
民生委員　164
メリトクラシー　190
モス，P.　50
森の幼稚園　106
モンテッソーリ，M.　91, 92

や行
ユニセフ（国際児童基金，
　　UNICEF）　172, 178
ユネスコ（UNESCO）　43, 127
養育支援訪問事業　146
養護教諭　58
幼児期の終わりまでに育ってほし
　　い姿　83, 85, 114, 156
幼児期の教育と小学校教育の円滑
　　な接続の在り方について　156
幼小接続　157
幼小連携　155
幼児理解　104
幼稚園教育要領　38, 58, 81, 86, 87,
　　96, 98, 99, 102-105, 111, 112, 115,

117, 120, 131, 141, 154, 156, 161,
　　162, 164
幼稚園禁止令　21, 124
幼稚園施設整備指針　58, 59
幼稚園設置基準　58, 63, 183
幼稚園幼児指導要録　119
幼稚園令　32
要保護児童対策地域協議会　160
幼保連携型認定こども園　59, 115
幼保連携型認定こども園教育・保
　　育要領　8, 81, 86, 96, 111, 112,
　　115, 131

ら・わ行
ラーニング・ストーリー　47, 49,
　　118, 119, 128, 162
ランカスター，J.　18
リッツァ，G.　188
療育機関　164
療育支援　159
利用者支援事業　146, 149
臨時教育審議会　35, 38
倫理綱領　11, 12
倫理的判断　195
ルソー，J.-J.　15-17, 20, 22, 26, 68,
　　69, 72, 185
レッジョ・エミリア　92, 128, 162
連合遊び　100
連絡帳　161
ローレンツ，K. Z.　71
ロンゲ夫人　24
ワーク・ライフ・バランス　82, 140

欧文
AI　188, 194, 195
DRDP　49
Early Child Development（ECD）
　　175
ECERS　49
EPPE　49, 50
OECD（経済協力開発機構）　37,
　　43, 44, 48, 127, 135, 162, 176, 191
PDCA サイクル　119
SSTEW　49
WHO（世界保健機関）　71

《監修者紹介》

よしだたけお
吉田武男（筑波大学名誉教授，貞静学園短期大学学長）

《執筆者紹介》（所属，分担，執筆順，＊は編著者）

こだまりょうこ
＊小玉 亮子（編著者紹介参照：はじめに・第1章・第2章・第6章・第14章）

いしぐろまりこ
石黒万里子（東京成徳大学子ども学部教授：第3章・第4章・第5章・コラム①・コラム③）

こやましょうこ
ドー小山 祥子（昭和女子大学初等教育学科特命教授：第7章・第8章・第9章・第13章・

コラム②・コラム④）

うえだともこ
上田智子（聖徳大学児童学部講師：第10章・第11章・第12章）

《編著者紹介》

小玉亮子（こだま・りょうこ／1960年生まれ）

お茶の水女子大学基幹研究院教授／お茶の水女子大学附属幼稚園園長

『教育／家族をジェンダーで語れば』（共著，白澤社，2005年）

『現在と性をめぐる9つの試論——言語・社会・文学からのアプローチ』（編著，春風社，2007年）

『現代の親子問題』（共著，日本図書センター，2010年）

『幼小接続期の家族・園・学校』（編著，東洋館出版社，2017年）

『子どもと教育——近代家族というアリーナ』（共編著，日本経済評論社，2018年）

『幼児教育史研究の新地平——幼児教育の現代史』（共編著，萌文書林，2022年）

MINERVA はじめて学ぶ教職⑳
幼児教育

2020年3月20日　初版第1刷発行　　　　　　　〈検印省略〉
2023年2月20日　初版第2刷発行

定価はカバーに
表示しています

編著者　小　玉　亮　子
発行者　杉　田　啓　三
印刷者　藤　森　英　夫

発行所　株式会社　ミネルヴァ書房
607-8494　京都市山科区日ノ岡堤谷町1
電話代表　（075）581-5191
振替口座　01020-0-8076

ISBN978-4-623-08859-1
Printed in Japan

MINERVA はじめて学ぶ教職

監修　吉田武男

「教職課程コアカリキュラム」に準拠　　全20巻＋別巻1

◆　B5判／美装カバー／各巻180〜230頁／各巻予価2200円（税別）　◆

① 教育学原論
滝沢和彦 編著

② 教職論
吉田武男 編著

③ 西洋教育史
尾上雅信 編著

④ 日本教育史
平田諭治 編著

⑤ 教育心理学
濱口佳和 編著

⑥ 教育社会学
飯田浩之・岡本智周 編著

⑦ 社会教育・生涯学習
手打明敏・上田孝典 編著

⑧ 教育の法と制度
藤井穂高 編著

⑨ 学校経営
浜田博文 編著

⑩ 教育課程
根津朋実 編著

⑪ 教育の方法と技術
樋口直宏 編著

⑫ 道徳教育
田中マリア 編著

⑬ 総合的な学習の時間
佐藤　真・安藤福光・緩利　誠 編著

⑭ 特別活動
吉田武男・京免徹雄 編著

⑮ 生徒指導
花屋哲郎・吉田武男 編著

⑯ 教育相談
高柳真人・前田基成・服部　環・吉田武男 編著

⑰ 教育実習
三田部勇・吉田武男 編著

⑱ 特別支援教育
小林秀之・米田宏樹・安藤隆男 編著

⑲ キャリア教育
藤田晃之 編著

⑳ 幼児教育
小玉亮子 編著

＊＊＊
別 現代の教育改革
吉田武男 企画／徳永　保 編著

【姉妹編】

MINERVA はじめて学ぶ教科教育　全10巻＋別巻1

監修 吉田武男　B5判美装カバー／各巻予価2200円（税別）〜

① 初等国語科教育
塚田泰彦・甲斐雄一郎・長田友紀 編著

② 初等算数科教育
清水美憲 編著

③ 初等社会科教育
井田仁康・唐木清志 編著

④ 初等理科教育
大髙　泉 編著

⑤ 初等外国語教育
卯城祐司 編著

⑥ 初等図画工作科教育　石﨑和宏・直江俊雄 編著

⑦ 初等音楽科教育
笹野恵理子 編著

⑧ 初等家庭科教育
河村美穂 編著

⑨ 初等体育科教育
岡出美則 編著

⑩ 初等生活科教育　片平克弘・唐木清志 編著

別 現代の学力観と評価
樋口直宏・根津朋実・吉田武男 編著